全国高等院校财务会计“专业＋证书”改革创新示范规划教材

成本会计

主　编　曹泰松　阮小平
副主编　王　琳

中国商业出版社

图书在版编目(CIP)数据

成本会计 / 曹泰松,阮小平主编. - - 北京 : 中国商业出版社, 2021.1

ISBN 978 - 7 - 5208 - 1255 - 9

Ⅰ. ①成… Ⅱ. ①曹…②阮… Ⅲ. ①成本会计 - 高等学校 - 教材 Ⅳ. ①F234.2

中国版本图书馆 CIP 数据核字(2020)第 168035 号

责任编辑:李飞 蔡凯

中国商业出版社出版发行

010 - 63180647 www.c - cbook.com

(100053 北京广安门内报国寺 1 号)

新华书店经销

北京京丰印刷厂印刷

*

787 毫米 × 1092 毫米 16 开 19.25 印张 320 千字

2021 年 1 月第 1 版 2021 年 1 月第 1 次印刷

定价:68.00 元

* * * *

前 言

成本会计是以成本为对象的一种专业会计，是一门应用型的微观经济管理课程。它阐述了成本会计的基本理论和基本方法，特别强调会计的对内服务职能。随着社会经济的发展，成本会计的职能作用还将不断拓展。

本书以财政部颁布的《企业会计准则》、《企业会计制度》等为依据，以工业企业经济业务为主体，以成本核算方法体系为主线，全面、系统地阐述了成本会计的基本理论、成本核算的方法和成本报表的编制与分析。本书的特点是：

1. 体例科学。本书以工业制造企业发生的经济业务事项资料为载体，重点突出成本会计岗位的实践操作技能的培养和提高，强调成本会计的“核算依据”和“业务流程”，思路清晰，层层展开，确保实践岗位技能的培养与提高，以达到“零距离上岗”的效果。

2. 内容新颖。本书紧跟《企业产品成本核算制度》改革的步伐，牢固把握成本会计岗位工作流程的实践情况，以产品制造成本和期间费用为核算内容对各种成本计算方法进行阐述。

3. 案例经典。本书不仅在行文上做到条理清晰、深入浅出，而且在仿真案例的设计上做到通俗易懂、便于自学。无论是构成产品成本生产费用的横向计算，还是构成产品成本生产费用的纵向核算；无论是产品成本核算的基本方法，还是成本核算的辅助方法；无论是产品成本的核算，还是产品成本分析。本书的读者会欣然地发现作者每每在案例的设计上遵循了“一案观止”原则，即将大量而又复杂的问题通过设计一个综合案例来解决。

4. 配套习题。每一章都配有相关练习，尽力做到理论与实际相结合，实现课堂“教、学、做”一体化，便于更好地理解和掌握相关知识和技能，提高职业素养。

本书由曹泰松、阮小平担任主编，王琳担任副主编，共同负责全书写作大纲的拟定和编写组织工作。撰写分工如下：第 三、六、八、九、十 章由曹泰松执笔；第一、二、四、十三 章由阮小平执笔；第 五、七、十一、十二章由王琳执笔；最终由主编审定。

在编写本书的过程中，博采众长，充分汲取了各类成本会计学教材的优点，在此向这些成果的作者和同仁表示诚挚的谢意！由于时间仓促，编者的学识水平有限，书中内容安排与语言表述难免存在缺陷和不足，恳请各位读者提出宝贵意见，以便再版时完善。

编者

2020 年 11 月

目　录

第一章 1
总论

第一节 成本及成本会计的概念

一、成本的概念

产品价值由三个部分组成，即生产中消耗的生产资料的价值(C)、劳动者为自己劳动所创造的价值(V)，以及劳动者为社会创造的价值(M)，即产品的价值由 C+V+M 组成，其中 C+V 就是成本。产品的制造过程，实际上就是生产的耗费和价值的创造过程。制造企业制造产品，会发生各种生产耗费，包括生产资料的耗费和劳动力的耗费等。制造企业在一定时期内发生的、用货币表现的生产耗费，是制造企业的生产费用；而企业为生产一定种类、一定数量的产品所支出的各种直接的、相关的耗费以及应从产品销售收入中得到补偿的价值，即为产品的成本。从具体经济内容看，制造企业的产品生产成本包括产品生产所耗费的原材料费用、燃料及动力费用、人工费用、固定资产折旧费用和修理费用以及其他有关费用等。按照生产费用的经济用途与计入成本的方式，制造企业生产成本主要包括直接材料、直接人工、其他直接费用(如燃料及动力费用等)和制造费用等成本项目。

尽管其他行业企业(如商业企业和服务企业等)的经营特点和费用发生的形式和范围不同于制造企业，但它们都和制造企业一样有着最本质的共同点：都是向社会有偿提供其所需要的物品或服务；提供物品和服务的过程都要发生各种物质和人工的消耗，以及其他有关的货币支出；为了维持企业经营的持续进行，耗费的各种物质和人工，以及其他的货币支出都要从营业收入中得到补偿。企业向社会提供的物品和服务(可将其称为商品)是有偿的，接受者

(顾客)要以货币或物品相交易才能获取。不同行业的企业提供的物品和服务所发生费用的形式和范围形形色色，但总体看，不外是物质消耗、人工消耗以及其他有关的货币支出。因此，一般将成本定义为:企业为了提供物品、服务等商品而在物质和人工上的耗费以及其他有关的货币支出，并应从其营业收入中得到补偿的价值。

在实际工作中，为了促使制造企业加强经济核算，节约耗费、减少生产损失，某些不形成产品价值的损失(如废品损失、停工损失)也作为生产费用，计入产品成本。此外，大多按时期发生的期间费用(如:销售费用、管理费用、财务费用等)难于按产品归集，不计入产品的成本，而直接计入当期损益。因此，实际工作中的产品成本，是指产品的生产成本，也称制造成本，并非制造产品所耗费的全部成本(也称完全成本)。

二、成本会计的概念

作为会计的一个重要分支，成本会计是一种专业会计。它具有广义与狭义之分。狭义的成本会计指进行成本核算的会计。广义的成本会计一般包括以下内容:

1.成本核算

成本核算是根据产品成本计算对象，采用相适应的成本计算方法，按规定的成本项目，通过一系列的生产费用汇集与分配，正确划分各种费用界限，从而计算出各种产品的实际总成本和单位成本。成本核算既是对产品的实际耗费进行如实反映的过程，也是对各种生产费用实际支出的控制和监督过程。

2.成本预测

成本预测是事前根据有关的资料，运用一定的科学方法，对将来不同情况下的成本水平以及成本可能的发展变化趋势进行测算，以便为成本决策、成本计划和成本控制提供及时、有效的信息和依据，避免决策、计划和控制中的主观性、盲目性和片面性等。

3.成本决策

成本决策是运用定量和定性的方法，对各个成本降低方案进行选择，从而确定一个能使经济效益最高、成本最低的最优成本方案的行为。成本决策是经营管理决策的一个重要组成部分，为了保证成本决策的可靠性，成本决策应在充分占有资料的基础上进行。在成本管理的各个环节，都存在大大小小的成本决策问题。

4.成本计划

成本计划是根据计划期的生产任务，降低成本的要求以及有关资料，通过一定的程序，运用一定的方法，以货币形式规定计划期产品的生产耗费和各种产品成本水平，并用书面文件的形式规定下来，作为计划执行和考核检查的依据。

通过成本计划，可以在降低产品成本方面给企业提出明确的奋斗目标，推动企业加强成本管理责任制，动员企业职工挖掘潜力、节约成本及增加产量的积极性。

5.成本控制

成本控制是根据预定的目标，对成本发生和形成过程以及影响成本的各种因素条件施加主动的影响，以实现最优成本和保证合理的成本补偿的一种行为。从企业的经营过程来看，成本控制包括产品的产前控制、生产过程控制和产后控制等。

6.成本分析

成本分析是在成本核算及其他有关资料的基础上，运用一定的方法，揭示产品成本水平的变动，进一步查明影响产品成本变动的各种因素、产生的原因，以及应负责任的单位和个人，并提出积极的建议，以采取有效措施，进一步降低产品成本。

7.成本考核

成本考核是定期对成本计划及其有关指标实际完成情况进行总结和评价，成本考核的形式可以是国家对企业进行考核，也可以是企业内部对车间、部门以至班组进行考核。

8.成本检查

成本检查是成本监督的一种形式，它通过对企业成本管理各项工作的检查，揭露矛盾，明确责任，保证成本制度和财经纪律的贯彻执行，改进成本管理。成本检查可以由企业外部有关机构进行，如审计机构等，也可由企业内部专门人员执行，如内部审计，既可定期检查，也可突击性检查。

以上各项成本会计活动的内容互相配合、互相依存而形成一个有机整体。严格说来，狭义的成本会计是广义的成本会计的基础，而广义的成本会计是狭义的成本会计的延伸与拓展。一般意义的成本会计是指狭义的成本会计概念，本书主要阐述成本核算和成本分析的基本内容。

第二节 成本会计的对象、职能及任务

一、成本会计的对象

成本会计的对象是指成本会计核算和监督的内容。明确成本会计的对象，对于合理确定成本会计的任务，正确发挥成本会计的职能，加强经济管理具有重要的意义。

制造企业的产品成本主要是产品的制造成本。在实际工作中，产品在制造过程中也发生一些相关的期间费用。例如，制造企业为销售产品而发生的销售费用、为组织和管理生产经营活动而发生的管理费用，以及为筹集生产经营所需资金而发生的财务费用。为了促使企业节约费用、增加利润，这些期间费用也应作为成本会计的对象。由此可见，制造企业成本会计的对象是制造企业在产品制造过程中的生产成本(或制造成本)和期间费用。商品流通企业、施工企业、旅游饮食服务企业等其他行业企业在生产经营过程中所发生的各种费用，部分地形成该行业企业的生产经营业务成本，部分地作为期间费用直接计入当期损益。

综上所述，成本会计的对象是各行业企业生产经营业务的成本和有关期间费用，简称成本、费用。因此，成本会计实际上是成本、费用会计。

随着经济发展与科技进步，成本的概念在不断发展和变化。企业为了适应经济管理的不同要求，运用不同的成本概念。例如，为了进行生产经营短期的预测和决策，计算变动成本、固定成本、机会成本和差别成本;为了加强企业内部的成本控制和考核，计算可控成本和不可控成本;为了提高成本信息的决策相关性，计算作业成本等。

二、成本会计的职能

成本会计的职能是指成本会计在经济管理中所具有的内在功能。最初的成本会计只是进行成本核算。随着企业经营管理要求的提高，成本会计在成本核算的基础上进行了成本分析。之后，随着管理科学的发展及其与成本会计的结合渗透，成本会计的职能又不断发展、变化，逐步增加了成本的预测、成本决策、成本计划、成本控制、成本考评及成本检查等职能。在诸多职能中，成本核算是基础，没有成本核算，其他各项职能就无法发挥，也就没有广义的成本会计。

三、成本会计的任务

成本会计的任务是人们对成本会计的主观期望与具体要求。作为会计的一个重要分支，

成本会计是企业经营管理的重要组成部分。因此，成本会计的任务主要取决于企业经营管理的要求。但是，成本会计不可能完全满足企业经营管理各个方面的要求，而只能基于成本会计的对象并在成本会计职能的范围内，为企业经营管理提供所需的数据和信息，并参与经营管理，从而达到降低成本、节约费用，提高经济效益的目的。因此，成本会计的任务还受制于成本会计的对象和职能。

根据企业经营管理的要求，结合成本会计的对象和职能，成本会计的任务主要包括：

第一，审核和控制企业发生的各项费用，防止与制止各种浪费和损失，以降低成本、节约费用。

第二，核算各种生产费用、期间费用及产品成本，为企业经营管理提供所需的成本、费用数据。

第三，分析各项支出的发生情况、消耗定额与成本计划的执行情况，进一步挖掘降低成本、节约费用的潜力，从而促进企业加强成本管理，提高经济效益。

总之，成本会计的任务是核算与分析成本费用，并促使企业挖掘内部潜力，提高经济效益。

四、成本会计工作的组织

为了充分发挥成本会计的职能，圆满完成成本会计的任务，企业必须科学地组织成本会计工作。为此，企业需合理设置成本会计机构，相应配备成本会计人员，并且严格按照与成本会计有关的各种法规和制度进行工作。

(一)成本会计工作组织的原则

一般说来，企业应根据本单位生产经营业务的特点、生产规模的大小、企业机构的设置及成本管理的要求等具体情况与条件来组织成本会计工作。因此，必须遵循一定的原则。

首先，在保证成本会计工作质量的前提下，应当尽量节约成本会计工作的时间和费用，提高成本会计工作的效率;其次，成本会计工作应当与经济责任制及技术相结合，以便更好地发挥其作用;最后，成本会计工作应当有着广泛的群众基础，并做到领导人员、专业人员与职工群众相结合，从而将该项工作既落到实处，又取得相互配合的效果。

(二)成本会计机构的设置

作为企业会计机构的一部分，成本会计机构是指在企业中直接负责成本会计工作的机构。成本会计机构内部的组织分工，既可以按成本会计的职能分工，也可以按成本会计的对象分工。为了科学地组织成本会计工作，企业还应按照分工建立成本会计岗位责任制，使每一项成本会计工作都有专人负责，而每一位成本会计人员都能明确自己的责任。

企业内部各级成本会计机构之间的组织分工，有集中工作和分散工作两种方式。

集中工作方式是指成本会计工作中的核算、分析等各方面工作，主要由厂部成本会计机构集中进行，车间等其他单位中的成本会计机构或人员只负责登记原始记录和填制原始凭证，并对此加以初步的审核、整理和汇总，为厂部进一步工作提供资料。在这种方式下，车间等其他单位大多只配备专职或兼职的成本会计核算人员。该方式的优点在于:厂部成本会计机构可以比较及时地掌握企业有关成本的各种信息，便于集中使用进行成本数据处理，也可以减少成本会计机构的层次和成本会计人员的数量。缺点则在于:不便于直接从生产经营活动的各基层单位及时了解成本情况，也不便于实行责任成本核算，因而不利于调动企业内部自我控制成本与费用、提高经济效益的积极性。这种工作方式一般适用于中小型企业。

分散工作方式又称非集中工作方式，是指成本会计工作中的核算和分析等各方面工作都由车间与其他基层单位的成本会计机构或人员分别进行，而厂部成本会计机构负责对各下级成本会计机构或人员进行业务指导与监督，并对全厂成本进行综合的核算和分析等工作。该方式的优缺点与集中工作方式的优缺点恰好相反。这种工作方式一般适用于大中型企业。需要指出的是，企业应根据自身规模的大小、内部各单位经营管理的要求，以及本单位成本会计人员的数量和素质，从有利于充分发挥成本会计工作职能的作用、提高成本会计工作的效率出发，确定采用较适宜的工作方式，必要时，也可以将上述两种方式结合使用。

(三)成本会计人员的配备

在企业的成本会计机构中，配备足够数量、能够胜任工作的成本会计人员，是做好成本会计工作的关键。成本会计人员应该通过发挥成本会计的各项职能，充分挖掘企业降低成本、费用的潜力，促进企业不断地降低成本、节约费用，提高经济效益。

成本会计人员有权要求企业内部各单位和职工严格遵守有关的法规和制度，认真执行成本计划与费用预算;有权参与制定企业生产经营计划和各项定额，参与有关的会议;有权督促检查企业内部各单位对有关法规、制度和成本计划、费用预算的执行情况。

成本会计人员应该认真履行职责，遵守职业道德，提高业务素质;坚持原则，遵纪守法，照章办事，维护国家、集体和他人的合法权益;不断加强学习和锻炼，积极参加各种教育和培训工作。

成本会计机构的负责人，是企业成本会计工作的领导者和组织者，应该在企业总会计师和会计主管人员的领导下，按照有关的法规和制度，结合本企业的实际情况，拟定本企业的成本会计制度或办法，并督促成本会计人员和有关职工贯彻执行;应该不断总结经验，改进工作方式，使成本会计工作更好地适应经济发展的需要;还应组织成本会计人员学习有关的业务理论与技能，不断更新知识，并对成本会计人员进行定期考核，参与研究成本会计人员的任用和调配等问题。

五、成本会计法规和制度的制定与执行

成本会计的法规和制度，是组织和从事成本会计工作必须遵守的规范，是会计法规和制

度的重要组成部分。制定与执行成本会计的法规和制度.可以使企业的成本会计工作贯彻执行国家有关的方针、政策，保证成本会计资料真实、完整。

(一)制定成本会计法规和制度的原则

1.统一领导，分级管理原则

成本会计法规和制度的制定，应按照统一领导，分级管理的原则进行。全国性的成本会计法规和制度，应由国务院和财政部统一制定。每一个企业的成本会计制度或办法，应由企业根据国家有关规定，结合企业实际情况制定。

2.相关性原则

成本会计法规和制度的制定，既要满足企业成本管理和生产经营管理的要求，又要满足国家宏观经济管理的要求，还应适当简化手续，力求做到简明实用，以便贯彻执行，并节约成本会计工作的人力和物力。成本会计法规和制度属于上层建筑，应随着经济的发展、经济体制改革的不断深入，以及会计法规和制度的完善，进行相应的改革。成本会计法规和制度的改革，既要汲取国际先进经验，与国际惯例相结合，又要考虑我国的国情，从实际出发。

每一个企业都应根据国家的有关规定，结合本企业生产经营特点和管理要求，具体制定本企业的成本会计制度、规程或办法，这是企业进行成本会计工作具体而直接的依据。

(二)成本会计法规和制度的种类

与成本会计有关的法规和制度可以分为以下五类，即五个层次：

1.中华人民共和国会计法

《中华人民共和国会计法》是经全国人民代表大会常务委员会通过，由国家主席发布施行的，是我国会计工作的基本法。有关会计(包括成本会计)的一切法规、制度，都应按照它的要求制定。

2.企业会计准则——基本准则和企业财务通则

《企业会计准则——基本准则》和《企业财务通则》是根据《中华人民共和国会计法》，经国务院批准，由财政部制定并发布施行的，是企业财务、会计工作的基本准则。“两则”的制定和实施，可以使企业的财务、会计工作适应社会主义市场经济的需要，规范企业包括成本会计在内的财务、会计工作，提高企业财务和会计工作的水平，并与国际会计惯例接轨，有利于企业加强经营管理，有利于吸收外资、扩大对外开放。财政部还根据《企业会计准则——基本准则》的要求，制定了一系列对企业各类经济业务进行会计处理的具体准则，其中涉及各类成本费用的具体会计准则均为成本会计的依据。

3.企业会计制度

企业会计制度是根据《中华人民共和国会计法》的规定，由财政部制定并发布施行的，是规范我国不同行业会计行为的基础。国家统一会计制度的制定和实施，可以克服由于不同行业会计核算制度缺乏统一性而影响会计信息真实性的弊端。对于不同行业的企业，将国家统一会计制度以及其后发布的与其相适应、体现行业特点的具体会计核算办法相结合，即为该行业企业所使用的会计核算制度。这有利于规范不同行业企业的会计核算以及成本会计工作，提高企业的会计信息质量，真实反映企业的财务状况、经营成果和现金流量，加快实现会计工作与国际协调。随着《企业会计准则》的推广实施，作为一种过渡，《企业会计制度》在将来会逐渐退出历史舞台。

4.企业内部会计制度

企业内部会计制度是各企业根据《会计法》和会计准则、会计制度的要求，结合本企业具体情况自主制定的会计制度。企业的成本会计工作，是本企业会计工作的重要组成部分，因此也应符合本企业会计制度的有关规定。

5.企业的成本会计制度、规程或办法

各企业为了具体规范本企业的成本会计工作，还应根据上述各种会计法规和制度，结合本企业生产经营的特点和成本管理的要求，具体制定本企业的成本会计制度、规程或办法。它是企业进行成本会计工作具体、直接的依据。

成本会计的法规和制度是开展成本会计工作的依据和行为规范，其科学、合理与否，将直接影响成本会计工作的成效。因此，成本会计的法规和制度的制定，是一项复杂而细致的工作。在成本会计的法规和制度的制定过程中，有关人员不仅应熟悉国家有关法规、制度的内容，而且应对企业作广泛、深入的调查研究，在反复试点、依据充分的基础上，进行成本会计法规和制度的制定。成本会计的法规和制度一经制定、发布和实施，就应认真贯彻执行，并保持相对稳定。但是，随着时间的推移，新情况、新问题不断出现，还应根据变化的情况，对成本会计的法规和制度进行修订和完善，以保证成本会计法规和制度的科学性与先进性。

企业成本会计机构和成本会计工作人员，应在总会计师和会计主管人员的领导下，按照上述各种法规和制度的规定，分工协作、互相配合，并且组织职工群众共同做好成本会计工作，充分发挥成本会计的各种职能作用，完成成本会计的各项任务。

第三节　成本核算的要求

成本核算就是按照国家统一的会计制度的要求，对产品生产经营过程中实际发生的生产费用和期间费用进行归集和分配，计算产品生产成本，提供真实、有用的成本和费用信息的过程。它是成本管理的基础，也是企业经营管理的重要组成部分。

为了充分发挥成本核算的作用，正确核算产品成本，在成本核算工作中，应遵循以下各项要求。

一、算管结合，算为管用

所谓算管结合，算为管用，就是成本核算应当与加强企业经营管理相结合，所提供的成本信息应当满足企业经营管理和决策的需要。为此，成本核算不仅要提供事后的成本信息，而且必须以国家法律、行政法规、国家统一的会计制度、企业成本计划和相应的消耗定额为依据，加强对各项生产费用和期间费用的事前、事中的审核和控制。

为了满足企业经营管理和决策的需要；还应借鉴现代成本管理概念和成本计算方法，为不同的管理目的提供不同的管理成本信息，如变动成本与固定成本信息、可控成本与不可控成本信息、作业成本信息等。

二、正确划分各种费用界限

为了正确地进行成本核算，正确地计算产品成本和期间费用，必须正确划分以下五个方面的费用界限。

(一)正确划分应否计入生产费用、期间费用的界限

按照现行制度规定，制造企业的生产费用是指一定会计期间内为生产产品发生的各种耗费，包括生产产品耗用的直接材料、直接人工和制造费用等。生产费用归集到一定种类和数量的产品上，并形成该种产品的生产成本。期间费用特指管理费用、财务费用和销售费用等，它们直接计入当期发生的损益，而不计入产品生产成本。

制造企业在生产经营活动中，会发生各种各样的支出或费用。应严格按照国家统一的会计制度的规定，根据各种支出或费用的用途，区分是否应计入生产费用或期间费用。例如，企业购建固定资产的支出，应计入固定资产的造价；购买原材料的支出，应计入原材料的成

本;为销售产品缴纳的消费税等应计入税金及附加;等等。如果将不应计入生产费用或期间费用的支出或费用计入生产费用或期间费用，或者将应计入生产费用或期间费用的支出或费用计入其他，就会影响产品成本、当期损益等计算的正确性。

(二)正确划分生产费用与期间费用的界限

生产费用和期间费用具有不同的性质。生产费用形成产品成本，并在产品销售后作为产品销售成本计入销售当期的损益;而当月投产的产品不一定当月完成，当月完成的产品也不一定当月销售，因而当月的生产费用不一定计入当月损益。本月发生的销售费用、管理费用和财务费用等期间费用，则直接计入当月损益。因此，为了正确计算产品成本和期间费用，正确计算企业各月份的损益，必须正确地划分生产费用和期间费用的界限。防止混淆生产费用与期间费用的界限，借以调节各月产品成本和各月损益的错误做法。

(三)正确划分各月份的生产费用和期间费用界限

为了按月分析和考核成本计划和期间费用的执行情况和结果，正确计算产品生产成本和各月损益，还必须正确划分各月份的生产费用和期间费用界限。为此，应该按照权责发生制原则的要求，正确划分各月份的生产费用和期间费用的界限，是保证成本核算正确的重要环节。应当防止人为地调节各月生产费用和期间费用，人为地调节产品生产成本和各月损益的错误做法。

(四)正确划分各种产品的生产费用界限

如果企业生产的产品不止一种，那么，为了正确地计算各种产品的生产成本，必须将应计入本月产品成本的生产费用在各种产品之间正确地进行划分。凡属于某种产品单独发生，能够直接计入该种产品的生产费用，均应直接计入该种产品生产成本;凡属于几种产品共同发生，不能直接计入某种产品的生产费用，则应采用适当的分配方法，分配计入这几种产品的成本。应该防止在盈利产品与亏损产品之间、可比产品与不可比产品之间任意转移生产费用，借以掩盖成本超支或以盈补亏的错误做法。

(五)正确划分完工产品与在产品的生产费用界限

在月末计算产品成本时，如果某种产品已全部完工，那么，这种产品的各项生产费用之和就是这种产品的完工产品成本;如果某种产品均未完工，那么，这种产品的各项生产费用之和，就是这种产品的月末在产品成本;如果某种产品既有完工产品，又有在产品，则应将这种产品的各项生产费用，采用适当的分配方法在完工产品与月末在产品之间进行分配，分别计算完工产品成本和月末在产品成本;应该防止任意提高或降低月末在产品成本，人为地调节完工产品成本的错误做法。

上述五个方面费用界限的划分过程，也就是产品生产成本的计算和各项期间费用的归集过程。在这一过程中，应贯彻受益原则，即谁受益谁负担费用；什么时间受益什么时间负担费用；负担费用的多少应与受益程度的大小成正比。

三、正确确定财产物资的计价和价值结转方法

制造企业的生产经营过程，同时也是各种劳动的耗费过程。在各种劳动耗费中，财产物资的耗费（即生产资料价值的转移）占有相当的比重。因此，这些财产物资计价和价值结转方法是否恰当，会对成本计算的正确性产生重要的影响。为了正确地计算成本，对于各种财产物资的计价和价值的结转，应严格执行国家统一的会计制度。各种方法一经确定，应保持相对稳定，不能随意改变，以保证成本信息的可比性。

四、做好各项基础工作

为了加强成本审核、成本控制，正确及时地计算成本，企业应做好以下各项基础工作。

（一）做好定额的制定和修订工作

产品的各项消耗定额，既是编制成本计划、分析和考核成本水平的依据，也是审核和控制成本的标准；而且在计算产品成本时，往往要用产品的原材料和工时的定额消耗量或定额费用作为分配实际费用的标准。因此，为了加强生产管理和成本管理，企业必须建立和健全定额管理制度，凡是能够制定定额的各种消耗都应该制定先进、合理、切实可行的消耗定额，并随着生产的发展、技术的进步、劳动生产率的提高，不断修订消耗定额，以充分发挥其应有的作用。

（二）建立和健全材料物资的计量、收发、领退和盘点制度

成本核算是以价值形式来进行的。但价值形式的核算是以实物计量为基础的。因此，为了进行成本管理，正确地计算成本，必须建立和健全材料物资的计量、收发、领退和盘点制度。凡是材料物资的收发、领退，在产品、半成品的内部转移，以及产成品的入库等，均应填制相应的凭证，办理审批手续，并严格进行计量和验收。库存的各种材料物资、车间的在产品、产成品均应按规定进行盘点。只有这样，才能保证账实相符，保证成本计算的正确性。

（三）建立和健全原始记录工作

原始记录是反映生产经营活动的原始资料，是进行成本预测、编制成本计划、进行成本核算、分析消耗定额和成本计划执行情况的依据。因此，制造企业对生产过程中材料的领用、动力与工时的耗费、费用的开支、废品的发生、在产品及半成品的内部转移、产品质量检验及产成品入库等，都要有真实的原始记录。成本核算人员要会同企业的计划统计、生产技术、劳动工

资、产品物资供销等有关部门，认真制定既符合成本核算需要，又符合各方面管理需要，既科学又简便易行、讲求实效的原始记录制度；还要组织有关职工认真做好各种原始记录的登记、传递、审核和保管工作，以便正确及时地为成本核算和其他有关方面提供资料和信息。

（四）做好内部计划价格的制定和修订工作

在计划管理基础较好的企业中，为了分清企业内部各单位的经济责任，便于分析和考核企业内部各单位成本计划的完成情况和管理业绩，以及加速和简化核算工作，应对原材料、半成品、厂内各车间相互提供的劳务等制定厂内计划价格，作为企业内部结算和考核的依据。厂内计划价格要尽可能符合实际，保持相对稳定，一般在年度内不变。在制定了厂内计划价格的企业中，各项原材料的耗用、半成品的转移，以及各车间与部门之间相互提供劳务等，都首先要按计划价格计算（这种按实际生产耗用量和计划价格计算的成本，称为计划价格成本）。月末计算产品实际成本时，再在计算价格成本的基础上，采用适当的方法计算各产品应负担的价格差异（如材料成本差异等），将产品的计划价格成本调整为实际成本。这样既可以加速和简化核算工作，又可以分清内部各单位的经济责任。

（五）适应生产特点和管理要求，采用适当的成本计算方法

产品生产成本是在生产过程中形成的，产品的生产工艺过程、生产组织和管理要求不同，所采用的产品成本计算方法也应该有所不同。因此，企业只有按照产品生产特点和管理要求，选用适当的成本计算方法，才能正确及时地计算产品成本，为成本管理提供有用的成本信息。

为加强成本、费用核算，除了遵守以上各项基本原则之外，还要求做到：

(1)遵守国家有关的法律和制度。

(2)成本核算与厂内经济责任制相配合，建立责任成本制度。企业应按期编制成本、费用计划（预算），按计划（预算）掌握支出，定期考核计划（预算）执行情况，分析成本、费用升降的原因，以加强对成本、费用的控制。

(3)及时地进行成本、费用核算，及时向有关部门和人员提供企业成本、费用方面的信息。

(4)保持费用分配方法的稳定性。成本计算的费用分配方法和成本差异分配方法一经确定，不得任意变更；如要变更，应经有关部门批准，并在会计报告中加以说明。

第四节　生产费用和期间费用的分类

一、费用、成本与支出

根据我国《企业会计准则》的定义，费用是指“企业在日常活动中发生的、会导致所有者权益减少的、与向所有者分配利润无关的经济利益的总流出”。即狭义的费用。现行企业会计制度规定，费用要素的内容包括生产费用、营业成本、营业税金、期间费用和所得税费用等五个项目，但不包括投资损失和营业外支出。其中，生产费用与其他几个项目具有不同的性质，生产费用并非直接抵减当期的收入，而是形成了产成品存货。

成本也有广义和狭义之分。广义成本是指为了取得资产或达到特定目的而发生或应发生的价值牺牲。广义成本的含义相当广泛，既包括财务会计的成本，又涵盖管理会计的各种成本。狭义成本是指为了生产产品或提供劳务而实际发生或应发生的价值牺牲，即生产产品和劳务成本(简称生产成本)。

支出泛指各项资产的减少，包括偿债性支出、成本性支出、费用性支出和权益性支出。偿债性支出是指用现金或非现金资产偿付各项债务的支出，它引起资产和负债同时减少，如用银行存款归还长期借款等；成本性支出是指某一项现金或非现金资产的减少而引起另一项资产增加的支出，如用银行存款购入固定资产等，它使资产总额保持不变；费用性支出是指某一项现金或非现金资产的减少而引起费用增加的支出，它使资产和利润同时减少，如用现金支付业务招待费等；权益性支出是指某一项现金或非现金资产的减少而引起利润以外其他所有者权益项目减少的支出，它使资产和所有者权益同时减少，如用银行存款购入库藏股票等。但是，并非所有资产的减少都属于支出；货币性资产项目的内部转化通常不被认为是支出，如应收账款收现存入银行，这里应收账款的减少就不属于支出。

二、生产费用与产品成本的联系与区别

尽管在多数情况下，“生产费用”与“产品成本”两词是通用的，但生产费用与产品成本仍然是两个不同的概念。

生产费用是企业在某一时期进行生产所发生的全部费用，是企业在某一期投入生产的C、V个别劳动耗费，是从“投入”来考查的。产品成本则是从“产出”来考查的，是指企业生产某种(些)产品所发生的生产费用总和，它可能包括几个时期的生产费用，是产出产品所含的

C、V个别劳动耗费的总和。

生产费用与产品成本经济内容是一致的，都是企业的C、V个别劳动耗费，生产费用的发生额是构成产品成本的基础，只有生产费用才能计入产品成本，但它们之间仍存在区别。首先，生产费用是指投入生产的C、V个别劳动耗费，它的发生并不意味着产品已经形成；产品成本则是产出的产品上所凝结的C、V个别劳动。“生产费用”是泛泛而言之，而“产品成本”则是对象化了的生产费用。其次，“生产费用”是指某一时期（月、季、年）所发生的全部费用，但它不一定全部能够归入本期的产成品成本；而产品成本包括生产该产品所发生的所有费用，不论这些费用是在什么时期发生的，即产品成本除了本期实际所发生的费用以外，还包括以前时期生产该产品的费用，或过去期间已经发生而摊配于本期，或本期预提未来期间才会发生的费用。因此，各期的生产费用总额和产品成本总额往往不相等。

生产费用要素与产品成本项目中的有些项目从名称来看似乎相同，如材料、工资，但其反映的内容是有差别的。例如，费用要素中的材料，包括生产耗用的全部的原料、主要材料和辅助材料；而成本项目中的材料，只包括直接耗用于合格产品的原料、主要材料和辅助材料；其他方面耗用的材料应包括在制造费用、管理费用之中，如果发生了废品，则废品中的原材料、主要材料和辅助材料应反映在“废品损失”中。

总之，企业生产费用通常与一定期间相联系，而产品成本与特定产品相联系。生产费用是形成产品成本的基础，产品成本则是生产费用的对象化。

支出与费用、成本之间的关系为：费用性支出形成费用，但费用是按权责发生制确认的，所以费用中还包括未发生支出的耗费，如尚未支付的本月管理人员工资费用等；成本性支出归集到某一对象上去即为该对象的成本，但由于成本也是按照权责发生制确认的，所以成本中也包括未发生支出的耗费，如尚未支付的本月生产工人工资等。

三、生产费用的分类

制造企业的生产费用多种多样。生产费用的合理分类，是按照管理要求核算生产费用，正确计算产品生产成本的重要条件。生产费用可以按不同的标准分类，其中最基本的是按生产费用的经济内容和经济用途的分类。

（一）生产费用按经济内容分类

产品的生产过程，是物化劳动和活劳动的耗费过程。因而生产过程中发生的生产费用，按其经济内容，可分为劳动对象方面的费用、劳动手段方面的费用和活劳动方面的费用三大类。生产费用按照经济内容分类，就是在这一划分的基础上，将生产费用划分为若干要素费用。

1.材料费用

材料费用是指企业为生产产品而耗用的原料及主要材料、半成品、辅助材料、包装物、修理用备件和低值易耗品等。

2.燃料费用

燃料费用是指企业为生产产品而耗用的各种固体、液体和气体燃料。

3.外购动力费用

外购动力费用是指企业为生产产品而耗用的一切从外单位购进的各种动力。

4.职工薪酬

职工薪酬是指企业根据有关规定应付给职工的各种薪酬，具体包括"工资"、"福利"、"社会保险"、"住房公积金"、"工会经费"、"职工教育经费"和"奖金"等。

5.折旧费和摊销费

折旧费是指企业直接用来生产产品的固定资产和车间管理用固定资产提取的折旧费用以及与产品直接相关的无形资产价值的摊销费等。

6.其他生产费用

其他生产费用是指不属于以上各要素费用但应计入产品生产成本的生产费用，如差旅费、租赁费及外部加工费等。

(二)生产费用按经济用途分类

计入产品成本的生产费用在产品生产过程中的用途也不尽相同。有的直接用于产品生产，有的用于管理和组织产品生产。因此，为具体反映计入产品成本的生产费用的各种用途，提供产品成本构成情况的资料，还应将其进一步划分为若干个项目，即产品生产成本项目。产品生产成本项目，简称产品成本项目或成本项目。制造企业一般应设置以下几个成本项目：

1.直接材料

直接材料，是指直接用于产品生产和构成产品实体的原料、主要材料以及有助于产品形成的辅助材料费用等。

2.直接燃料及动力

直接燃料及动力，是指直接用于产品生产的各种燃料和动力费用等。

3.直接人工

直接人工，是指直接参加产品生产工人的工资、福利费及"五险一金"等。

4.制造费用

制造费用，是指间接用于产品生产的各项费用，以及虽直接用于产品生产，但不便于直接计入产品成本，因而没有专设成本项目的生产费用。制造费用包括企业内部生产单位(分厂、车间)的管理人员工资及福利费、固定资产折旧费、修理费、租赁费(不包括融资租赁费)、机物料消耗、低值易耗品摊销、取暖费、水电费、办公费、运输费、保险费、设计制图费、试验检验费、劳动保护费、季节性或修理期间的停工损失以及其他制造费用等。

企业可根据生产特点和管理要求对上述成本项目做适当调整。对于管理上需要单独反映、控制和考核的生产费用，以及产品成本中比重较大的生产费用，应专设成本项目；否则，为了简化核算，可不必专设成本项目。例如，如果废品损失在产品成本中所占比重较大，在管理上需要对其进行重点控制和考核，则应单设“废品损失”成本项目。又如，如果工艺上耗用的燃料和动力不多，为了简化核算，可将其中的工艺用燃料费用并入“原材料”成本项目，将其中的工艺用动力费用并入“制造费用”成本项目等。

(三)生产费用按计入产品成本的方法分类

计入产品成本的各项生产费用，按计入产品成本的方法，可以分为直接计入费用和间接计入费用。

1.直接计入费用，是指可以分清是哪种产品所耗用、可以直接计入某种产品成本的生产费用。

2.间接计入费用，是指不能分清哪种产品所耗用、不能直接计入某种产品成本，而必须按照一定标准分配计入有关的各种产品成本的生产费用。

四、期间费用按经济用途的分类

制造企业的期间费用按照经济用途可分为销售费用、管理费用和财务费用。

1.销售费用

销售费用是指企业在产品销售过程中发生的费用，以及为销售本企业产品而专设的销售机构的各项经费。包括应由企业负担的运输费、装卸费、包装费、保险费、委托代销手续费、广告费、展览费、租赁费(不含融资租赁费)、商品维修费、预计产品质量保证损失和销售服务费，以及专设的销售机构的人员职工薪酬、差旅费、业务费、办公费、折旧费、修理费、物料消耗、低值易耗品摊销等经营费用。

2.管理费用

管理费用是指企业行政管理部门为组织和管理生产经营活动而发生的各项费用。包括工厂总部管理人员职工薪酬、差旅费、办公费、折旧费、修理费、物料消耗、低值易耗品摊销，以及企业的工会经费、职工教育经费、劳动保险费、待业保险费、董事会费、咨询费、审计费、诉讼费、排污费、绿化费、房产税、车船使用税、印花税、土地使用税、海域使用费、土地损失补偿费、技术转让费、研究费用、无形资产摊销、开办费摊销、业务招待费、存货盘亏、毁损和报废(减盘盈)等。

3.财务费用

财务费用是指企业为筹集生产经营所需资金而发生的各项费用。包括企业生产经营期间发生的利息费用(减利息收入)、汇兑损失(减汇兑收益)、经纪人佣金、金融机构手续费以及企业发生的现金折扣等。

第五节 成本核算的一般程序和主要会计账户

一、成本核算的一般程序

成本核算的一般程序是指对企业在生产经营过程中发生的各项生产费用和期间费用，按照成本核算的要求，逐步进行归集和分配，最后计算出各种产品的生产成本和各项期间费用的基本过程。根据前述的成本核算要求和生产费用、期间费用的分类，成本核算一般要遵循下列程序：

1.设立成本计算单

成本计算单，即生产成本明细分类账，是根据产品成本计算对象设立的。成本计算单的表首部分应反映成本计算对象的内容。

2.原始凭证的审核与汇总

审核生产费用原始凭证，根据生产费用原始凭证和其他有关资料编制各种费用汇总分配表。

3.登记总账与明细账

根据生产费用汇总分配表登记总账和各产品的成本计算单与制造费用明细账，汇总起来的制造费用经过分配，记入各成本计算单中的制造费用项目。

4.计算总成本与单位成本

在成本计算单上计算出完工产品总成本和单位成本，并结转产成品成本。

就具体的成本核算工作而言，就是做好如下工作：

(1)对企业的各项支出、费用进行严格地审核和控制，并按照国家统一的会计制度确定其应否计入生产费用、期间费用等。

(2)正确处理支出、费用的跨期摊提工作。

(3)将应计入本月产品的各项生产费用，在各种产品之间按照成本项目进行分配和归集，计算出按成本项目反映的各种产品的成本。

(4)对于月末既有完工产品又有在产品的产品，将该种产品的生产费用(月初在产品生产费用与本月生产费用之和)在完工产品与月末在产品之间进行分配，计算出该种产品的完工产品成本和月末在产品成本。

二、成本核算的主要账户

为了进行成本核算，企业一般应设置“生产成本——基本生产成本”“生产成本——辅助生产成本”“制造费用”“销售费用”“管理费用”“财务费用”等账户。如果需要单独核算废品损失和停工损失，还应设置“废品损失”和“停工损失”账户。

(一)“生产成本——基本生产成本”账户

基本生产是指为完成企业主要生产目的而进行的商品产品生产。为了归集基本生产所发生的各种生产费用，计算产品生产成本，应设置“生产成本——基本生产成本”账户。该账户借方登记企业为进行基本生产而发生的各种生产费用；贷方登记转出的完工入库的产品成本；余额在借方，表示基本生产的在产品成本。

“生产成本——基本生产成本”还应按产品品种或产品批别、生产步骤等成本计算对象设置产品成本明细分类账(或称产品成本计算单)。一般来说，成本计算单的表首部分应包括：①产品名称；②成本计算的时间范围；③成本计算的主体，工厂或车间的名称；④产量；⑤其他需要的信息(见表6-1)。

(二)“生产成本——辅助生产成本”账户

辅助生产是指为基本生产服务而进行的产品生产和劳务供应。辅助生产所提供的产品和劳务，有时也对外销售，但这不是它的主要目的(本教材为简化核算，该账户又考虑辅助生产车间单独生产产品,也不单设“制造费用”账户)。为了归集辅助生产所发生的各种辅助生产费用，计算辅助生产所提供的产品和劳务的成本，应设置“生产成本——辅助生产成本”账户。该账户的借方登记为进行辅助生产而发生的各种耗费；贷方登记完工入库产品的成本或分配转出的劳务成本；余额在借方，表示辅助生产在产品的成本。

“生产成本——辅助生产成本”账户应按辅助生产车间和生产的产品、劳务分设明细分类账，账户中按辅助生产的成本项目或费用项目分设专栏或专行，进行明细登记(见表3-1)。

(三)“制造费用”账户

为了核算企业生产产品和提供劳务而发生的各项制造费用，应设置“制造费用”账户。该账户的借方登记实际发生的制造费用；贷方登记分配转出的制造费用；除季节性生产企业外，该账户月末应无余额。“制造费用”账户，应按车间、部门设置明细分类账，账内按费用项目设立专栏进行明细登记。其格式如表1-1所示。

表 1—1　制造费用明细账

车间或部门：

年		凭证字号	摘要	职工薪酬	折旧	修理	物料消耗	低值易耗品	办公费	合计
月	日									

(四)“废品损失”账户

需要单独核算废品损失的企业，应设置“废品损失”账户。该账户的借方登记不可修复废品的生产成本和可修废品的修复费用；贷方登记废品残料回收的价值、应收的赔款以及转出的废品净损失；该账户月末应无余额。“废品损失”账户应按车间设置明细分类账，账内按产品品种分设专户，并按成本项目设置专栏或专行进行明细登记(明细账格式见表 5—1)。

(五)“销售费用”账户

为了核算企业在产品销售过程中所发生的各项费用，应设置“销售费用”账户。该账户的借方登记实际发生的各项销售费用；贷方登记期末转入“本年利润”账户的销售费用；期末结转后该账户应无余额。

“销售费用”账户的明细分类账，应按费用项目设置专栏，进行明细登记。

(六)“管理费用”账户

为了核算企业行政管理部门为组织和管理生产经营活动而发生的各项管理费用，应设置“管理费用”账户。该账户的借方登记发生的各项管理费用；贷方登记期末转入“本年利润”账户的管理费用；期末结转后应无余额。

“管理费用”账户的明细分类账，应按费用项目设置专栏，进行明细登记。

(七)“财务费用”账户

为了核算企业为筹集生产经营所需资金而发生的各项费用，应设置“财务费用”账户。该账户的借方登记发生的各项财务费用；贷方登记应冲减财务费用的利息收入、汇兑收益以及期末转入“本年利润”账户的财务费用；期末结转后应无余额。

“财务费用”账户的明细分类账，应按费用项目设置专栏，进行明细登记。

练习题

一、单项选择题

1.产品成本是指为制造一定数量、一定种类的产品，而发生的以货币表现的(　　)。

A.物化劳动耗费　　B.各种耗费

C.原材料耗费　　D.活劳动耗费

2.成本这种资金耗费，是相对于(　　)而言的。

A.一定对象　　B.一定时期

C.一个单位　　D.一个企业

3.成本分析一般在(　　)进行。

A.事前　　B.事中

C.事后　　D.事前、事中、事后

4.按马克思的成本理论，产品成本是产品价值中的(　　)。

A.c+m　　B.c+v

C.v+m　　D.c+v+m

5.对生产经营过程中发生的费用进行归集和分配，计算出有关成本计算对象的实际总成本和单位成本，是(　　)。

A.成本会计　　B.成本核算

C.成本预测　　D.成本分析

6.成本会计的对象是(　　)。

A.诸会计要素的增减变动

B.各项期间费用的支出及归集过程

C.产品生产成本的形成过程

D.各行业企业经营业务的成本和有关的经营管理费用

二、多项选择题

1.理论成本是指产品在生产过程中耗费的(　　)的货币表现。

A.物化劳动　　B.部分物化劳动

C.活劳动　　D.部分活劳动

2.下列各项中属于成本会计职能的有(　　)。

A.成本预测　　B.成本决策

C.成本核算　　D.成本计划

E.成本控制

3.下列各项支出中，明确应计入产品成本的支出有(　　)。

A.折旧费用　　B.生产单位的折旧费用

C.生产工人的工资　　D、生产工人的福利费

4.成本会计机构的设置，应考虑(　　)。

A.企业规模的大小　　B.业务的多少

C.企业管理体制　　D、对外报告的要求

5.期间费用是指(　　)。

A.销售费用　　B.人工费用

C.管理费用　　D.财务费用

三、判断题

1.产品成本是企业在一定的时期内，为生产一定量产品而发生的各项生产费用。(　　)

2.成本是一种补偿价值，需要补偿的是一定期间内企业发生的全部支出额。(　　)

3.生产费用是以本期实际支出为标准，而产品成本则是以费用是否应归属于本期为标准。(　　)

4.企业本期发生的生产费用全部计入本期产品成本。(　　)

5.一般情况下本期发生的生产费用与本期产品成本在量上基本相等。(　　)

6.产品成本应当包括生产和销售过程中发生的各种费用，产品成本也称为产品制造成本。(　　)

7.产品成本总是相对于一定成本计算对象而言的。(　　)

8.成本预测是成本决策的结果，正确的成本决策是进行成本预测的前提。(　　)

9.企业应当根据国家有关法令、法规，并结合企业实际情况来制定自己的成本会计工作制度或方法。(　　)

10.实际成本有时与理论成本背离。(　　)

11.在市场经济条件下，价格应当由企业的生产成本加上确定的目标利润后求得。(　　)

12.理论成本是指产品价值中的 C+V 部分。(　　)

练习二

一、单项选择题

1.是保证成本会计工作质量的前提(　　)。

A.正确划分各种费用的界限　　B.确定成本计算对象

C.做好成本核算的基础工作　　D.确定成本项目

2.生产经营费用按其经济用途可分为(　　)。

A.计入产品成本的生产费用和不计入产品成本的期间费用

B.直接计入费用和间接计入费用

C.直接费用和间接费用

D.基本计入费用和一般费用

3.直接计入费用和间接计入费用都是(　　)。

A.列入当期损益的期间费用　　B.计入产品制造成本的费用

C.计入制造费用的费用　　D.计入产品成本和期间费用的费用

4.为核算企业进行各种产品、自制半成品等的生产所发生的各项费用，应设置(　　)科目。

A.基本生产成本　　B.辅助生产成本　　C.生产成本　　D.产品成本

5.产品成本项目由(　　)。

A.企业根据生产特点和管理要求自行确定　　B.国家统一规定

C.根据财政部发布的规定确定　　D.企业主管部门分别统一确定

6.费用要素是指按其(　　)的分类。

A.经济用途　　B.计入产品成本的方式

C.经济内容　　D.与生产工艺的关系

7.将资本性支出、营业外支出等计入当期生产经营费用(　　)。

A.对企业损益没有影响

B.只影响产品，不影响期间费用

C.影响产品成本或期间费用，造成当期销售利润减少

D.影响产品成本和期间费用，造成当期销售利润增加

8.生产费用中应当按照受益原则分配的费用是指(　　)。

A.直接计入费用　　B.固定费用　　C.间接计入费用　　D.变动费用

9.下列各项属于产品成本项目的是(　　)。

A.折旧费用　　B.外购燃料和动力　　C.直接人工　　D.期间费用

10.下列不能计入产品成本的费用是(　　)。

A.燃料和动力　　B.生产工人工资及福利费用

C.车间管理人员及福利费用　　D.期间费用

二、多项选择题

1.在没有期初、期末在产品的情况下，需要正确划清的费用界限有(　　)。

A.生产费用与其他开支费用的界限

B.本期费用与非本期费用的界限

C.生产费用与期间费用的界限

D.各种产品费用的界限

2.为了正确地计算产品成本，必须正确划分(　　)的费用界限。

A.应计入产品成本和不应计入产品成本

B.完工产品成本和月末在产品成本

C.各个会计期间

D.责任成本与非责任成本

E.各类产品

3.制造企业的产品成本项目一般包括(　　)。

A.直接材料　　B.直接人工　　C.外购燃料　　D.制造费用

4.要划清应计入本期成本和不应计入本期成本的费用界限，应遵循(　　)。

A.会计分期原则　　B.权责发生制原则

C.历史成本原则　　D.民主集中制原则

5.下列应通过“长期待摊费用”账户核算的项目有(　　)。

A.企业开办费　　B.租入固定资产改良支出

C.摊销期限1年以上的固定资产修理费　　D.预付下一年度保险费用

6.工业企业成本核算的一般程序是(　　)。

A.按成本开支范围审核各项费用应否计入产品成本

B.将应计入本期产品成本的费用在各种产品间进行分配

C.正确划分各种产品的销售成本

D.将计入各种产品的本期生产费用连同期初在产品成本在本期完工产品和期末在产品之间进行纵向分配

7.为了正确划分本期费用和非本期费用的界限，需要正确核算(　　)。

A.长期待摊费用　　B.应付账款

C.应付利息　　　　　　　　　　　　　　D.应收账款

8.“生产成本”账户，是用来核算企业生产的(　　)等所发生的各项生产费用。

A.各项产品　　B.自制产品　　C.自制设备　　D.自制工具

9.下列哪些费用是产品生产成本的构成内容(　　)。

A.直接材料　　B.管理费用　　C.直接人工　　D.制造费用

10.下列哪些人员的工资及福利费应由产品成本负担(　　)。

A.生产工人　　B.行政管理人员　　C.车间管理人员　　D.医务人员

三、判断题

1.生产费用按经济内容划分为直接材料、直接人工和制造费用三个成本项目。(　　)

2.在划分各种产品费用界限时，应注意划分清本期产品与非本期产品的费用界限。(　　)

3.选择完工产品与月末在产品费用分配方法，既要科学合理，又要简便易行。(　　)

4.凡不应计入产品成本的支出，全部作为营业外支出处理。(　　)

5.正确核算长期待摊费用和应付利息，有助于划分本期费用与非本期费用的界限。(　　)

6.实际工作中，哪些费用应计入产品成本，哪些费用不应计入产品成本，由企业自行决定。(　　)

7.生产费用按经济用途所作的分类，在会计上称为产品成本项目。(　　)

8.资本性支出和营业外支出都不应计入生产经营费用。(　　)

9.对应由本期产品成本负担，但尚未实际支出的费用，应作为预提费用(如:应付利息等)处理。(　　)

10.生产费用按其经济内容划分，称为费用要素。(　　)

11.生产费用要素是一种原始形态的费用支出。(　　)

12.生产费用按经济用途分类，便于为企业计算工业净产值和国家计算国民收入提供资料。(　　)

13.生产费用按其经济用途划分，可分为三个成本项目。(　　)

14.“制造费用”账户，是用来核算和监督企业为管理和组织生产经营活动而发生的各项间接费用。(　　)

15.企业支付给职工的工资，都属于生产费用要素中工资项目的组成。(　　)

第二章 2
企业要素费用的归集与分配

第一节 材料费用的归集与分配

一、材料的分类和材料成本核算的任务

材料是构成产品最基本也是最原始的生产要素，是企业生产加工的对象，它或者直接构成产品的物质形体，或者有助于产品实体的形成。材料成本的高低直接影响到企业资产负债表中的存货项目和利润表中销货成本项目的高低。因此，材料成本的核算对于降低成本、节约使用资金、加速资金周转、提高经济效益有着非常重要的意义。

（一）材料的分类

企业的材料品种繁多、规格复杂、收发频繁，为了正确进行材料的归集与分配，应对材料进行科学的分类。按照在生产经营过程中所起的作用，材料主要分为以下六类：

1.原料及主要材料

原料及主要材料指经过生产加工后能构成产品实体或主要成分的各种原料和材料。如生产家具用的木材、纺纱用的原棉、炼铁用的铁矿石、造船用的钢材等。

2.辅助材料

辅助材料是指直接用于生产过程，有助于产品形成或者为产品生产提供条件，但不构成产品实体的各种材料。如维护机器用的润滑油、防腐用的油漆、清洁用的扫帚、照明用的电灯泡等。

3.燃料

燃料是指企业在生产过程中用来燃烧发热的各种物料，包括固体燃料、液体燃料和气体燃料等。如煤炭、柴油、天然气等。

4.修理用备件

修理用备件是指为修理本企业的机器设备和其他设备所专用的各种备用配件。如齿轮、阀门、轴承等。

5.包装物

包装物是指为包装本企业商品而储备的各种包装用的物品。如桶、箱、袋、瓶、绳等。

6.低值易耗品

低值易耗品是指单位价值较低，容易耗损的各种工具、管理用具、玻璃器皿以及劳保用品等。从性质上看，低值易耗品并不是劳动对象，而是劳动资料，但由于它不具备固定资产的条件，因而把它列为材料的一类。

上述分类，是按照材料在生产过程中的作用来划分的，因此同一种材料在不同的企业中，就有可能划分在不同的类别中，当然也存在一种材料兼有多种用途的情形，这时应按其主要用途进行分类。应指出，为了加强材料实物的管理，搞好成本核算工作，各类材料还可以按其物理性能、技术特征、规格等标准作进一步分类。

(二)材料成本核算的任务

任何产品生产企业，在正常生产情况下，都会发生材料的购进和消耗，购进材料要确定采购成本，消耗材料要确定单位产品的用料成本，期末则要根据存货计价的原则确定存料价值，并在资产负债表上正确披露。因此，材料核算应该完成以下三个方面的任务：

1.确定采购成本

正确计算采购成本是材料核算的基础。确定采购成本，要明确可以计入材料成本的项目有哪些，应如何计价，几种材料共同发生的费用应如何分配才能使材料成本更准确等。

2.确定材料消耗成本

确定材料消耗成本包括正确确定本期耗用材料的数量、单价、总成本，以及这些材料成本应由哪些成本计算对象来负担，各自负担多少等。

3.确定存料成本

企业应按照会计准则的要求，在会计期末采用科学的方法在资产负债表上反映其存货的实际成本。

上述三项任务中，第1、2项任务实际上是材料成本归集与分配的过程。

二、材料费用的归集与分配

(一)材料费用归集与分配概述

1.材料费用归集的基础工作

材料费用归集的基础工作主要包括如下几方面内容：

(1)收入材料成本的确定。材料费用的计算因企业日常采用的计价方法的不同而有所差别。一般地，如果企业规模较小、材料品种规格不多且收发不太频繁，可按实际成本计价；若企业规模较大，材料品种规格繁多且收发频繁，则应按计划成本计价。

(2)领用材料的原始凭证和材料费用的归集。企业在生产过程中领用的材料品种、数量很多，为明确内部各单位的经济责任，便于分配材料费用，不断降低材料的消耗，在领用材料时，应办理必要的手续。领料应由专人负责，并经有关人员签字审核后，才能办理领料手续。领用材料时使用的原始凭证主要包括领料单、限额领料单和领料登记簿等。企业应根据领用材料的具体情况，选择采用某一种领料凭证。月末，将各种领料凭证按分厂、车间、部门进行汇总，便可计算出各自消耗材料的数量和金额，通过编制“材料费用分配表”，即可进行材料费用分配的核算。

2.消耗材料的计量

根据发出材料的有关凭证，可将材料费用列入有关的成本计算对象中。但对于库存材料的计量，则可根据材料特点，采用永续盘存制和实地盘存制两种方法进行核算。

3.发出材料成本的确定

在材料按计划成本计价的情况下，对于发出的材料，应计算发出材料应负担的材料成本差异，把发出材料的计划成本调整为实际成本；对于期末库存材料，应以实际成本体现在资产负债表中。

采用实际成本进行材料日常核算的企业，发出材料的实际成本，可采用先进先出法、加权平均法或者个别计价法等方法计算确定，对于不同的材料，可以采用不同的计价方法。材料计价方法一经确定，不应随意变动。如需改变，应将变更的原因及由于变更对企业财务状况和经营成果带来的影响在会计报表附注中加以说明。

(二)原材料费用的分配

1.原材料费用的分配原则

对于本期发生的原材料费用，不论耗用的是外购还是自制材料，都应根据审核后的领退料凭证，按照其具体用途进行分配。

原材料费用的分配，是通过编制“材料费用分配表”进行的。因此，各生产车间和部门的“材料费用分配表”应根据各种领料凭证中的记录编制。在按实际成本核算时，根据各种领料凭证中所登记的实际成本汇总编制分配表;在计划成本计价下，除根据各种领料凭证中所登记的计划成本汇总外，还应根据材料成本差异率计算领用材料应负担的材料成本差异，计算发出材料的实际成本。但在分配表中，还应同时登记材料的计划成本和材料成本差异额。如果多种产品共同耗用某种材料时，还应采用适当的方法在各种产品之间进行分配，登记“材料费用分配表”，在各车间、部门“材料费用分配表”的基础上，汇总编制“材料费用汇总分配表”，据此进行材料费用分配的总分类核算。

在进行原材料费用分配时，应首先根据材料的具体用途确定材料费用的分配对象。

(1)对于用于产品生产并构成产品主要实体或有助于产品形成的各种材料，其分配原则是直接材料费用直接计入，间接材料费用分配计入各成本计算对象的“直接材料”成本项目中。所谓直接材料费用是指直接为生产某一种产品所耗用的材料并能直接确定其归属对象，而间接材料费用是指几种产品共同耗用的材料，不能直接确定其归属对象，须采用简便、合理的方法在几种产品中进行分配。

(2)对于生产车间和行政管理部门一般耗用的材料，应分别列入“制造费用”和“管理费用”中的相关项目中。

(3)在材料费用的分配中，对于直接用于生产各种产品的材料，如果数量较少，金额较小，根据重要性原则，可以采用简化的分配方法，即全部计入制造费用，以省去一些复杂的计算分配工作。

2.原材料费用的分配方法

当几种产品共同耗用某种材料不能直接计入时，企业应采用适当的分配方法进行分配后计入各种产品成本，这些材料费用的分配方法主要有：

(1)定额耗用量(或费用)比例分配法

该方法是按各种产品原材料消耗定额比例或原材料定额费用的比例分配材料费用的一种方法，它一般在各项材料消耗定额健全且比较准确的情况下采用，其计算步骤如下：

首先，计算出各种产品的原材料定额耗用量和原材料消耗量分配率。

其计算公式为：

$$\text{某种产品原材料定额耗用量}=\text{该种产品的实际产量}\times\text{单位产品原材料消耗定额}$$

$$\text{原材料消耗量分配率}=\frac{\text{待分配的原材料实际消耗总量}}{\text{各种产品原材料定额耗用量之和}}$$

其次，计算出各种产品的原材料实际耗用量。

其计算公式为：

$$\text{某种产品原材料实际耗用量}=\text{该种产品原材料定额耗用量}\times\text{原材料消耗量分配率}$$

最后，计算出各种产品应分配的原材料费用。

其计算公式为：

$$\text{某种产品应分配的原材料费用}=\text{该种产品原材料实际耗用量}\times\text{原材料单价}$$

【例 2—1】某企业生产甲、乙、丙三种产品，共耗用某种原材料 2 800 千克，每千克 24 元，甲产品实际产量为 200 件，单位产品材料定额耗用量为 3 千克；乙产品实际产量为 100 件，单位产品材料定额耗用量为 2 千克；丙产品实际产量为 300 件，单位产品材料定额耗用量为 4 千克，采用定额耗用量比例分配法

分配材料费用的结果如下：

甲产品材料定额耗用量＝200×3＝600(千克)

乙产品材料定额耗用量＝100×2＝200(千克)

丙产品材料定额耗用量＝300×4＝1 200(千克)

材料定额耗用量分配率＝2 800÷(600＋200＋1 200)＝1.4

甲产品应分配的实际材料数量＝600×1.4＝840(千克)

乙产品应分配的实际材料数量＝200×1.4＝280(千克)

丙产品应分配的实际材料数量＝1 200×1.4＝1 680(千克)

甲产品应分配的材料费用＝840×24＝20 160(元)

乙产品应分配的材料费用＝280×24＝6 720(元)

丙产品应分配的材料费用＝1 680×24＝40 320(元)

采用上述方法计算分配材料费用，不仅能计算出每种产品应分配的材料费用，而且还就计算出每种产品耗用材料的实际数量，为考核材料消耗定额的执行情况提供了资料，有利于加强成本的核算和管理，但计算比较麻烦。为了简化分配工作，对于不需要考核材料实际耗用量的企业，可采用按材料定额耗用量的比例直接分配材料费用的方法。

其计算公式如下：

$$原材料费用分配率=\frac{待分配的原材料费用总额}{各种产品原材料定额耗用量之和}$$

$$某种产品应分配的原材料费用=该种产品原材料定额耗用量\times原材料费用分配率$$

【例 2—2】现仍以[例 2—1]资料为基础，计算结果如下：

材料费用分配率＝2 800×24÷(600＋200＋1 200)＝33.6

甲产品应分配的材料费用＝600×33.6＝20 160(元)

乙产品应分配的材料费用＝200×33.6＝6 720(元)

丙产品应分配的材料费用＝1 200×33.6＝40 320(元)

上述两种方法计算结果相同，企业可根据自身具体情况选择使用。

(2)产品重量比例分配法

产品重量比例分配法是按照各种产品的重量比例分配原材料费用的一种方法。有些企业几种产品共同耗用一种或几种原材料，耗用材料的多少，与产品重量成正比例，那么这些产品所耗用的原材料费用则可按产品的重量比例进行分配。

其计算公式为：

$$原材料费用分配率=\frac{待分配的原材料费用总额}{各种产品的重量之和}$$

某种产品应分配的原材料费用=该种产品的重量×原材料费用分配率

【例 2—3】某企业生产甲、乙两种产品，共同耗用 A 材料 50 400 千克，每千克 5 元。甲产品的重量为 1 000 千克，乙产品的重量为 2 000 千克，采用产品重量比例分配法分配材料费用的结果如下：

材料费用分配率=50 400×5÷(1 000+2 000)=84

甲产品应分配的材料费用=1 000×84=84 000(元)

乙产品应分配的材料费用=2 000×84=168 000(元)

(3)产品自然产量比例分配法

产品自然产量比例分配法是按产品的产量比例分配材料费用的一种方法。有些企业所生产的产品，耗用原材料的多少，与产品的自然产量成正比例。对于这些产品所耗用的原材料费用，则可按产品自然产量比例进行分配。

其计算公式为：

$$原材料费用分配率=\frac{待分配的原材料费用总额}{各种产品的自然产量之和}$$

某种产品应分配的原材料费用=该种产品的自然产量×原材料费用分配率

【例 2—4】某企业生产甲、乙两种产品，共耗用 B 材料 5 000 千克，每千克 180 元。甲产品实际产量为 2 600 件，乙产品实际产量为 2 400 件，采用产品自然产量比例分配法分配材料费用的结果如下：

材料费用分配率=5 000×180÷(2 600+2 400)=180

甲产品应分配的材料费用=2 600×180=468 000(元)

乙产品应分配的材料费用=2 400×180=432 000(元)

(4)产品标准产量比例法(系数法)

采用这种方法，可先在企业所生产的几种产品中确定一种主要产品作为标准产品，然后将其他产品的自然产量按一定标准(如消耗定额、实际重量、体积、面积等比例)折合成标准产品产量，再以各种产品的标准产量作为分配标准来分配原材料费用。

具体做法是：

首先，假设单位标准产品的系数为 1，其他产品均按一定的比例换算成标准产品的系数(系数确定后，可以在定额、计划、售价等不变的情况下长期使用)，然后，按各种产品的总系数来分配原材料费用。

其计算公式为：

$$原材料费用分配率=\frac{待分配的原材料费用总额}{各种产品折合标准产品产量之和}$$

某种产品应分配的原材料费用=该种产品折合标准产品产量×原材料费用分配率

【例 2—5】某厂生产的丙产品，分 A、B、C 三个型号，其产量和消耗定额如表 2—1 所示。本月共耗原材料费用 12 000 元，用产品标准产量比例法分配原材料费用。假定选 B 型号为标准产品，原材料分配结果如下：

表 2—1　产品产量和消耗定额表　200×年 6 月　单位:元

项目	A	B	C	合计
自然产量	400	500	600	
原材料定额成本	6.9	6	5.4	
折合标准产品系数	6.9÷6＝1.15	1	5.4÷6＝0.9	
折合标准产品产量	460	500	540	1500

原材料费用分配率＝12 000÷1500＝8

A 号产品应分配原材料费用＝460×8＝3 680(元)

B 号产品应分配原材料费用＝500×8＝4 000(元)

C 号产品应分配原材料费用＝540×8＝4 320(元)

3.材料费用分配的账务处理

如前所述，在实际工作中，材料费用的分配是采取编制“材料费用分配表”的方法进行的。根据“材料费用分配表”进行材料费用的分配，“材料费用分配表”可先按各生产车间和部门分别编制，然后全厂合并编制一张“材料费用汇总分配表”。

【例 2—6】共青城鸭鸭集团股份有限公司某车间 2015 年 6 月共消耗原材料 805 900 元，具体分配(分配率为 600 000/48 000＝12.5)情况如表 2—2 所示：

表 2—2　原材料费用分配表　2015 年 6 月　单位:元

应借科目		直接计入金额(元)	分配计入		材料费用合计(元)
			定额消耗量(千克)	分配金额(元，分配率 12.5)	
基本生产成本	甲产品	15 200	36 000	450 000	465 200
	乙产品	117 400	12 000	150 000	267 400
	小计	132 600	48 000	600 000	732 600
辅助生产成本	供水	41 000			41 000
	供电	20 000			20 000
	小计	61 000			61 000
制造费用		8 500			8 500
管理费用		2 000			2 000
销售费用		1 800			1 800
合计		205 900		600 000	805 900

根据原材料费用分配表，可以编制会计分录如下：

借：生产成本—基本生产成本—甲产品—直接材料　465 200

—乙产品—直接材料　267 400

生产成本—辅助生产成本—供水　41 000

—供电　20 000

制造费用　8 500

管理费用　2 000

销售费用　1 800

贷：原材料　805 900

上述“原材料费用分配表”及材料费用分配的账务处理是在按实际成本对材料进行日常核算情况下编制的，如果材料日常核算是按计划成本进行的，则需要加减材料成本差异，将计划成本调整为实际成本。

(三)外购动力费用的归集与分配

1.外购动力费用的归集

动力是企业生产活动中不可缺少的因素，主要有电力、热力、风力和蒸汽等。企业所需要的动力可以通过辅助生产车间自制，也可以外购，这里介绍外购动力。企业向外单位购买的动力所发生的支出称外购动力费用。外购动力费用一般是按照计量仪器(表)显示的度数乘以单价计算得出，并由动力供应单位完成。供应单位定期抄录仪器(表)数量，计价后开列账单向用户收取款项。有些单位使用动力规定有限额，超过部分要加价，因此，企业所收到的账单可能不止一种价格。有时企业接到的账单上的起讫日期可能与其会计计算期不一致，即外购动力付款期与费用分配期不一致，为了正确计算当月外购动力费用，企业可以在月末根据仪器仪表数据自行计算。

2.动力费用的分配

动力费用应按车间、部门和用途进行分配。动力耗用量可根据计量仪器仪表确定，并按动力费用单价分配费用。在各动力使用车间、部门都安装有动力计量仪器仪表的情况下，各使用部门应负担的动力费用，可直接根据计量仪器仪表记录的耗用量和动力费用单价，按动力费用的用途分别归集和分配。对于直接用于生产车间产品生产耗用的动力费用，应记入“生产成本”账户和所属明细账的“燃料及动力”成本项目。对用于生产车间、部门照明或取暖等一般性耗用的动力费用，应记入“制造费用”账户和所属明细账的有关费用项目。对行政管理部门耗用的动力费用，应记入“管理费用”账户和所属明细账的有关费用项目。在各动力使用车间、部门没有分别安装动力计量仪器仪表的情况下，可按生产工时的比例、机器功率时数(机器功率×机器时数)的比例，或定额消耗量的比例分配。

计算公式如下：

$$外购动力分配率=\frac{共同耗用外购费用总额}{各种产品分配标准之和}$$

某产品应分配的外购动力费用＝该种产品分配标准数额×外购动力分配率

【例 2—7】共青城鸭鸭集团股份有限公司某车间 2015 年 6 月总电表记录用电量为 67 125 度，每度 0.40 元。分表记录：基本生产车间甲、乙两种产品生产用电 42 750 度，甲、乙两种产品实际消耗工时分别为 5 550 小时和 3 000 小时；基本车间照明用电 5 875 度；辅助生产车间用电 12 500 度，其中供水车间用电 7 500 度，供电车间用电 5 000 度；公司管理部门用电 4 500 度，销售部门用电 1 500 度。根据资料分配动力费用（工时分配率＝17100/8550＝2），并作会计处理。

表 2—3　外购动力费用分配表

2015 年 6 月　　　　单位：元

应借科目		成本或费用项目	生产工时（分配率 2）	度数（分配率 0.4）	金额（元）
基本生产成本	甲产品	直接燃料和动力	5 550		11 100
	乙产品	直接燃料和动力	3 000		6 000
	小计		8 550	42 750	17 100
辅助生产成本	供水	水电费		7 500	3 000
	供电	水电费		5 000	2 000
	小计			12 500	5 000
制造费用		水电费		5 875	2 350
管理费用		水电费		4 500	1 800
销售费用		水电费		1 500	600
合计				67 125	26 850

根据上表资料，编制会计分录如下：

借：生产成本—基本生产成本—甲产品—燃料及动力　　11 100
　　　　　　　　　　　　　—乙产品—燃料及动力　　6 000
　　生产成本—辅助生产成本—供水　　3 000
　　　　　　　　　　　　　—供电　　2 000
　　制造费用　　2 350
　　管理费用　　1 800
　　销售费用　　600
　　贷：应付账款（或银行存款）　　26 850

(四)燃料费用的分配方法

燃料费用分配的程序和方法与上述原材料费用分配的程序和方法相同。但在燃料费用比重较大，与动力费用一起专门设立“燃料及动力”成本项目的情况下，应该增设“燃料”账户，并将燃料费用单独进行分配。

对于直接用于产品生产、专设成本项目的燃料费用，如果是生产产品(或提供劳务)直接耗用的燃料费用，属于直接计入费用，应根据领退料单直接计入各该产品(或劳务)成本的“燃料及动力”成本项目;如果是生产几种产品共同耗用的间接计入的燃料费用，则应采用适当的分配方法，分配计入各有关产品成本的“燃料及动力”成本项目。分配的标准一般有产品的重量、体积、所耗原材料的数量或费用，以及燃料的定额消耗量或定额费用等。

第二节　人工费用的归集与分配

一、人工费用的分类

人工费用也称职工薪酬，是指企业为获得职工提供的服务而给予职工各种形式的报酬以及其他相关支出，包括企业为职工在职期间和离职后提供的全部货币性薪酬和非货币性福利及提供给职工配偶、子女或其他被赡养人的福利等。职工薪酬是产品成本的重要组成部分。企业应当在职工为其提供服务的会计期间，将应付职工薪酬(不包括辞退福利)确认为负债，并根据受益对象计入成本和费用。

(一)人工费用按性质分类

《企业会计准则第 9 号——职工薪酬》规定，职工薪酬包括：①职工工资、奖金、津贴和补贴；②职工福利费；③医疗保险费、养老保险费、失业保险费、工伤保险费和生育保险费等社会保险费；④住房公积金；⑤工会经费和职工教育经费；⑥非货币性福利；⑦因解除与职工的劳动关系给予的补偿；⑧其他与获得职工提供的服务相关的支出等。

1.职工工资、奖金、津贴和补贴

职工工资、奖金、津贴和补贴，按照国家统计局的规定构成工资总额的部分，可以分为：

(1)标准工资或称基本工资。分为计时工资和计件工资二种，即指按照计时工资标准和工作时间支付给职工个人的劳动报酬(计时工资)和按照职工完成的符合质量要求的工作数量与计件单价计算支付给职工个人的计件工资。它是工资费用的主要部分。

(2)经常性奖金。指为了调动职工生产积极性，奖励在生产、工作中取得优异成绩的职工，在标准工资以外，支付给职工的超额劳动报酬和增收节支的劳动报酬。如超产奖、节约奖等。

(3)工资性质津贴。指为了补偿职工额外劳动消耗或特殊劳动消耗，以及为了保证职工工资水平不受特殊条件影响，以津贴形式支付给职工的劳动报酬，如夜班津贴、高空作业津贴、井下作业津贴、物价补贴等。

(4)其他工资。指根据国家规定，支付给职工非工作时间的工资，如病、伤、产假工资、探亲假工资、女工哺乳期间的工资。

2.职工福利费

职工生活困难补助等从成本、费用中提取的金额。

3.社会保险费

社会保险费即医疗保险费、养老保险费、失业保险费、工伤保险费和生育保险费等，它们由企业根据国家规定的基准和比例计算，向社会保险经办机构缴纳。

4.住房公积金

住房公积金是指企业按照《住房公积金管理条例》规定的基准和比例计算，向住房公积金管理机构缴存的住房公积金。

5.工会经费和职工教育经费

工会经费和职工教育经费是指企业为了改善职工文化生活、为职工学习先进技术和提高文化水平和业务素质，用于开展工会活动和职工教育及职业技能培训等，根据国家规定的基准和比例，从成本、费用中提取的金额。

6.非货币性福利

非货币性福利是指企业将自产产品或外购商品发放给职工、将自己拥有的资产无偿提供给职工使用，或者为职工提供医疗保健服务等。

7.因解除与职工的劳动关系给予的补偿(辞退福利)

企业因为各种原因在职工劳动合同到期之前解除与职工的劳动关系，或者为鼓励职工自愿接受裁减而提出补偿建议的计划中给予职工的经济补偿。

(二)工资费用按计入成本项目分类

企业职工在产品生产经营过程中分工不同，服务对象不同，其工资结构及其计入费用的项目也不同。在企业职工中，有的是直接从事产品制造，有的是为产品生产提供服务，有的是为产品正常生产经营履行管理职能的管理人员，由于他们在生产中所处的岗位和作用不同，因而支付给不同人员的工资，在生产经营和成本计算中其列支项目和层次也是不同的。具体分为：

1.直接支付给从事产品制造工人的工资

这种工资与产品生产直接发生关系，因此，应以“直接工资”成本项目计入产品成本。

2.支付给其他人员的工资

这些工资同产品制造不发生直接联系，因此，一般不包括在“直接工资”成本项目之中，而是根据人员所属部门，以相关明细费用项目记到部门费用之中。如基本生产车间管理人员的工资记入“制造费用”中的工资明细项目，而企业管理人员的工资则记入“管理费用”中的工资明细项目。如有其他人员工资不属于生产经营成本、费用的，应根据其服务对象、性质及用途另行处理。

二、人工费用核算的原始记录

为了正确地计算产品成本中的人工费用，就必须做好工资费用的归集与分配。这就需要正确的各项原始记录，它包括考勤记录、产量记录和工时记录等。

(一)考勤记录

考勤记录是反映企业职工出勤和缺勤的记录。它是计算职工工资和分配工资费用的依据。考勤记录的形式有考勤簿和考勤卡两种。考勤簿是按车间、部门设置，根据各单位在册人员的编号、性质逐日登记，月末对该月个人出勤情况进行归类汇总登记，若人员变更(包括级别职务变更、人员迁入迁出等)，应根据人力资源部门的通知，在考勤簿上作出相应的调整。考勤记录也可以采用考勤卡片的形式，考勤卡片是按人设置，每年一张，在每年年初或职工调入时开设，若有人员变更，应根据人力资源部门的通知，在考勤卡片上作出相应的调整或注销。采用这种考勤形式时，月终由考勤人员负责汇总统计出每位职工全月的出勤情况。除上述两种考勤形式外，有些单位根据自身条件，采用打卡机或者指纹机等。不论采用何种形式，其考勤的内容和项目基本相同，车间和部门将考勤登记汇总，由负责人签章后，连同有关证明文件报送车间核算人员和财会部门，据以计算职工应付职工薪酬和工资费用的分配等。

(二)产量和工时记录

产量和工时记录是登记每一位工人或生产小组在出勤时间内完成产品的数量、质量和单位产品耗用工时数量的原始记录。它为计算计件工资和在各产品间按工时分配费用提供依据，也是考核工时定额、明确生产工人的责任、考核劳动生产率水平的依据。

产量和工时记录在不同行业、不同企业和不同劳动组织的车间或班组，由于工艺特点和管理要求不同，其具体格式、登记程序也不尽相同，一般有工作通知单、工序进程单和工作班产量记录等。

1.工作通知单

工作通知单又称派工单、工票，是让每一个工人或生产小组按照特定工序从事生产劳动，并记录其产量和工时。生产调度部门根据生产作业计划的安排进行签发，通知工人照单进行工作。工作完成，填好单内项目，同产品一并交付检验人员验收，签章后可作为计算计件工资的凭证。

2.工序进程单

工序进程单亦称加工路线单，是以加工的产品为对象而开设的产量和工时记录。由于加工的产品一般需要经过若干工序连续进行加工，因此，工序进程单要随着加工对象一起移交下一工序，并顺次登记各道工序加工的实际产量和实耗工时，以及各工序间加工对象的交接数量。工序进程单是按加工对象开设的，对于统计产量、计算工资有不便之处，因为可能会出现一张单内记录几个班组的产量或一个班组个人的产量记录在几张单子中的情况。因此，为了弥补工序进程单的不足，还需要设置工作班产量和工时记录。

3.工作班产量记录

工作班产量记录是按班组设置的，用以反映班组生产数量和所用工时数量的记录。它是各种生产类型通用的产量和工时记录。它同“工序进程单”结合使用，更能全面地提供核算所需要的资料。

直接人工费用的核算工作，除上述考勤记录、产量记录和工时记录以外，如果有发生各种代扣款项，也应取得各种原始记录，如代扣房租、水电费用的扣款通知单等，这些原始记录应在月终结算工资之前送交财会部门，以便在工资结算时据以扣除。

三、应付工资的计算

由于各类企业实行的工资制度不同，具体计算的方法应根据企业的具体规定进行。下面介绍两种常用方法，即计时工资和计件工资计算方法。

(一)计时工资制

计时工资是指企业按照职工的工作时间和计时工资标准支付给职工的劳动报酬，每月应付给职工的工资数是根据每一职工的工资等级、工资标准、出勤情况和其他有关规定进行计算的。由于当月份职工的出勤情况要到月底才能统计出来，所以在实际工作中计算当月应付职工薪酬时，往往是根据上个月考勤记录确定的。计算月工资的方法有月薪制和日薪制两种：

1.月薪制

按月薪制计算计时工资，不考虑当月的实际日历天数，职工只要出全勤，就可以得到固定的月标准工资。如有缺勤，按规定标准扣薪，因此，该方法又称为“扣缺勤法”或“倒扣法”。计算公式如下：

$$\text{应付计时工资}=\text{月工资标准}-\text{应扣缺勤工资}$$

$$\text{缺勤应扣工资}=(\text{缺勤天数}+\text{病假天数}\times\text{扣款比例})\times\text{日工资标准(率)}$$

$$\text{日工资标准}=\frac{\text{月工资标准}}{\text{平均每月工作日数}}$$

上式中平均每月工作日数有两种计算方法：一是按全年平均日历日数 30 天(即 360÷12)计算，二是按平均全年法定工作日数 20.833 天计算。20.833 天是以全年平均法定工作日数 365 天扣减 104 天双休日(一年 52 周)和 11 天法定节假日(元旦 1 天，春节 3 天，五一国际劳动节 1 天，清明 1 天，端午节 1 天，中秋节 1 天，十一国庆节 3 天)后除以 12 个月得出的。两种方法不同点在于，前者双休日和节假日照付工资，缺勤期间的双休日和节假日也算缺勤，照扣工资。后者节假日不付工资，因而缺勤期内的节假日就不扣工资。

【例 2—8】某职工甲月工资标准为 1 380 元，6 月请事假 3 天(其中双休日 1 天)，病假 4 天(其中双休日 1 天)，病假扣款比例为 20%，则：

(1)若日工资标准按 30 天计算时：

日工资标准＝1 380÷30＝46(元)

应付甲 6 月的计时工资＝1 380－(3＋4×20％)×46＝1 205.20(元)

(2)若日工资标准按 20.833 天计算时：

日工资标准＝1 380÷20.833＝66.24(元)

应付甲 6 月的计时工资＝1 380－(2＋3×20％)×66.24＝1 207.78(元)

2.日薪制

日薪制是按职工的出勤天数和日工资标准计算应付职工薪酬，如有病假，按病假期间应发工资比例加计应付工资，因此，该方法称为“出勤工资率法”或“顺算法”。计算公式如下：

应付工资＝(出勤日数×日工资标准)＋奖金＋各种工资性津贴＋病假应发工资

病假应发工资＝病假日数×日工资标准×病假应发工资比例

【例 2－9】仍用[例 2－8]资料，根据考勤资料，该职工甲 6 月出勤天数为 17 天，当月有 8 个双休日，病假 4 天(其中双休日 1 天)，按 80％发放工资。其计时工资计算结果如下：

(1)若日工资标准按 30 天计算时：

应付甲 6 月的计时工资＝(17＋6)×46＋4×46×80％＝1 205.20(元)

(2)若日工资标准按 20.833 天计算时：

应付 6 月份的计时工资＝17×66.24＋3×66.24×80％＝1 285.06(元)

在日薪制下，各月的全勤月工资.不一定等于月工资标准。工资数额的多少，由当月的实际出勤天数决定。例如，二月份只有 28 天，该月全勤月工资必然低于一、三月份的全勤月工资。但一年 12 个月的全勤月工资之和，仍然等于 12 个月的标准工资之和。

按以上两种方法计算的应付计时工资，从某个月份来看，其结果不一定相等。但从整个年度来看，其计算结果大体上是一致的。因此，两种计算方法可任选一种，但在一年以内不得变换使用。

按月薪制计算计时工资，其优点是绝大多数职工缺勤天数少，只扣减缺勤工资，计算简单，工作量小。其不足之处表现在以下两个方面：一是遇到满勤天数大于 20.833 天或日历天数大于 30 天的月份，职工出勤超过 20.833 天或 30 天时，不能多得到工资；缺勤超过 20.833 天或 30 天时，又会出现倒欠工资的现象，这显然不符合按劳分配的原则。二是全勤职工每月实际出勤天数不同，相应的产量也不应相同。但每月却以相同的月工资标准计入成本或费用，这不符合权责发生制的要求，会使成本或费用负担不合理。

按日薪制计算计时工资，虽然计算较麻烦，工作量较大，但其优点也较明显：一是计时工资的多少取决于出勤天数，多劳多得，少劳少得，符合按劳分配的原则；二是职工实际出勤天数多，产品产量也多，计入成本或费用的工资费用也多，较为符合权责发生制的要求，成本或费用负担也较为合理。

(二)计件工资制

计件工资是按产量记录中登记的完工合格品数量或符合要求的劳务量和规定的计件单价

所计算的工资。计件工资包括:①在实行超额累进计件、直接无限计件、限额计件和超定额计件等工资制度下，按照定额和计件单价支付给职工的工资;②按工作任务包干方法支付给职工的工资;③按营业额提成或利润提成办法支付给职工的工资。由于集体生产或连续操作，不能够按个人计算工作量的，也可以按参加工作的集体(一般为班组)计算、支付集体计件工资。集体计件工资还应在集体成员内部按照每一职工劳动的数量和质量进行分配。

1.按个人计件制计算

个人计件工资是按个人完成的产品数量和计件单价计算的工资。公式如下：

$$个人计件工资=\sum[(合格品数量+料废品数量)\times 计件单价]$$

上式中:计件单价是根据制造某产品或加工某零件所需定额工时数，乘以制造该产品或加工该零件所需某种等级工人的小时工资率计算求得的。

【例 2—10】某工人本月加工完成 A 零件 110 其中合格品 95 个:料废 10 个，工废 5 个，该零件的计件单价为 12 元，则：

$$应付计件工资=(95+10)\times 12=1\ 260(元)$$

为了简化计算，亦可以将工人月份内完成的各种产品折合为定额工时数，再乘以小时工资率，即为应付的计件工资。

其计算公式为：

$$应付计件工资=实际完成的定额工时数\times 小时工资率$$

上式中:小时工资率是指职工每小时应得的平均工资额。可按下列公式计算：

$$小时工资率=\frac{日工资率}{每日规定的工作小时数(8\ 小时)}$$

【例 2—11】某工人本月生产甲、乙零件分别为 180 个和 360 个，每个零件的定额分别为 15 分钟和 30 分钟，该工人的小时工资率为 6 元，则应付该工人本月计件工资为：

$$实际完成定额工时=(180\times 15+360\times 30)\div 60=225(小时)$$

$$应付计件工资=225\times 6=1\ 350(元)$$

2.按集体计件制计算

实行集体计件制，应按照班组的产量和计件单价先求得班组应得的计件工资总额。然后在班组成员之间根据每人的工资标准和实际工作时间进行分配。

其计算公式为：

应付班组计件工资总额$=\sum$该集体加工某种产品合格品产量与料废品产量之和$\times$该种产品的计价单件

应付某工人的计件工资$=$该工人按工作时间计算的工资$\times$集体计件制下工资分配率

上式中，集体计件制下工资分配率可按下列公式计算：

$$集体计件制下工资分配率=\frac{集体计件工资总额}{集体计时工资总额}$$

【例 2－12】某小组本月加工完成 A 零件 100 件，该部件计件单价为 55.60 元。该小组由甲、乙、丙三个不同等级的工人组成，甲、乙、丙三人本月实际工作时间分别为 200 小时、200 小时和 180 小时，每人的小时工资率分别为 7 元、10 元和 12 元，则应付甲、乙、丙三人的计件工资分别为：

应付班组计件工资总额＝100×55.60＝5 560(元)

集体计件制下工资分配率＝5 560÷(200×7＋200×10＋180×12)＝1

应付甲工人的计件工资＝200×7×1＝1 400(元)

应付乙工人的计件工资＝200×10×1＝2 000(元)

应付丙工人的计件工资＝180×12×1＝2 160(元)

四、工资费用的分配

企业财会部门应根据计算的职工工资编制工资结算单，作为与职工进行工资结算的依据。根据工资结算单，按照车间、部门以及不同的人员编制“工资结算汇总表”，作为工资费用归集与分配的依据。

工资费用应按发生的车间、部门和用途归集与分配。生产车间生产工人的工资，应计入“生产成本”账户和所属明细账的“工资”或“直接人工”成本项目。生产车间管理人员的工资，应记入“制造费用”账户和所属明细账的有关费用项目。专设销售机构人员、行政管理部门人员、福利部门人员、在建工程人员、内部研发部门人员的工资等，应分别记入“销售费用”、“管理费用”、“在建工程”和“研发支出”等账户和所属明细账的有关费用项目。

在计件工资制下，所支付的生产工人工资是直接费用，应根据工资结算凭证，直接计入各种产品成本的“直接人工”成本项目中。在计时工资制下，如果企业只生产一种产品，则所支付的生产工人工资也属于直接费用，应直接计入有关产品明细账户的“直接人工”成本项目；如果生产多种产品，则需采用既合理又简便的分配方法，分配计入各种产品成本中。最常用的分配方法是按实用工时比例或定额工时比例分配。

其计算公式为：

$$生产工人工资分配率=\frac{待分配的生产工人工资总额}{各种产品实际(或定额)工时}$$

某种产品应分配的生产工人工资＝该种产品实际(或定额)工时×生产工人工资分配率

【例 2－13】共青城鸭鸭集团股份有限公司某车间 2015 年 6 月生产甲、乙两种产品，本月生产工人工资共计 320 000 元，甲、乙两种产品的实际工时分别为 25 000 小时和 15 000 小时，按照生产工时比例法分配生产工人的工资费用。分配结果如下：

生产工人工资分配率＝320 000÷(25 000＋15 000)＝8

甲产品应分配的生产工人工资＝25 000×8＝200 000(元)

乙产品应分配的生产工人工资＝15 000×8＝120 000(元)

【例 2—14】根据有关凭证，编制共青城鸭鸭集团股份有限公司某车间 2015 年 6 月的工资费用分配表如表 2—4 所示。

表 2—4　工资费用分配表

2015 年 6 月　　　　单位:元

应借科目		成本或费用项目	直接计入	生产工时	分配率	分配生产人工合计	总计(元)
基本生产成本	甲产品	直接人工	30 000	2 5000	8	200 000	230 000
	乙产品	直接人工	20 000	1 5000	8	120 000	140 000
	小计		50 000	40 000		320 000	370 000
辅助生产成本	供水	职工薪酬	48 000				48 000
	供电	职工薪酬	32 000				32 000
	小计		80 000				80 000
制造费用		职工薪酬	40 000				40 000
管理费用		职工薪酬	60 000				60 000
销售费用		职工薪酬	30 000				30 000
合计			260 000	40 000		320 000	580 000

根据上表，可做以下分录：

借：生产成本—基本生产成本—甲产品—直接人工　　230 000
　　　　　　　　　　　　　　—乙产品—直接人工　　140 000
　　生产成本—辅助生产成本—供水　　48 000
　　　　　　　　　　　　　　—供电　　32 000
　　制造费用　　40 000
　　管理费用　　60 000
　　销售费用　　30 000
　　贷：应付职工薪酬　　580 000

五、职工福利费的计提与分配

非公司制企业从成本、费用中提取用于职工个人福利方面的资金，从企业销售收入中取得补偿，在未支付分配给个人前，形成负债性基金，也在“应付职工薪酬”科目核算，在资产负债表上列为流动负债。列入成本费用的职工福利费应在职工工资总额扣除各种奖金后按照一定的计提比例(如 14%)从成本费用中提取(列支)。

其计算公式为：

应付福利费＝计提福利费的工资总额×规定的提取比例

福利费的计提一般是通过编制“应付福利费提取及分配表”进行的。其格式如表 2－4 所示。在实际工作中也可以与前面所述的“工资费用分配汇总表”结合在一起进行编制。由于企业提取的职工福利费，就其实质来说是一种应付的工资附加支出，因此，亦称工资附加费，其列支渠道可参照工资的分配方法，提取时与工资费用分配相同，分别借记“生产成本”“制造费用”“管理费用”“销售费用”“在建工程”“研发支出”等科目，贷记“应付职工薪酬”。但应指出，对于按医务及福利部门人员工资总额提取的福利费，应计入“管理费用”科目。

【例 2－15】根据表 2－4 工资费用分配表中的数据和职工福利费计提比例 14%，编制职工福利费会计分录：

借：生产成本—基本生产—甲产品－直接人工	32 200	
—乙产品－直接人工	19 600	
生产成本—辅助生产—供水	6 720	
—供电	4 480	
制造费用	5 600	
管理费用	8 400	
销售费用	4 200	
贷：应付职工薪酬—职工福利费		81 200

六、其他人工费用的核算

如前所述，人工成本是企业在生产产品或提供劳务活动中发生的各种直接和间接人工费用总和。除以上所涉及的工资和职工福利费之外，社会保险(即医疗保险费、养老保险费、失业保险费、工伤保险费等)、教育经费及工会经费、住房公积金等大都构成企业的现时义务，均应纳入人工成本加以核算。

(一)“五险一金”的核算

“五险一金”即医疗保险费、养老保险费、失业保险费、工伤保险费和生育保险费等以及住房公积金，它由企业根据国家规定的基准和比例计算，分别向社会保险经办机构和住房公积金管理机构办理。企业根据工资总额的一定比例计算确定“五险一金”时，应按规定计入相应的成本费用项目。

【例 2－16】承[例 2－14]资料，根据当地政府规定，企业分别按照工资总额的 7%、8%、1.5%和 6%计提医疗保险费、养老保险费、失业保险费三项社会保险金和住房公积金，分别缴纳给当地社会保险经办机构和住房公积金管理机构。编制会计分录如下：

借：生产成本—基本生产—甲产品—直接人工　　51 750
　　　　　　　　　　　—乙产品—直接人工　　31 500
　　生产成本—辅助生产—供水　　10 800
　　　　　　　　　　　—供电　　7 200
　　制造费用　　9 000
　　管理费用　　13 500
　　销售费用　　6 750
　　贷：应付职工薪酬—社会保险　　95 700
　　　　　　　　　—住房公积金　　34 800

(二)工会经费和职工教育经费的核算

企业根据工资总额的一定比例计算确定工会经费和职工教育经费时，也应按规定计入相应的成本费用项目。

目前，一般企业工会经费和职工教育经费的计提比例分别是2%和1.5%。但对从业人员技术要求高、培训任务重、经济效益好的企业，可以按照国家规定，将职工教育经费的计提比例提高为2.5%。

【例2—17】承[例2—14]资料，根据规定，企业分别按照工资总额的2%和1.5%计提工会经费和职工教育经费，编制会计分录如下：

借：生产成本—基本生产—甲产品—直接人工　　8 050
　　　　　　　　　　　—乙产品—直接人工　　4 900
　　生产成本—辅助生产—供水　　1 680
　　　　　　　　　　　—供电　　1 120
　　制造费用　　1 400
　　管理费用　　2 100
　　销售费用　　1 050
　　贷：应付职工薪酬—工会经费　　11 600
　　　　　　　　　—职工教育经费　　8 700

【例2—18】根据以上计算可编制该公司其他职工薪酬费用合计数分配表，如表2—5所示。

表2—5　其他职工薪酬费用合计数分配表

2015年6月　　　　单位：元

应借科目		成本或费用项目	工资总额	金额(元)
基本生产成本	甲产品	直接人工	230 000	92 000
	乙产品	直接人工	140 000	56 000
	小计		370 000	148 000

续表

应借科目		成本或费用项目	工资总额	金额(元)
辅助生产成本	供水	职工薪酬	480 000	19 200
	供电	职工薪酬	32 000	12 800
	小计		80 000	32 000
制造费用		职工薪酬	40 000	16 000
管理费用		职工薪酬	60 000	24 000
销售费用		职工薪酬	30 000	12 000
合计			580 000	232 000

其他职工薪酬费用分配表的会计分录如下(合并例2－15、2－16、2－17)：

借：生产成本—基本生产成本—甲产品—直接人工　　92 000
　　　　　　　　　　　　　—乙产品—直接人工　　56 000
　　生产成本—辅助生产成本—供水　　19 200
　　　　　　　　　　　　　—供电　　12 800
　　制造费用　　16 000
　　管理费用　　24 000
　　销售费用　　12 000
贷：应付职工薪酬—职工福利费　　81 200
　　　　　　　　—社会保险　　95 700
　　　　　　　　—住房公积金　　34 800
　　　　　　　　—工会经费　　11 600
　　　　　　　　—职工教育经费　　8 700

(三)非货币性职工薪酬的核算

企业向职工提供非货币性薪酬，应当分别情况进行处理：

1.企业以其自产产品或者以外购商品作为福利

企业以其自产产品或者以外购商品作为福利发放给职工的，应当根据受益对象，按照该产品的公允价值和相关税费，计量应计入相关资产成本费用的职工薪酬金额。其中，以自产产品作为福利发放给职工的，要同时确认主营业务收入，并结转销售成本。

【例2－19】甲公司为一家洗衣机生产企业，共有职工295名，其中生产洗衣机的生产工人240人，生产车间技术人员、管理人员25人，企业管理人员30人。200×年10月，公司将自己生产的S型全自动洗衣机作为福利发放给公司每名职工。S型全自动洗衣机的单位生产成本为3 000元，售价为每台4 200元，甲公司适用的增值税率为13%。

S型洗衣机销售总额＝4 200×295＝1 239 000(元)

S型洗衣机的增值税销项税额＝1 239 000×13%＝161 070(元)

按洗衣机的公允价值计算应付职工薪酬，计入成本费用：

计入生产成本额＝4 200×240×(1＋13%)＝1 139 040(元)

计入制造费用额＝4 200×25×(1＋13%)＝118 650(元)

计入管理费用额＝4 200×30×(1＋13％)＝142 380(元)

甲公司根据以上计算，会计分录为：

借：生产成本—基本生产成本—S—直接人工　　1 139 040

　　制造费用　　118 650

　　管理费用　　142 380

　　贷：应付职工薪酬—非货币性福利　　1 400 070

实际发放洗衣机时，确认收入，结转成本：

借：应付职工薪酬—非货币性福利　　1 400 070

　　贷：主营业务收入　　1 239 000

　　　　应交税费—应交增值税(销项税额)　　161 070

借：主营业务成本—非货币性福利　　885 000

　　贷：库存商品（295×3 000）　　885 000

【例 2—20】假设上述甲公司外购了每件不含税价格为 1 000 元的家具作为福利发放给公司每名职工。公司购买的家具已开具了增值税专用发票，增值税率为 13％。按家具的公允价值计算应付职工薪酬，计入成本费用：

借：生产成本—基本生产成本—S—直接人工　　271 200

　　制造费用(25×1 000×1.13)　　28 250

　　管理费用(30×1 000×1.13)　　33 900

　　贷：应付职工薪酬—非货币性福利　　333 350

公司购买家具时的会计处理：

借：应付职工薪酬- 非货币性福利　　333 350

　　贷：库存商品　　295 000

　　　　应交税费—应交增值税(进项税额转出)　　38 350

2.企业无偿向职工提供住房等资产使用

企业将拥有产权的房屋等资产无偿提供给职工使用的，应当根据受益对象，将住房每期应计提的折旧计入相关资产成本或当期损益，同时确认应付职工薪酬。企业租赁住房等资产无偿提供给职工使用的，应当根据受益对象，将每期应付的租金计入相关资产成本或当期损益，同时确认应付职工薪酬。难以认定受益对象的，直接计入当期损益，并确认应付职工薪酬。

【例 2—21】甲公司为远途上班的生产一线工人免费提供职工集体宿舍，该集体宿舍楼每月计提折旧 2 000 元；公司同时为两名中层经理人员每人租赁一套月租金 3 000 元的住房供其无偿居住。

借：制造费用　　2 000

　　管理费用　　6 000(2×3 000)

　　贷：应付职工薪酬—非货币性福利　　8 000

借：应付职工薪酬—非货币性福利　　8 000

　　贷：累计折旧　　2 000

　　　　其他应付款—租金　　6 000

第三节 折旧费及其他费用的归集与分配

一、固定资产折旧费的汇集和分配

(一)折旧的计算

折旧是指在固定资产使用寿命内，按照确定的方法对应计折旧额进行的系统分摊，其本质是固定资产由于磨损而转移到产品成本或费用中去的那部分价值。企业计提固定资产折旧的方法主要有平均年限法、工作量法、双倍余额递减法和年数总和法等。折旧方法一经选定，不得随意变更。

为了简化折旧的计算工作，月份内开始使用的固定资产，当月不计算折旧，从下月起计算折旧；月份内减少的固定资产，当月仍计算折旧，从下月起停止计算折旧。这就是说，企业每月折旧额可以按月初固定资产的原值和规定的折旧率计算。

此外，企业除对以经营租赁方式租入的固定资产、已经提足折旧超龄使用的固定资产和单独估价入账作为固定资产的土地等不再计提折旧外，应对所有的固定资产计提折旧。

(二)折旧费用的归集与分配

一种产品的生产往往需要使用多种机器设备，而每一种机器设备又可能生产多种产品。因此，机器设备的折旧费用虽然是直接用于产品生产的费用，但一般属于分配工作比较复杂的间接计入费用。为了简化产品成本的计算工作，没有为折旧专门设立成本项目，而是将其直接计入制造费用。企业行政管理部门固定资产的折旧费用和用于其他经营业务的固定资产折旧费用，则应分别记入管理费用和其他业务成本。这就是说，折旧费用应该按照固定资产使用的车间、部门和用途，分别记入“制造费用”、“管理费用”和“其他业务成本”等总账账户和所属明细账户的借方，固定资产折旧总额应记入“累计折旧”账户的贷方。

由于企业每个月都要计算、分配折旧费用，因而当月的折旧额可以在上月折旧额的基础上加、减调整计算。即企业本月份的折旧额和折旧费用，可以在上月固定资产折旧额的基础上，加上上月增加固定资产的折旧额，减去上月减少固定资产的折旧额计算求出。

【例 2—22】共青城鸭鸭集团股份有限公司 2015 年 6 月的折旧费用分配表如表 2—6 所示。

表 2—6 折旧费用分配表

2015 年 6 月 单位:元

项目	基本生产车间	行政部门	销售机构	合计
折旧费	28 200	3 000	1 000	32 200

根据表 2—6 作会计分录如下：

借：制造费用 28 200

管理费用 3 000

销售费用 1 000

贷：累计折旧 32 200

二、利息费用的归集与分配

利息费用是企业筹集生产经营所需资金而发生的利息支出（扣除利息收入），主要包括短、长期借款以及发行债券等业务的利息支出。除符合资本化条件的借款利息外，企业在生产经营中因借入长短期借款以及发行债务等而发生的利息费用不是产品成本的组成部分，作为期间费用核算，计入财务费用。

短期借款利息费用一般按月预提，按季支付。每月预提时，借记“财务费用”账户，贷记“应付利息”账户；实际支付时，借记“应付利息”账户，贷记“银行存款”账户。如果利息费用数额不大，平时可以不预提，每季支付利息时。直接借记“财务费用”账户，贷记“银行存款”账户。

长期借款利息费用一般按年支付，也应按月预提。每月计提长期借款利息费用时，借记“财务费用”账户，贷记“长期借款—应计利息”账户；实际支付利息费用时，借记“长期借款—应计利息”账户，贷记“银行存款”账户。应付票据和应付债券的利息费用与长期借款利息费用的处理类似，只需将“长期借款—应计利息”账户用“应付票据—应计利息”和“应付债券—应计利息”账户取代即可。

三、税金的归集与分配

企业按规定计算交纳的房产税、车船使用税、土地使用税和印花税，应计入期间费用，列为管理费用。其中印花税可以用银行存款等货币资金直接交纳。购实印花税票时，应借记“管理费用”总账账户和所属明细账户，贷记“银行存款”等账户。房产税、车船使用税和土地使用税，需要预先计算应交金额，然后交纳，这些税金应该通过“应交税费”总账账户及所属明细账户核算。计算应交税费时，借记“管理费用”账户，贷记“应交税费”账户；实际交纳税金时，借记“应交税费”账户，贷记“银行存款”等账户。

四、低值易耗品费用的归集与分配

低值易耗品与固定资产有相似的地方，在生产过程中可以多次使用不改变其实物形态，在使用时也需维修，报废时可能也有残值。由于它价值低，使用期限短，所以用简便的方法，将其价值摊入产品成本。主要方法有一次摊销法、分期摊销法和五五摊销法等，任何方法的使用都是附有条件的，企业可以自主选择低值易耗品的摊销方法，但所用的方法不能随意变动。

用于生产、计入产品成本的低值易耗品摊销，应计入制造费用；用于组织管理企业生产经营活动的低值易耗品摊销，应计入管理费用；用于产品销售的低值易耗品摊销，应计入销售费用。

【例 2—23】共青城鸭鸭集团股份有限公司某基本生产车间领用的低值易耗品采用一次摊销法。2015 年 6 月该车间领用生产工具一批，其实际成本为 600 元；以前月份领用的另一批生产工具在本月报废，残料验收入库作价 30 元。

编制会计分录如下：

(1)领用生产工具时

借：制造费用　　　　600

　贷：低值易耗品（周转材料）　　　　600

(2)报废生产工具残料入库时

借：原材料—残料　　　　30

　贷：制造费用　　　　30

【例 2—24】共青城鸭鸭集团股份有限公司 2015 年 6 月某基本生产车间领用专用模具一批，其实际成本为 48000 元，该批低值易耗品在一年内按月平均摊销。

编制会计分录如下：

(1)领用时

借：低值易耗品—在用　　　　4 800

　贷：低值易耗品—在库　　　　4 800

(2)各月摊销时

借：制造费用　　　　4 000

　贷：低值易耗品—摊销　　　　4 000

(3)最后一个月(2016 年 5 月)还应作如下分录

借：低值易耗品—摊销　　　　4 800

　贷：低值易耗品—在用　　　　4 800

【例 2—25】共青城鸭鸭集团股份有限公司 2015 年 6 月行政管理部门领用的低值易耗品采用五五摊销法。某月领用管理用具计划成本 2 800 元；报废以前领用的另一批管理用具计划成本 1 000 元，回收残料计价 50 元。本月低值易耗品成本差异率为节约 3%。

编制会计分录如下：

(1)领用

借：低值易耗品—在用　　2 800

　贷：低值易耗品—在库　　2 800

(2)摊销价值的 50%

借：管理费用　　1 400

　贷：低值易耗品—摊销　　1 400

(3)报废以前领用的管理用具

借：原材料—残料　　50

　管理费用　　450

　贷：低值易耗品—摊销　　500

(4)注销报废的管理用具

借：低值易耗品—摊销　　1 000

　贷：低值易耗品—在用　　1 000

(5)月末调整分配本月所领管理用具的成本节约差异

借：管理费用(2 800×3%)　　84

　贷：材料成本差异—低值易耗品成本差异　　84

五、其他费用的归集与分配

上述各项费用以外的其他费用支出，在发生时，根据有关付款凭证，按照费用的用途进行归类，分别借记“制造费用”“辅助生产成本”“管理费用”“销售费用”等科目。

这些费用如果支出数额较大、受益期限较长，应采用待摊和预提的方法进行处理。

【例 2—26】共青城鸭鸭集团股份有限公司以银行存款支付应由 6 月负担的费用 23 480 元，其中基本生产车间的办公费 7 380 元，专设销售机构的广告费 3 000 元、办公费 4 000 元，企业行政管理部门的办公费 9 000 元，支付金融机构的手续费 100 元。

会计分录如下

借：制造费用—基本生产车间　　7 380

　管理费用　　9 000

　销售费用　　7 000

　财务费用　　100

　贷：银行存款　　23 480

【例 2—27】共青城鸭鸭集团股份有限公司 2015 年 6 月开出转账支票支付劳保费用，其中：基本生产车间 4 000 元，供水车间 1 000 元，供电车间 2 000 元，行政管理部门 1 000 元，专设销售机构 1 000 元。

劳保费用分配表如表 2－7

表 2－7　劳保费用分配表

2015 年 6 月　　　　单位:元

费用种类	应借科目	金额
劳保费用	制造费用	4 000
劳保费用	辅助生产车间——供水	1 000
劳保费用	辅助生产车间——供电	2 000
劳保费用	管理费用	1 000
劳保费用	销售费用	1 000

根据表 2－7，可以作如下会计分录：

借：制造费用　　4 000

　生产成本—辅助生产成本—供水车间　　1 000

　　　　—供电车间　　2 000

　管理费用　　1 000

　销售费用　　1 000

　贷：银行存款　　9 000

练习题

一、单项选择题

1.在发出材料采用(　　)计价法时，可使发出材料的成本和期末存货的成本最接近实际。

A.先进先出　　B.后进先出　　C.个别计价　　D.平均单价

2.车间生产领用的一般性的工具、用具，应计入(　　)账户。

A.预提费用　　B.基本生产　　C.制造费用　　D.管理费用

3.基本生产车间直接用于产品生产、构成产品实体的原材料和主要材料，应通过(　　)成本项目反映。

A.原材料　　B.直接材料　　C.外购材料　　D.原料及主要材料

4.企业车间生产产品、提供劳务而发生的各项间接费用，包括工资、福利费、折旧费等，属于(　　)成本项目。

A.管理费用　　B.制造费用　　C.直接人工　　D.直接材料

5.下列费用中，(　　)不应计入材料的采购成本。

A.运输费　　B.保险费　　C.运输途中合理的损耗　　D.增值税

6.核算企业尚未支付，但应由本期产品成本负担的费用，应计入的账户是(　　)。

A.“生产成本”　　B.“制造费用”　　C.“应付利息”　　D.“长期待摊费用”

7.下列人员工资中，应计入产品成本中直接人工项目的有(　　)

A.产品生产工人　　B.车间管理工人

C.厂部管理工人　　D.专职销售工人

8.为了正确计算材料消耗，对于已领未用材料，应当填制(　　)办理退料手续。

A.领料单　　B.限额领料单　　C.退料单　　D.领料登记表

9.辅助生产费用的顺序分配法，基本要求是(　　)。

A.收益多的分配在前，收益少的分配在后

B.费用多的分配在前，费用少的分配在后

C.费用少的分配在前，费用多的分配在后

D.受益少的分配在前，收益多的分配在后

10.将辅助生产车间的各项费用直接分配给辅助生产车间以外各收益单位，这种分配方法为(　　)。

A.计划成本分配法　　B.直接分配法　　C.顺序分配法　　D.代数分配法

11.采用计划成本分配法进行辅助生产费用的分配，辅助生产实际成本应根据辅助生产车间按计划成本分配前的费用(　　)计算。

A.加上按计划成本分配转入的费用

B.减去按计划成本分配转出的费用

C.加上按计划成本分配转入的费用，减去按计划成本分配转出的费用

D.直接

12.辅助生产费用的一次交互分配法，交互分配是在(　　)。

A.各收益单位间进行分配

B.收益的各辅助生产车间之间分配

C.辅助生产车间以外的受益单位之间分配

D.受益的各基本生产车间之间分配

13.辅助生产费用交互分配后的实际费用，再在(　　)。

A.辅助生产车间以外的受益单位之间分配　　B.各受益单位之间分配

C.各辅助生产单位之间分配　　D.受益的各基本生产车间进行分配

14.辅助生产费用的各种分配法中，能分清内部经济责任，有利于实际厂内经济核算的是(　　)。

A.直接分配法　　B.交互分配法　　C.顺序分配法　　D.计划成本分配法

15.各辅助生产费用分配法中，以(　　)的结果最精确。

A.直接分配法　　B.计划成本分配法

C.一次交互成本分配法　　D.代数分配法

16.辅助生产费用的归集、分配是通过(　　)账户进行的。

A.辅助生产　　B.生产成本

C.生产成本——辅助生产成本　　D.基本生产

17.如果辅助生产车间规模不大，制造费用不多，为了简化核算工作，其制造费用可直接计入(　　)。

A.制造费用　　B.辅助生产成本　　C.基本生产成本　　D.本年利润

18.辅助生产费用分配采用计划成本分配法结算出的辅助生产成本差异，为简化核算一般可全部计入(　　)科目。

A.辅助生产成本　　B.制造费用　　C.基本生产成本　　D.管理费用

19.按照生产工时比例分配制造费用，要求(　　)。

A.各种产品的机械化程度较高　　B.各种产品的机械化程度较低

C.各种产品的机械化程度相差不大　　D.不考虑各种产品的机械化程度差异

20.不可修复废品的成本，应借记“废品损失”，贷记(　　)账户。

A.产成品　　B.生产成本　　C.制造费用　　D.原材料

21、废品残料价值和应收赔偿款，应从“废品损失”账户(　　)转出。

A.借方　　B.贷方　　C.余额　　D.视情况而定

22.可修复废品在返修过程中所发生的修理用材料、工资、应负担的制造费用等扣除过失人赔偿后的净支出属于(　　)。

A.修复费用　　B.报废损失　　C.废品损失　　D.停工损失

23.下列哪些项目应计入制造费用账户(　　)。

A.非季节性停工损失　　B.劳动保险费

C.职工教育经费　　D、车间管理人员工资

24.基本生产车间生产几种产品共同耗用的低值易耗品的摊销，应计入(　　)账户。

A.生产成本——基本生产成本　　B.生产成本——辅助生产成本

C.制造费用　　D.产品销售费用

25.根据国家的有关规定，企业可以按职工工资总额的(　　)提取职工福利费。

A.10%　　B.12%

C.14%　　D.16%

26.企业分配工资费用时，医务、福利人员的工资应记入(　　)账户。

A.管理费用　　B.应付福利费

C.生产成本　　D.制造费用

二、多项选择题

1.对于几种产品共同耗用的原材料，常用的分配方法有(　　)。

A.定额耗用量比例法　　B.定额费用比例法

C.定额工时法　　D.生产工人工资比例法

2.下列应计入产品成本的“直接材料”成本项目的有(　　)。

A.用于制造产品并构成产品实体的原料及主要材料

B.车间设备耗用的机物料

C.制造产品耗用的不构成产品实体的辅助材料

D.制造产品耗用的燃料

3.用来核算生产成本过程发生的费用，计算产品制造成本的账户主要有(　　)。

A.生产成本　　B.产品销售成本

C.制造费用　　D.管理费用

4.用来核算企业已经支付，但应由本期和以后期负担的费用的账户有(　　)。

A.待摊费用　　B.财务费用

C.制造费用　　D.长期待摊费用

5.消耗材料实际价格的计算方法有(　　)。

A.先进先出法　　B.后进后出法

C.加权平均法　　D.个别计价法

6.制造业的外购材料成本应包括(　　)。

A.材料的买价　　B.购入材料的增值税

C.保险费用　　D.运输途中的合理损耗

7.某基本生产车间发生下列费用时，可作为制造费用的有(　　)。

A.车间管理人员工资　　B.车间设备折旧费用

C.车间机物料损耗　　D.车间原材料

8.几种产品共同耗用的动力费用，常用的分配标准由(　　)。

A.生产工时　　B.机器工时数

C.马力工时　　D.生产工人工资

9.制造费用分配常用的方法有(　　)。

A.产品售价比例法　　B.生产工人工资比例法

C.机器工时比例法　　D.直接成本比例分配法

E.年度计划分配率法

10.几种产品共同发生的工资费用，常用的分配标准有(　　)。

A.实际生产工时　　B.定额生产工时

C.机器工时　　D.马力工时

11.企业提取福利费时，贷记“应付福利费”账户，相对应的借方账户可能有(　　)等账户。

A.生产成本　　B.制造费用

C.管理费用　　D.产品销售费用

12.成本项目中的直接人工包括(　　)。

A.直接生产工人工资　　B.应计入成本的原材料节约奖

C.计件生产工人工资　　D.按计件工资比例计提的职工福利费

E.按直接生产工人工资和规定比例提取的职工福利费

13.计算不可修复废品的成本的净损失，应考虑的因素有(　　)。

A.不可修复废品的成本　　B.不可修复废品的修复费用

C.回收废料价值　　D.过失人赔偿款

14.成本核算中的损失性费用是指产品生产过程中所发生的各种损失费用，它包括(　　)。

A.停工损失　　B.非常损失

C.坏账损失　　D.废品损失　　E.在产品盘亏损失

15.低值易耗品的摊销方法有(　　)。

A.一次摊销法　　B.综合摊销法

C.五五摊销法　　D.分次摊销法

16.对外购动力的分配，应借记有关的成本费用账户，贷记(　　)账户。

A.银行存款　　B.应付账款

C.生产成本——基本生产成本　　D.生产成本——辅助生产成本

17.下列属于应计入产品成本的废品损失的有(　　)。

A.加工原因造成的废品损失

B.原材料原因造成的废品损失

C.入库后保管不当造成的废品损失

D.降价出售的损失

E."三包"损失

18.辅助生产费用的分配方法，通常有(　　)。

A.直接分配法　　B.一次交互分配法

C.顺序分配法　　D.代数分配法　　E.计划成本分配法

19.辅助生产车间不设"制造费用"科目核算是因为(　　)。

A.辅助生产车间规模小，发生制造费用较少

B.辅助生产车间不生产产品

C.为了简化核算工作

D.没有必要

20.可修复废品必须具备的条件有(　　)。

A.在技术上可以修复　　B.在经济上合算

C.不管修复费用多少　　D.只要修复后可以使用

21.可修复废品的修复费用应包括(　　)。

A.修复废品的材料费用　　B.修复废品的工资费用

C.修复废品的动力费用　　D.修复废品的销售费用

22.计算不可修复废品的报废损失，应包括(　　)。

A.不可修复废品的成本　　B.废品的残值

C.废品的应收赔款　　D.废品的材料费用

三、判断题

1.提供供电劳务的辅助生产部门发生的费用，在费用分给受益对象后，辅助生产成本明细账户应无余额。(　　)

2.材料按计划成本核算的企业，计入产品成本的材料费用，也应按计划成本计算。(　　)

3.辅助生产车间发生的制造费用，一般情况下，可以直接计入辅助生产车间的生产成本账户。(　　)

4.辅助生产费用的交互分配法，先进行辅助生产车间之间的交互分配，然后进行对外分配。(　　)

5.跨期分配费用账户期末一般有余额。(　　)

6.季节性生产企业的“制造费用”账户，期末没有余额。(　　)

7.不单独核算废品损失的企业，可修复废品的损失，应直接计入相关的成本项目。(　　)

8.企业无论在什么环节发现废品，都应并入废品损失内核算。(　　)

9.“废品损失”账户期末一般没有余额。(　　)

10.停工损失、季节性生产和大修理停工的损失列作制造费用计入产品成本，其他各种非正常停工列作营业外支出。(　　)

11.按计划成本分配法分配辅助生产费用时，其成本差异可计入“管理费用”账户。(　　)

12.成本计算对象是指成本计算过程中归集、分配费用的对象。(　　)

13.制造费用是车间范围内为组织和管理生产而发生的间接费用，其账户的余额表示期末尚未完工的各种在产品所负担的那部分间接费用。(　　)

14.采用直接分配法分配辅助生产费用，既简单，又比较准确。(　　)

15.需要分配计入产品成本的直接材料费用，一般应选用机器加工工时为标准进行分配。(　　)

16.直接人工费用都直接计入费用项目。(　　)

17.辅助生产费用按代数分配法分配，其分配结果最为准确。(　　)

18.采用计划分配率法分配制造费用，实际与预定计划分配额的差异，年终可调整计入“管理费用”账户。(　　)

19.制造费用明细账户应当按照生产单位开设，辅助生产单位发生的制造费用，应当计入辅助生产成本，不包括在产品成本项目的“制造费用”项目中。(　　)

20.废品损失，包括可修复废品的修复费用和不可修复废品的净损失。(　　)

四、业务核算题

1.直接材料费用的分配

资料:某企业本月生产甲、乙两种产品，共耗用原材料 10 000 千克，每千克 12 元。本月投产量为:甲产品 1 000 件，乙产品 2 000 件，各种产品消耗定额为甲产品 6 千克，乙产品 5 千克。

要求:按定额耗用量比例分配计算两种产品各自应负担的原材料费用。

2.直接人工费用的分配

资料:某企业本月生产甲、乙、丙三种产品，共发生产品生产工人工资 40 000 元，生产工人应提福利费 5 600 元。本月实际生产工时 10 000 小时，其中甲产品 3 500 小时，乙产品 4 000 小时，丙产品 2 500 小时。

要求:按生产工时分配法计算三种产品各自应负担的直接人工费用。

3.某企业生产甲、乙两种产品。两种产品共同耗用A、B两种原材料，耗用量无法按产品直接划分。2010年12月两种产品投产及有关情况如下：

(1)甲产品投产100件，原材料消耗定额：A为10千克/件，B为5千克/件。乙产品投产200件，原材料消耗定额：A为4千克/件，B为6千克/件。

(2)甲、乙两产品实际消耗量：A为1782千克，B为1717千克。

(3)原材料计划单价：A为20元，B为30元。

(4)原材料成本差异率：-2%。

要求：根据定额消耗量比例法，计算甲乙两种产品应负担的原材料费用，并作相应的会计分录。

4.某企业生产甲、乙、丙三种产品，实际工时为：甲产品2 000小时，乙产品1 500小时，丙产品2 500小时。根据工资结算凭证汇总的工资费用为：基本生产车间生产工人工资360 000元，车间管理人员工资35 000元，行政管理人员工资20 000元，专设销售机构人员的工资20 000元。

要求：按实际工时比例计算分配计算甲、乙、丙三种产品的生产工人工资并编制会计分录。

5.某电脑生产企业共有职工180名，2010年12月，公司决定将其生产的单位成本为6 000元的笔记本电脑发给每位职工。该款笔记本电脑的售价为每台8 200元，企业适用增值税率为17%。假设该企业180名职工中，有160名为直接参加生产的职工，20名为厂部管理人员。

要求：计算应确认的应付职工薪酬和主营业务收入，并编制全部会计分录。

6.资料如下：

(1)企业购入的手推车8部，每部320元，计2 560元，贷款以银行存款支付，另以现金支付运费200元，手推车入库待用。

(2)基本生产车间领用计量工具5台，计1 500元，采用一次摊销法直接列入当期费用。

(3)基本生产车间在用的计量工具发生故障，以现金支付修理费320元。

(4)上期领用的货柜3个，价值2 400元，原已摊销50%，现拆除报废，收回残料出售，收到现金260元，报废时摊销原值的50%。

要求：根据上述资料编制有关会计分录。

第三章 3 辅助生产费用的核算

第一节 辅助生产费用核算的特点

企业所发生的费用，除了直接费用外，还有一些综合费用，如辅助生产费用、制造费用、废品损失以及停工损失等费用。综合费用需在集合分配账户汇集后，再以一笔总数记入基本生产账户和分配计入有关产品成本计算单中。本章主要介绍辅助生产费用汇集与分配。制造费用、废品损失与停工损失的核算将在后面的章节中进行叙述。

一、辅助生产及辅助生产费用的概念

辅助生产是指为基本生产服务而进行的产品生产和劳务供应。例如，工具、模具、夹具的制造；水、电、蒸汽的供应；生产设备的维修、运输服务的提供；等等。企业通常设置专门的辅助生产车间来组织辅助产品的生产和劳务的供应。一般按辅助生产提供产品或劳务的种类设立辅助生产车间，辅助生产车间可以分为两种类型：一类是只提供一种产品、劳务或作业的辅助生产，称为单品种辅助生产，如供水车间、配电车间、蒸汽车间、运输队；另一类是提供多种产品、劳务或作业的辅助生产，称为多品种辅助生产，如修理车间、工具、模型、备件等。辅助生产车间除了向基本生产车间提供服务以外，同时还为管理部门及其他单位和部门提供劳务或产品等。

辅助生产车间发生的费用称为辅助生产费用，是基本生产车间生产产品成本的构成部分之一。当辅助生产车间是为基本生产车间、行政管理部门、销售机构等单位提供劳务时，其辅助生产成本将转化为基本生产车间的生产费用、行政管理部门的管理费用、销售机构的销售费

用等。辅助生产费用的高低和分配合理与否对企业产品生产成本的计算有很大影响。因此，必须做好辅助生产费用的管理和费用的归集与分配等工作。

二、辅助生产费用核算的特点

辅助生产费用的核算包括辅助生产费用的归集和分配两个方面。辅助生产费用核算的过程是按照辅助生产车间以及产品和劳务类别归集的过程，也是辅助生产产品和劳务成本计算的过程；辅助生产费用的归集是为辅助生产费用的分配做准备的，因为只有先归集，才能够进行分配。辅助生产费用的分配，是按照一定的标准和方法，将辅助生产费用分配到各受益单位或产品的过程。分配的及时性和准确性，影响到基本生产成本、管理费用以及经营成果核算的及时性和准确性。辅助生产费用分配的核算，是辅助生产费用核算的关键。

第二节　辅助生产费用的归集

辅助生产费用的归集与分配，一般要设置“生产成本——辅助生产成本”账户进行核算(如果辅助生产的规模小，每月发生的费用数额不大，可以不设该账户，而在制造费用下的有关明细项目中进行核算)。辅助生产发生的各项费用，汇集在辅助生产账户的借方和按成本计算对象设立的成本计算单中。辅助生产产品和劳务的成本计算方法，与基本生产一样，一般可以采用分步法、分批法等。

发生直接用于辅助生产产品或提供劳务的材料费用、工资及福利费、动力费用以及其他有关支出时，借记“生产成本——辅助生产成本”，贷记“原材料”“应付职工薪酬”等有关账户。从其他辅助生产车间转入费用时，借记“生产成本——辅助生产成本——××车间(提供产品或劳务的车间)”。由于辅助生产提供产品和劳务的种类不同，其费用结转和分配的程序也不一样。例如，制造工具、模具和修理用备件等发生的费用，在产品完工入库时，应将费用从辅助生产账户的贷方转入原材料或低值易耗品账户的借方，生产领用时，再转入有关生产账户的借方；而供电、供水、供气、修理、运输等费用，则直接从辅助生产账户的贷方转入制造费用、销售费用、管理费用等账户的借方。

【例 3—1】根据第 2 章中共青城鸭鸭集团股份有限公司 2015 年 6 月各要素分配表的资料，得出该公司 2015 年 6 月辅助生产成本明细账如表 3—1 和表 3—2 所示。

表 3—1　辅助生产成本明细账

辅助车间：供水　　　　2015 年 6 月　　　　单位：元

摘要	直接材料	直接燃料和动力	直接人工	劳保费用	合计	转出
原材料分配表	41 000				41 000	
外购动力费用分配表		3 000			3 000	
工资分配表			48 000		48 000	
其他职工薪酬分配表			19 200		19 200	
劳保费用分配表				1 000	1 000	
辅助生产成本分配表						112 200
合计	41 000	3 000	67 200	1 000	112 200	112 200

表 3－2　辅助生产成本明细账

辅助车间:供电　　2015 年 6 月　　单位:元

摘要	直接材料	直接燃料和动力	直接人工	劳保费用	合计	转出
原材料分配表	20 000				20 000	
外购动力费用分配表		2 000			2 000	
工资分配表			32 000		32 000	
其他职工薪酬分配表			12 800		12 800	
劳保费用分配表				2 000	2 000	
辅助生产成本分配表						68 800
合计	20 000	2 000	44 800	2 000	68 800	68 800

第三节　辅助生产费用的分配

辅助生产车间除了对基本生产车间、管理部门和其他单位及部门提供产品和劳务外，各辅助生产车间之间也会互相提供产品和劳务，从而产生了辅助生产费用如何在辅助生产车间之间以及辅助生产车间之外分配的问题。辅助生产费用的分配方法通常有交互分配法、代数分配法、顺序分配法、按计划单位成本分配法、直接分配法等。

一、直接分配法

采用直接分配法时，各辅助生产车间之间互相提供产品和劳务的情况可以忽略不计，直接将辅助生产费用分配给基本生产车间和管理部门等。该方法简便，但分配结果不准确，尤其是当辅助生产车间相互提供产品或劳务量差异较大时，分配结果往往与实际不符。因此，只适于在辅助生产车间之间互相提供劳务不多、不进行交互分配、对企业产品成本准确性影响不大的情况下使用。

其计算公式如下：

$$\text{某种辅助生产费用分配率}=\frac{\text{该辅助生产车间费用总额}}{\text{辅助生产车间以外的其他车间、部门耗用的劳务总量}}$$

某车间、部门应分配的辅助生产费用＝该车间、部门耗用的劳务数量×辅助生产费用分配率

【例 3－2】根据上例给出的资料，共青城鸭鸭集团股份有限公司 2015 年 6 月供电车间发生的费用为 68 800 元，供水车间发生的费用为 112 200 元。各辅助车间供应的产品或劳务的数量如表 3－3 所示。

表 3－3　各辅助车间供应的产品或劳务的数量

2015 年 6 月　　单位：元

受益单位	耗水(立方米)	耗电(度)
基本生产——甲产品	43 000	52 000
基本生产——乙产品	500 000	50 000
基本生产车间	8 000	56 000
辅助车间——供电	10 000	
辅助车间——供水		18 000
行政管理部门	6 000	9 000

续表

受益单位	耗水(立方米)	耗电(度)
专设销售机构	4 000	5 000
合计	571 000	190 000

根据上面公式计算：

供水单位成本(分配率)＝112 200÷(571 000－10 000)＝0.2 元/立方米

供电单位成本(分配率)＝68 800÷(190 000－18 000)＝0.4 元/度

根据辅助生产费用分配表编制会计分录：

借：生产成本—基本生产成本—甲产品—燃料及动力　29 400

—乙产品—燃料及动力　120 000

制造费用　24 000

管理费用　4 800

销售费用　2 800

贷：生产成本—辅助生产成本—供水　112 200

—辅助生产成本—供电　68 800

二、交互分配法

采用这一方法，首先根据各辅助生产车间相互提供劳务(或产品)的数量，按交互分配前的单位成本或计划单位成本，进行一次交互分配(不再进行无穷的反复分配)；然后，将各辅助生产车间交互分配后的实际费用(即交互分配前的费用，加上分配进来的费用，减去分配出去的费用)除以对辅助生产以外各部门提供的劳务总数量，得到实际单位成本，再直接分配于辅助生产车间以外的受益部门。其计算公式如下：

1.对内分配(辅助生产之间交互分配)

$$交互分配前某辅助生产费用分配率=\frac{某辅助生产车间交互分配前费用总额}{该辅助生产车间提供的劳务总量}$$

某辅助生产车间应该分配的劳务费用(分进来费用)＝该辅助生产车间耗用的其他辅助生产车间劳务数量×其他辅助生产车间交互分配前劳务分配率

2.对外分配

某辅助生产车间交互分配后的实际费用＝交互分配前的费用＋分配进来的费用—分配出去的费用

$$交互分配后某辅助生产费用分配率=\frac{某辅助生产车间交互分配后费用总额}{基本生产车间和其他受益部门耗用的劳务数量}$$

某车间、部门应分配的辅助生产费用＝该车间、部门耗用的劳务数量×交互分配后辅助生产费用分配率

【例 3—3】信合公司有供水和供电两个辅助生产车间，2015 年 10 月该公司供电车间发生的费用为 4 740 元，共供电 23 000 度，供水车间发生的费用为 2 065 元，共供水 41 300 吨。各辅助车间供应的产品或劳务的数量如表 3—4 所示。按交互分配法编制的辅助生产费用分配表如表 3—5 所示。

表 3—4　各辅助车间供应的产品或劳务的数量

2015 年 10 月　　单位:元

受益单位	耗水(立方米)	耗电(度)
基本生产—甲产品	0	10 300
基本生产车间	20 500	8 000
辅助车间——供电	10 000	
辅助车间——供水		3 000
行政管理部门	8 000	1 200
专设销售机构	2 800	500
合计	41 300	23 000

表 3—5　辅助生产费用分配表(交互分配法)

2015 年 10 月　　单位:元

<table>
<tr><th colspan="2" rowspan="2">项目</th><th colspan="3">供水车间</th><th colspan="3">供电车间</th><th rowspan="2">合计</th></tr>
<tr><th>数量</th><th>分配率</th><th>分配额</th><th>数量</th><th>分配率</th><th>分配额</th></tr>
<tr><td colspan="2">待分配辅助生产费用</td><td>41 300</td><td>0.05</td><td>2 065</td><td>23 000</td><td>0.21</td><td>4 740</td><td>6 805</td></tr>
<tr><td rowspan="2">交互分配</td><td>辅助生产—供水</td><td></td><td></td><td>+630</td><td>−3 000</td><td></td><td>−630</td><td></td></tr>
<tr><td>辅助生产—供电</td><td>−10 000</td><td></td><td>−500</td><td></td><td></td><td>+500</td><td></td></tr>
<tr><td colspan="2">对外分配辅助生产费用</td><td>31 300</td><td>0.0701</td><td>2 195</td><td>20 000</td><td>0.2305</td><td>4 610</td><td>6 805</td></tr>
<tr><td rowspan="5">对外分配</td><td>基本生产—甲产品</td><td></td><td></td><td></td><td>10 300</td><td></td><td>2 374.15</td><td>2 374.15</td></tr>
<tr><td>基本生产车间</td><td>20 500</td><td></td><td>1 437.05</td><td>8 000</td><td></td><td>1 844</td><td>3 281.05</td></tr>
<tr><td>行政部门</td><td>8 000</td><td></td><td>560.80</td><td>1 200</td><td></td><td>276.60</td><td>837.40</td></tr>
<tr><td>销售部门</td><td>2 800</td><td></td><td>197.15</td><td>500</td><td></td><td>115.25</td><td>312.40</td></tr>
<tr><td>合计</td><td>31 300</td><td></td><td>2 195</td><td>20 000</td><td></td><td>4 610</td><td>6 805</td></tr>
</table>

计算分配如下：

(1)交互分配前的单位成本：

供水单位成本＝2 065÷41 300＝0.05(元/立方米)

供电单位成本＝4 740÷23 000＝0.21(元/度)

(2)交互分配：

供水车间分配进来的电费＝3 000×0.21＝630(元)

供电车间分配进来的水费＝10 000×0.05＝500(元)

(3)交互分配后实际费用：

供水车间实际费用＝2 065＋630－500＝2 195(元)

供电车间实际费用＝4 740＋500－630＝4 610(元)

(4)交互分配后单位成本：

供水单位成本＝2 195÷31 300＝0.070 1(元/立方米)

供电单位成本＝4 610÷20 000＝0.230 5(元/度)

(5)对外分配：

基本生产——甲产品(电费)＝10 300×0.2305＝2 374.15(元)

基本生产车间(电费)＝8 000×0.2305＝1 844(元)

(水费)＝20 500×0.0701＝1 437.05(元)

行政部门(电费)＝1 200×0.2305＝276.60(元)

(水费)＝8 000×0.0701＝560.80(元)

专设销售机构(电费)＝500×0.2305＝115.25(元)

(水费)＝2 800×0.0701＝197.15①(元)

根据辅助生产费用分配表编制会计分录：

(1)交互分配：

借：生产成本—辅助生产成本—供水　　630
　　　　　　—辅助生产成本—供电　　500
　贷：生产成本—辅助生产成本—供电　　630
　　　　　　　—辅助生产成本—供水　　500

(2)对外分配：

借：生产成本—基本生产成本—甲产品　　2 374.15
　　制造费用　　3 281.05
　　管理费用　　837.40
　　销售费用　　312.40
　贷：生产成本—辅助生产成本—供水　　2 195
　　　　　　　—辅助生产成本—供电　　4 610

① 此处为尾数调整，即2 195－1 437.05－560.80＝197.15(元)

这种分配方法分配给各受益部门的费用比较准确，在实际工作中应用较多。

三、代数分配法

采用代数分配法，应先根据解联立方程的原理，计算辅助生产劳务的单位成本，然后，根据各受益单位(包括辅助生产内部和外部各单位)耗用的数量和单位成本分配辅助生产费用。

【例 3－4】仍以[例 3－3]资料，假设 x＝每立方米水的成本，y＝每度电的成本，列联立方程如下：

$$2\,065+3\,000y=41\,300x \quad (1)$$

$$4\,740+10\,000x=23\,000y \quad (2)$$

解得：y＝0.23526

x＝0.0671

用代数分配法编制的辅助生产费用分配表如表 3－6 所示。

表 3－6　辅助生产费用分配表(代数分配法)

2015 年 10 月　　单位：元

项目		供水车间	供电车间	合计
待分配辅助生产费用		2 065	4 740	6 805
劳务数量供应总量		41 300 吨	23 000 度	
单位成本(分配率)		0.0671	0.23526	
辅助生产车间—供水	耗用数量		3 000	
	分配金额		705.78	705.78
辅助生产车间—供电	耗用数量	10 000		
	分配金额	671		671
基本生产—甲产品	耗用数量		10 300	
	分配金额		2 423.18	2 423.18
基本生产车间	耗用数量	20 500	8 000	
	分配金额	1 375.55	1 882.08	3 257.63
行政部门	耗用数量	8 000	1 200	
	分配金额	536.80	282.31	819.11
销售部门	耗用数量	2 800	500	
	分配金额	187.88	117.63	305.51
合计		2 771.23	5 410.98	8 182.21

根据辅助生产费用分配表编制会计分录：

借：生产成本—基本生产成本—甲产品　　2 423.18

　　生产成本—辅助生产成本—供电　　671

　　　　　　—辅助生产成本—供水　　705.78

　　制造费用　　3 257.63

　　管理费用　　819.11

　　销售费用　　305.51

　　贷：生产成本—辅助生产成本—供水　　2 771.23

　　　　　　　—辅助生产成本—供电　　5 410.98

代数分配法理论上合理，分配结果最为正确，但在辅助生产车间较多的情况下，未知数较多，计算工作较复杂。

四、按计划单位成本分配法

采用该方法时，辅助生产费用一律按计划单位成本和各受益单位耗用的辅助生产提供的产品和劳务数，向其他辅助生产车间和基本生产车间以及管理部门分配；按计划单位成本分配转出的辅助生产费用与辅助生产车间实际发生的费用之间的差额则转入管理费用或分配给辅助生产以外受益单位。

其计算公式如下：

某辅助生产车间计划总成本＝该辅助生产车间提供的劳务总量×劳务计划单位成本

某辅助生产车间实际总成本＝该辅助生产车间直接发生的费用＋其他辅助生产车间分配转入的计划成本

某辅助生产车间成本差异＝该辅助生产车间实际总成本—该辅助生产车间计划总成本

【例 3—5】仍以[例 3—3]资料，供水车间每立方米水的计划单位成本为 0.06 元；供电车间每度电的计划成本为 0.22 元。按计划成本分配法编制辅助生产费用分配表，如表 3—7 所示。

表 3—7　辅助生产费用分配表(计划分配法)

2015 年 10 月　　单位：元

项目	供水车间		供电车间		合计
	计划单位成本 0.06 元		计划单位成本 0.22 元		
	供应数量	分配金额	供应数量	分配金额	
辅助生产——供水			3 000	660	660
辅助生产——供电	10 000	600			600
基本生产——甲产品			10 300	2 266	2 266
基本生产车间	20 500	1 230	8 000	1 760	2 990

续表

项目	供水车间		供电车间		合计
	计划单位成本 0.06 元		计划单位成本 0.22 元		
	供应数量	分配金额	供应数量	分配金额	
行政管理部门	8 000	480	1 200	264	744
专设销售机构	2 800	168	500	110	278
按计划成本分配合计	41 300	2 478	23 000	5 060	7 538
辅助生产实际成本		2 725		5340	8 065
辅助生产成本差异		247		280	527

供水车间水的实际成本＝2 065＋660＝2 725(元)

供电车间电的实际成本＝4 740＋600＝5 340(元)

根据辅助生产费用分配表编制会计分录：

(1)借：生产成本—辅助生产成本—供水　　660
　　　　　　—辅助生产成本—供电　　600
　　生产成本—基本生产成本—甲产品　　2 266
　　制造费用　　2 990
　　管理费用　　744
　　销售费用　　278
　　贷：生产成本—辅助生产成本—供水　　2 478
　　　　　　—辅助生产成本—供电　　5 060

(2)借：管理费用　　527
　　贷：生产成本—辅助生产成本—供水　　247
　　　　　　—辅助生产成本—供电　　280

采用计划分配法，可以加速和简化核算工作，而且由于各单位分配来的辅助生产费用各期都是按固定的计划单位成本计算的，因此，便于考核和分析基本生产车间的成本，亦便于通过按计划成本转出辅助生产费用和实际费用之间的差异来控制和考核辅助生产车间的费用支出。但采用这种分配方法，必须具备比较正确的计划成本资料。

五、顺序分配法

顺序分配法即梯形分配法。如果各辅助生产车间之间，有的接受其他辅助生产车间提供的产品和劳务较少，有的则接受的较多，那么，可以按受益的大小顺序排列，按顺序分配费用，受益少的排在前面，将费用按顺序逐个分配下去(直至该车间接受其他辅助生产车间提供产品和劳务的费用可忽略不计，不再分回)，直至分完。这种方法称为顺序分配法。但如果受益的大小排不出先后顺序来，则不能采用此方法。

【例 3－6】仍以［例 3－3］资料，按顺序分配法分配计算的电费和水费分配率为：

电费分配率＝4 740÷(3 000＋10 300＋8 000＋1 200＋500)

＝0.2060869565(元/度)

水费分配率＝(2 065＋618.26)÷(20 500＋8 000＋2 800)

＝2683.26÷31300

＝0.0857271565(元/立方米)

根据辅助生产费用分配表编制会计分录：

(1)分配电费：

借：生产成本—辅助生产成本—供水	618.26	
生产成本—基本生产成本—甲产品	2 122.70	
制造费用	1 648.70	
管理费用	247.31	
销售费用	103.03(倒挤)	
贷：生产成本—辅助生产成本—供电		4 740

(2)分配水费：

借：制造费用	1 757.41	
管理费用	685.82	
销售费用	240.03(倒挤)	
贷：生产成本—辅助生产成本—供水		2 683.26

顺序分配法不进行交互分配，各辅助生产费用只分一次，既分配给辅助生产车间以外的受益单位，又分配给排列在后面的其他辅助生产车间或部门。这种分配方法只适宜在各辅助生产车间或部门相互受益程度有明显顺序的情况下采用。

练习题

一、单项选择题

1.辅助生产车间发生的制造费用(　　)。

A.必须通过“制造费用”总账账户核算

B.不必通过“制造费用”总账账户核算

C.根据具体情况，可记入“制造费用”总账账户，也可直接记入“生产成本——辅助生产成本”账户

D.首先记入“生产成本——辅助生产成本”账户

2.下列方法中，属于辅助生产费用分配方法的是(　　)。

A.定额成本法　　B.计划单位成本分配法

C.生产工时比例分配法　　D.机器工时比例分配法

3.在辅助生产费用的各种分配方法中，分配结果最正确的是(　　)。

A.交互分配法　　B.直接分配法

C.计划成本分配法　　D.代数分配法

4.在辅助生产车间相互提供劳务很少的情况下，适宜采用的辅助生产费用分配方法是(　　)。

A.直接分配法　　B.交互分配法

C.计划成本分配法　　D.代数分配法

5.采用交互分配法分配辅助生产费用时，第一次交互分配是在(　　)之间进行的。

A.各受益的辅助生产车间　　B.辅助生产车间以外的受益单位

C.各受益的基本生产车间　　D.各受益的企业管理部门

二、多项选择题

1.辅助生产车间发生固定资产折旧费，可能借记的账户有(　　)。

A.“制造费用”　　B.“生产成本—辅助生产成本”

C.“生产成本—基本生产成本”　　D.“管理费用”　　E.“在建工程”

2.辅助生产费用分配转出时，可以(　　)。

A.借记“制造费用”账户　　B.借记“管理费用”账户

C.借记“在建工程”账户　　D.贷记“生产成本—辅助生产成本”账户

E.借记“生产成本—辅助生产成本”账户

3.在下列方法中，属于辅助生产费用分配方法的有(　　)。

A.交互分配法　　B.代数分配法

C.定额比例法　　D.直接分配法

E.计划单位成本分配法　　F.顺序分配法

4.辅助生产费用分配的交互分配法，具有以下特点(　　)。

A.核算工作量较大　　B.核算工作较简便

C.需要计算两个费用分配率　　D.核算结果较正确　　E.核算结果不十分精确

5.采用代数分配法分配辅助生产费用(　　)。

A.能够提供正确的分配计算结果　　B.能够简化费用的分配计算

C.适用于实现电算化的企业　　D.便于分析考核各受益单位的成本

E.核算结果不很正确

三、业务题(计算题)

1.某企业设有修理和运输两个辅助生产车间。修理车间本月发生费用 18 000 元，提供修理工时 30 000 小时，其中：为运输部门修理 1 500 小时，为基本生产车间修理 24 000 小时，为行政管理部门修理 4 500 小时，修理费用按修理工时比例分配。运输部门本月发生的费用为 22 000 元，运输材料物资等 40 000 吨公里，其中：为修理车间提供运输劳务 2 000 吨公里，为基本生产车间提供运输劳务 32000 吨公里，为行政管理部门提供运输劳务 6 000 吨公里。

要求：采用交互分配法计算分配修理、运输费用，编制有关的会计分录(保留四位小数)。

2.某企业有供水和供电两个辅助生产车间，2015 年 10 月该公司供电车间发生的费用为 4 740 元，共供电 23 000 度，供水车间发生的费用为 2 065 元，共供水 41 300 吨。各辅助车间供应的产品或劳务的数量如表所示。请按交互分配法填制辅助生产费用的分配表。

各辅助车间供应的产品或劳务的数量

2015 年 10 月　　单位：元

受益单位	耗水(立方米)	耗电(度)
基本生产—甲产品	0	10 300
基本生产车间	20 500	8 000
受益单位	耗水(立方米)	耗电(度)
辅助车间——供电	10 000	
辅助车间——供水		3 000
行政管理部门	8 000	1 200
专设销售机构	2 800	500
合计	41 300	23 000

辅助生产费用分配表(交互分配法)

2015 年 10 月　　　　单位:元

项目		供水车间			供电车间			合计
		数量	分配率	分配额	数量	分配率	分配额	
待分配辅助生产费用		41 300		2 065	23 000		4 740	
交互分配	辅助生产—供水							
	辅助生产—供电							
对外分配辅助生产费用								
对外分配	基本生产—甲产品							
	基本生产车间							
	行政部门							
	销售部门							

第四章 制造费用的归集与分配 4

第一节 制造费用归集的核算

企业在生产过程中，除了产品直接耗用各种材料费用、发生人工费用和其他费用外，还会发生各种制造费用等。为此要正确地核算制造费用，进而正确地计算产品的制造成本。

一、制造费用概述

(一)制造费用概念

制造费用是指企业为组织生产和管理所发生的、应该计入产品成本却不能直接计入成本的各类间接生产费用。制造费用中大部分不是直接用于产品生产的费用，而是间接用于产品生产的费用。

(二)核算制造费用的意义

企业计入产品成本的费用除直接材料、直接人工外，还包括很多制造费用，其核算的准确与否，直接影响到成本核算的准确性和可靠性。因此，加强制造费用的控制和管理，组织好制造费用的核算，对正确核算产品成本具有重要意义。

(三)制造费用的主要内容

1.职工薪酬

职工薪酬是指企业各生产单位(分厂、车间等)除生产工人以外的管理人员、技术人员和其他生产人员的职工工资及职工福利费等工资薪酬。

2.折旧费

折旧费是指生产单位的建筑物、机器设备等固定资产按规定的折旧方法计算的折旧费用。

3.租赁费

租赁费是指生产单位租用固定资产和专用工具等发生的租金，不包括融资租赁费。

4.机物料消耗

机物料消耗是指生产单位为维护机器设备等的正常运转而消耗的各种材料费用，不包括专门进行固定资产修理和劳动保护用的相关材料费用。

5.低值易耗品摊销

低值易耗品摊销是指生产单位使用的各种低值易耗品的摊销费用。

6.修理费

修理费是指生产单位使用的固定资产发生的各种维修费用、修护费用等。

7.办公费

办公费是指生产单位因办公需要耗用的文具、印刷、邮电、办公用品等费用，不包括图纸和制图用品费等。

8.差旅费

差旅费是指生产单位职工因公出差而发生的交通、住宿、出差补贴等费用。

9.水电费

水电费是指生产单位管理上耗用水、电所产生的费用，不包括生产工艺耗用的水、电费用。

10.取暖费

取暖费是指生产单位用于职工防寒保暖所产生的费用，不包括直接支付给职工的取暖津贴等。

11.运输费

运输费是指生产单位耗用的厂内和厂外的各种运输劳务费用。

12.保险费

保险费是指生产单位应负担的财产物资保险费，从保险公司取得的赔偿金应从本项目中扣除。

13.设计制图费

设计制图费是指生产单位应负担的图纸费、制图用品费和委托设计部门设计图纸而产生的费用，不包括企业设计部门发生的费用。

14.劳动保护费

劳动保护费是指生产单位为保护职工劳动安全而产生的劳动用品费，如：工作帽、手套、眼镜等。不包括构成固定资产价值的安全装置、卫生设备、通风设备等产生的费用。

15.试验检验费

试验检验费是指生产单位应负担的对材料、半成品、产品进行试验或检查、化验、分析所产生的费用。包括企业中心实验室和检验部门为生产单位进行试验和检验所耗用的材料、破坏性试验的样品，以及委托外单位检查试验所产生的费用等。

16.季节性、修理期间的停工损失

季节性、修理期间的停工损失不包括单独组织生产损失核算的停工损失。

17.其他制造费用

其他制造费用是指以上各项以外的应计入产品成本的其他制造费用，如：在产品盘亏、毁损损失等。

二、制造费用归集的核算

(一)制造费用核算账户的设置

制造费用归集和分配的核算应通过设置“制造费用”账户进行，该账户借方归集月份内发生的制造费用，贷方分配月份内发生的制造费用，除季节性生产单位外，月末一般无余额。对于基本生产单位，为了管理控制制造费用的发生，不管是生产多种产品还是单一产品，都应单独设账核算制造费用；而对于辅助生产单位，如果生产的产品或提供的劳务单一且制造费用金额较少时，可不对制造费用单独设账，而直接计入“生产成本——辅助生产成本”账户进行核算。

同时，为了分别反映各车间、部门各项制造费用的支出情况，该账户还应根据管理的需要，按不同车间、部门设置明细账，账内按费用项目设置专栏或专户。制造费用的组成要素较多，在设置制造费用明细账的费用专栏时，可按性质、费用比重、发生频率和管理要求等将费用项目合并设立，以简化核算工作。一般应设置的项目有：职工薪酬、折旧费、租赁费、机物料消耗、低值易耗品摊销、修理费、办公费、水电费、保险费和其他等。费用项目一旦确定，不得任意更改，以利于各期成本费用资料的比较。

(二)制造费用的归集

制造费用的归集过程也是各种生产费用汇总分配的过程。企业在生产过程中发生的各种间接费用，应按照地点、用途等，分别编制“材料费用分配表”“职工薪酬费用分配表”“折旧费用分配表”“待摊费用分配表”“预提费用分配表”“动力费用分配表”“其他费用分配表”“辅助生产费用分配表”等汇总凭证，并据此记入“制造费用”账户及其明细账的借方，同时根据具体情况记入“原材料”“应付职工薪酬”“累计折旧”“待摊费用”“预提费用”“银行存款”“库存现金”等科目的贷方。

【例 4—1】共青城鸭鸭集团股份有限公司某基本生产车间 2015 年 6 月发生的制造费用归集如下(数据来自前面章节业务)：

表 4—1　制造费用明细账

车间:基本生产车间　　　　2015 年 6 月　　　　单位:元

摘要	原材料费用	燃料和动力	人工工资费用	其他	折旧费用	合计	转出
原材料分配表	8 500					8 500	
外购动力费用分配表		2 350				2 350	
工资费用分配表			40 000			40 000	
其他职工薪酬分配表			16 000			16 000	
折旧费用分配表					28 200	28 200	
低值易耗品分配				4 570		4 570	
其他费用分配				7 380		7 380	
劳保费用分配表				4 000		4 000	
辅助生产成本分配表		24 000				24 000	
合计	8 500	26 350	56 000	15 950	28 200	135 000	135 000

第二节 制造费用分配的核算

为了正确地计算产品的生产成本，必须合理地分配制造费用。企业各生产单位制造费用明细账所归集的费用，应于月末结转或分配，由相应部门的产品或劳务来承担。如果生产部门只生产一种产品或劳务，归集的制造费用应直接转入该产品或劳务的成本，即“生产成本——基本生产成本”或“生产成本——辅助生产成本”及其所属的明细账；如果生产部门生产多种产品或劳务，归集的制造费用就应采用适当的方法，在多个成本计算对象之间进行分配，分别转入各种产品或劳务的成本中，由相应产品或劳务承担。

由于各车间制造费用水平不同，所以制造费用应按照各车间分别进行分配。制造费用的分配方法很多，主要有：

一、生产工人工时比例分配法

生产工人工时比例分配法，简称生产工时比例分配法，是以各种产品所消耗的生产工人工时数作为分配标准分配制造费用的方法，即按照各种产品耗用生产工人实际工时的比例分配制造费用。

计算公式为：

$$制造费用分配率=\frac{本期应分配的制造费用总和}{各种产品实际消耗的生产工时总和}$$

$$某产品制造费用分配额=该产品实际消耗的生产工时\times制造费用分配率$$

【例 4—2】共青城鸭鸭集团股份有限公司 2015 年 6 月某基本生产车间的制造费用为 135 000 元，该车间生产甲、乙产品两种产品，甲产品生产耗用工时为 6000 小时，乙产品生产耗用工时为 4000 小时；

根据生产工人工时比例法分配制造费用如表 4—2 所示：

表 4—2 制造费用分配表

2015 年 6 月 单位：元

应借账户	某基本生产车间		
	生产工人工时(小时)	分配率	分配金额(元)
生产成本—基本生产—甲产品	6 000	$\frac{135\ 000}{(6\ 000+4\ 000)}$=13.5 元/小时	81 000
生产成本—基本生产—乙产品	4 000		54 000
合计	10 000	13.5	135 000

根据表 4—2 应编制会计分录为：

借：生产成本—基本生产成本—甲产品—制造费用 81 000

生产成本—基本生产成本—乙产品—制造费用　　54 000

贷：制造费用　　135 000

制造费用分配结转后，“制造费用”总账及明细账均无余额。

按照生产工人工时比例分配法分配制造费用，能将劳动生产率同产品负担的费用水平联系起来，分配结果比较合理，而且分配标准所需的工时资料很容易取得，所以实际工作中常采用这种方法。但是，如果固定资产折旧费、修理费等在制造费用中占的比重较大时，且生产部门生产的各种产品机械化程度相差较大，则不宜采用此方法。因为这样会使机械化程度较大的产品少负担固定资产折旧费和修理费等，而机械化程度较低的产品由于工时多而多负担制造费用，致使分配结果与实际情况不相符。因此，生产工人工时比例法适合在机械化程度大致相当的情况下采用。

二、生产工人工资比例分配法

生产工人工资比例分配法是以各种产品的生产工人实际工资作为分配标准分配制造费用的方法，即按照各种产品的生产工人实际工资的比例分配制造费用。计算公式为：

$$制造费用分配率=\frac{本期应分配的制造费用总和}{各种产品生产工人的工资总和}$$

某产品制造费用分配额＝该产品生产工人的实际工资×制造费用分配率

【例 4－3】某企业 2010 年 4 月一车间的制造费用为 20 000 元，一车间生产 A、B 两种产品，A 产品生产工人工资为 6 000 元，B 产品生产工人工资为 4 000 元。

根据生产工人工资比例分配法分配制造费用如表 4－3 所示：

表 4－3　制造费用分配表

2010 年 4 月　　单位:元

应借账户	一车间		
	生产工人工资(元)	分配率	分配金额(元)
生产成本—基本生产成本—A 产品	6 000	$\frac{20\ 000}{(6\ 000+4\ 000)}=2$ 元	12 000
生产成本—基本生产成本—B 产品	4 000		8 000
合计	10 000	2	20 000

根据表 4－3 应编制会计分录为：

借：生产成本—基本生产成本—A 产品—制造费用　　12 000.00

生产成本—基本生产成本—B 产品—制造费用　　8 000.00

贷：制造费用—车间　　20 000.00

按照生产工人工资比例分配法分配制造费用，能体现劳动生产率同产品负担费用的关系，而且分配标准所需的工资资料很容易取得，比较简便。但在一般情况下，由于工资标准有计件和计时之分，所以制造费用的多少与生产工人工资的多少没有太大的直接关系，而且在生产部门生产的各种产品机械化程度相差较大时，会出现机械化程度高的产品，由于工资费用少而少负担制造费用的不合理现象。因此，生产工人工资比例法也适合于机械化程度大致相当的情况下采用。

三、机器工时比例分配法

机器工时比例分配法是以各种产品所用机器设备运转时间的比例作为分配标准分配制造费用的方法，即按照各种产品所耗的机器工时的比例分配制造费用。计算公式为：

$$制造费用分配率=\frac{本期应分配的制造费用总和}{各种产品所耗的机器工时总和}$$

$$某产品制造费用分配额=该产品所耗的实际机器工时\times制造费用分配率$$

【例4—4】某企业2010年4月一车间的制造费用为40000元，一车间生产A、B两种产品，A产品生产所耗的机器工时为6000小时，B产品生产所耗的机器工时为4000小时。

根据机器工时比例分配法分配制造费用如表4—4所示：

表4—4　制造费用分配表

2010年4月　　单位：元

应借账户	一车间		
	机器工时(小时)	分配率	分配金额(元)
生产成本—基本生产成本—A产品	6 000	$\frac{40\ 000}{(6\ 000+4\ 000)}$=4元／小时	24 000
生产成本—基本生产成本—B产品	4 000		16 000
合计	10 000	4	40 000

根据表4—4应编制会计分录为：

借：生产成本—基本生产成本—A产品—制造费用　　24 000

　　生产成本—基本生产成本—B产品—制造费用　　16 000

　　贷：制造费用—车间　　40 000

按照机器工时比例法分配制造费用，适用于机械化程度较高，特别是自动化生产的部门。因为，在这样的部门里，折旧费、修理费、动力费等在制造费用中占的比重较大，而这些费用的发生又与机器工时有着直接的关系，与人工工时没必然联系，因此，按机器工时比例法分配制造费用较准确、合理，同时能为管理者提供机器设备的利用和闲置情况。但是采用此方法必须花一定的精力做好各种产品生产所耗的机器工时的原始记录。

四、耗用原材料数量(或成本)比例分配法

耗用原材料(成本)比例分配法是以各种产品所耗用原材料(成本)的数量作为分配标准分配制造费用的方法。此方法适用于产品成本中原材料费用占较大比重、加工过程简单、加工费用相对较少的部门采用。计算公式为：

$$制造费用分配率=\frac{本期应分配的制造费用总和}{各种产品所耗用的原材料（成本）总和}$$

某产品制造费用分配额＝该产品所耗用的实际原材料（成本）×制造费用分配率

【例 4－5】某企业 2010 年 4 月一车间的制造费用为 32 292 元，一车间生产 A、B 两种产品，A 产品生产所耗用的原材料为 8 937 千克，B 产品生产所耗用的原材料为 7 209 千克，每千克 3 元。

根据耗用原材料（成本）比例分配法分配制造费用如表 4－5 所示：

表 4－5　制造费用分配表

2010 年 4 月　　　　单位：元

应借账户	一车间		
	耗用原材料（千克）	分配率	分配金额（元）
生产成本—基本生产成本—A 产品	8 937	$\frac{32\ 292}{(8\ 937+7\ 209)}$＝2 元/千克	17 874
生产成本—基本生产成本—B 产品	7 209		14 418
合计	16 146	2	32 292

根据表 4－5 应编制会计分录为：

借：生产成本—基本生产成本—A 产品－制造费用　　17 874

　　生产成本—基本生产成本—B 产品－制造费用　　14 418

　　贷：制造费用—车间　　32 292

五、直接成本比例分配法

直接成本指生产产品的直接材料和直接人工等。直接成本比例分配法是以各种产品所承担的直接材料和直接人工等作为分配标准分配制造费用的方法。计算公式为：

$$制造费用分配率=\frac{本期应分配的制造费用总和}{各种产品所耗用的直接成本总和}$$

某产品制造费用分配额＝该产品所耗用的实际直接成本×制造费用分配率

【例 4－6】某企业 2010 年 4 月一车间的制造费用为 60 000 元，一车间生产 A、B 两种产品，A 产品生产所耗用的直接成本（直接材料和直接人工）为 6 000 元，B 产品生产所耗用的直接成本为 4 000 元。

根据直接成本比例分配法分配制造费用如表 4－6 所示：

表 4－6　制造费用分配表

2010 年 4 月　　　　单位：元

应借账户	一车间		
	直接成本（元）	分配率	分配金额（元）
生产成本—基本生产成本—A 产品	6 000	$\frac{60\ 000}{(6\ 000+4\ 000)}$＝6	36 000
生产成本—基本生产成本—B 产品	4 000		24 000
合计	10 000	6	60 000

根据表 4－6 应编制会计分录为：

借：生产成本—基本生产成本—A 产品—制造费用　　36 000

　　生产成本—基本生产成本—B 产品—制造费用　　24 000

　　贷：制造费用—车间　　60 000

六、年度计划分配率分配法

年度计划分配率分配法又称预定分配率分配法或正常分配率分配法，是指按照企业在正常生产经营条件下，各生产车间或部门的年度制造费用预算数和年度预计产量的预定定额标准，计算计划分配率分配制造费用的一种方法，一般以生产工人定额工时、生产工人定额工资或机器定额工时作为分配定额的标准。采用这种方法，不管各月份实际应分配的制造费用是多少，各月份都按年度计划分配率计算分配金额。各月按年度计划分配率分配的制造费用与实际各月的发生额有差额时，如果数额较大就在年末一次性按已分配数的比例进行调整；如果差额较小就直接计入“管理费用”。

各月份分配制造费用计算公式为：

制造费用年度计划分配率

$$=\frac{\text{年度制造费用计划(预算)总和}}{\text{年度各种产品计划产量的定额标准总和(定额工时总和或定额工资总和等)}}$$

某产品本月制造费用分配额＝该产品本月实际产量定额标准(定额工时或定额工资等)×制造费用年度计划分配率

年末调整制造费用计算公式为：

年末制造费用差额分配率

$$=\frac{\text{(年度实际制造费用总和－全年按年度计划分配率分配的制造费用总和)}}{\text{全年按年度计划分配率分配的制造费用总和}}$$

某产品制造费用应分配额＝该产品全年按年度计划分配率分配的制造费用总和×年末制造费用差额分配率

“制造费用”账户的年末余额，即制造费用的实际发生额与计划分配额的年度差额，应于年末调整计入 12 月的产品成本。实际发生额大于计划分配额的差额，应用蓝字补加；实际发生额小于计划分配额的差额，应用红字冲抵。

【例 4－7】某企业 2010 年一车间的年度制造费用预算为 20 000 元。一车间生产 A、B 两种产品，A 产品年计划产量 1 000 件，单位产品工时定额 5 小时；B 产品年计划产量 1 500 件，单位产品工时定额为 3 小时。4 月，A 产品实际产量 80 件，B 产品实际产量 130 件，实际发生制造费用 1 800 元。

根据年度计划分配率分配法分配制造费用如表 4－7 所示：

表 4—7　制造费用分配表

2010 年 4 月　　　　　　　　　　　　　　　　　　　　单位：元

应借账户	一车间						
	年计划产量	本月实际产量	单位产品工时定额	年计划产量工时定额	实际产量工时定额	年度计划分配率（元／小时）	分配金额（元）
生产成本—基本生产成本—A 产品	1 000	80	5	5 000	400	$\frac{20\ 000}{(5\ 000+4\ 500)}$	842.11
生产成本—基本生产成本—B 产品	1 500	130	3	4 500	390	=2.1053	821.05
合计				9 500	790		1 663.16

根据表 4—7 应编制会计分录为：

借：生产成本—基本生产成本—A 产品—制造费用　　　842.11

　　生产成本—基本生产成本—B 产品—制造费用　　　821.05

　　贷：制造费用—车间　　　　　　　　　　　　　　　1 663.16

假设“制造费用”3 月份无余额，则“制造费用”4 月末借方余额为 136.84 元（1800－1663.16），是当月应分配而少分配的费用，当月不须做处理，年末一次调整计入 12 月份。

【例 4—8】假设某企业 2010 年一车间实际发生的制造费用为 20 000 元，一车间生产 A、B 两种产品。而按年度计划分配率分配，全年 A 产品分配的制造费用总和为 11 500 元，全年 B 产品分配的制造费用总和为 9 500 元，全年共计分配制造费用 21 000 元。根据以上资料计算年末制造费用差额分配情况。

年末制造费用差额分配率＝（20 000－21 000）÷21 000＝－0.047619

A 产品应负担的差额＝11 500×（－0.047619）＝－547.62

B 产品应负担的差额＝9 500×（－0.047619）＝－452.38

编制会计分录（用红字）

借：生产成本—基本生产成本—A 产品—制造费用　　　547.62

　　生产成本—基本生产成本—B 产品—制造费用　　　452.38

　　贷：制造费用—车间　　　　　　　　　　　　　　　1 000

【例 4—9】假设某企业 2010 年一车间实际发生的制造费用为 20 000 元，一车间生产 A、B 两种产品。而按年度计划分配率分配，全年 A 产品分配的制造费用总和为 10 000 元，全年 B 产品分配的制造费用总和为 9 000 元，全年共计分配制造费用 19 000 元。根据以上资料计算年末制造费用差额分配情况。

年末制造费用差额分配率＝（20 000－19 000）÷19 000＝0.052632

A 产品应负担的差额＝10 000×0.052632＝526.32

B 产品应负担的差额＝9 000×0.052632＝473.68

编制会计分录(用蓝字)

借：生产成本—基本生产成本—A 产品—制造费用　　526.32

　　生产成本—基本生产成本—B 产品—制造费用　　473.68

　　贷：制造费用—车间　　1 000

年末差额调整后，“制造费用”总账及其明细账均无余额。

按年度计划分配率分配制造费用，不管各月份实际发生的制造费用是多少，都按年度计划分配率进行分配，不须等到每月实际制造费用出来后再计算分配，能及时分配并保证核算工作，而且能及时反映制造费用预算与实际的差异，有利于分析预算执行的情况。但是对于企业的工作计划水平要求较高，否则就会因差异太大而影响成本核算的准确性。

练习题

一、单项选择题

1."制造费用"账户(　　)。

A.一般有借方余额　　B.一般有贷方余额

C.直接转入"本年利润"账户　　D.除季节性生产企业外，期末应无余额

2.摊销生产单位租入固定资产的改良支出时，应记入"(　　)"账户的借方。

A.生产成本　　B.制造费用

C.管理费用　　D.营业费用

3.采用生产工时分配法分配制造费用，分配率按(　　)计算。

A.产品生产总工时　　B.产品生产定额总工时

C.单位产品生产工时　　D.单位产品定额工时

4.采用年度计划分配率分配制造费用时应当(　　)。

A.每月计算实际分配率　　B.每月制定计划分配率

C.月末调整分配率　　D.年初制定计划分配率

5."制造费用"明细账，应当按照(　　)设置。

A.生产单位　　B.费用项目

C.产品品种　　D.费用期间

二、多项选择题

1.制造费用(　　)。

A.属于间接费用　　B.一般为间接记入费用

C.属于综合性费用项目　　D.属于期间费用

E、属于生产费用

2.下列费用中属于制造费用项目的有(　　)。

A.车间主任的工资及福利费　　B.生产工人工资及福利费

C.车间机器折旧和修理费　　D.企业房产税

E.借款费用

3.生产单位发生修理费用时，应借记"制造费用"账户，贷记"(　　)"等账户。

A.原材料　　B.应付职工薪酬

C.待摊费用　　D.长期待摊费用

E.银行存款

4.生产单位摊销修理费用时，应借记“制造费用”账户，贷记“(　　)”等账户。

A.原材料　　B.应付职工薪酬

C.待摊费用　　D.长期待摊费用

E.低值易耗品

5.制造费用的分配方法有(　　)等。

A.生产工人工时分配法　　B.机器工时分配法

C.直接成本分配法　　D.年度计划分配率分配法

E.定额消耗量比例法

三、业务题

1.制造费用的分配(按生产工时比例分配)

资料：某基本生产车间同时生产甲、乙两种产品，本期共发生制造费用 6 000 元，甲产品生产工人工时数为 600 小时，乙产品生产工人工时数为 400 小时，甲乙产品各自应负担的制造费用应为多少？

2.某企业 2010 年 12 月发生制造费用为 98 000 元。该企业生产甲、乙、丙三种产品当月甲产品消耗生产工时 8 000 小时，乙产品消耗生产工时 6 000 小时，丙产品消耗生产工时 5600 小时。

要求：按产品的生产工时比例分配制造费用，编制有关会计分录。

3.某厂第一基本生产车间生产甲、乙、丙三种产品。8 月该车间制造费用总额为 600 000 元；三种产品本月机器工时为 150 000 小时，其中甲产品 50 000 小时、乙产品 68 000 小时、丙产品 32 000 小时。

要求：采用机器工时分配法分配制造费用，编制会计分录。

4.某企业只有一个车间，全年制造费用计划为 450 000 元；全年各种产品的计划产量为：甲产品 10 000 件，乙产品 18 000 件；单件产品的工时定额：甲产品 3 小时，乙产品 2.5 小时。5 月份实际产量为：甲产品 1 200 件，乙产品 1 500 件；该月实际制造费用为 40 000 元；“制造费用”科目月初余额为贷方 1 000 元。

要求：计算制造费用年度计划分配率；计算该月分配转出的制造费用；编制分配制造费用的会计分录。

第五章 生产损失的核算 5

第一节 废品损失的核算

企业在生产经营过程中因管理不当或操作不规范等原因，难免会造成各种各样的生产损失。生产损失主要包括废品损失和停工损失等两部分。它们是企业资源的一种耗费，构成产品成本的组成部分，因此，要加强对生产损失的核算与控制，以减少损失，降低成本。

一、废品损失的归集

1.废品损失的含义

废品是指不符合规定的质量标准和技术要求，不能按原定用途使用，或者需要加工修复后才能使用的在产品、半成品、产成品及零部件等。凡因生产原因造成废品所带来的损失，无论废品是在生产中发现或是在入库后、销售后发现，均应列入废品损失。因保管不善、运输不当或其他原因等使合格品损坏变质所带来的损失，以及经质检部门检验鉴定不需进行返修可以直接降价出售的次品、等外品等不合格产品的降价损失都不应列入废品损失。此外，实行产品“三包”的企业，其废品所产生的修理费、运杂费等均应列入废品损失，但在这实际工作中，为了简化核算，往往通过“管理费用”“预提费用”“待摊费用”等进行核算，不直接计入废品损失。

2.废品损失的分类

废品按产生的原因可以分为料废品和工废品。料废品是指由于原材料不符合质量要求而造成的废品；工废品是指由于违反操作程序、图纸出错等加工过程出现错误而造成的废品。

废品按在生产过程中是否可避免的情况可以分为正常废品和非正常废品。正常废品是指在有效的生产经营条件下所产生的废品，它是不可避免、不可控制的；非正常废品是指在有效的生产经营条件下不应该产生而实际发生的废品，它是可以避免、可以控制但没有避免、没有控制的。

废品按废损情况不同可以分为可修复废品和不可修复废品。可修复废品是指在技术上可以修复且修复费用合算的废品；不可修复废品是指在技术上不可修复或修复费用不合算的废品。可修复废品损失是指在废品修复过程中发生的修复费用，包括修复时所耗用的直接材料、直接人工及应负担的制造费用等；不可修复废品损失是指不可修复废品实际已耗费的成本减去废料回收价值后的差额部分。此外，不论废品的废损情况如何，凡因责任人过失造成的，应由责任人赔偿，责任人赔偿的赔款应冲减废品损失。废品损失的计算只包括发生废品所造成的直接损失，不包括因废品原因带来的间接损失等。

3.废品损失的账户设置

为了准确反映各生产车间废品损失的情况，一般应设置“废品损失”账户，并同时在“生产成本——基本生产成本”的明细账中设置“废品损失”明细账户。“废品损失”一级账户应按车间按产品设立明细账，账内按成本项目设专栏进行核算。“废品损失”账户借方归集不可修复废品的生产成本和可修复废品的修复费用；贷方归集废品残料回收价值和应收的赔款。“废品损失”账户的借方额与贷方额的差额构成的废品净损失，应从“废品损失”贷方转入“生产成本——基本生产成本”及其明细账的借方。“废品损失”账户月末无余额。

废品损失的核算也可不设“废品损失”账户，而将废品损失直接在“生产成本——基本生产成本”下的“废品损失”项目中进行核算。对不可修复废品，应将其成本从“生产成本——基本生产成本”的各成本项目分别转入“生产成本——基本生产成本”的废品损失成本项目；对残料价值和收回赔款，应从废品损失成本项目中扣除，计入“生产成本——基本生产成本”的贷方；对可修复废品，其修理费用，应直接计入“生产成本——基本生产成本”的废品损失成本项目中。辅助生产车间一般不单独核算废品损失。

二、废品损失的核算

废品损失的核算是指对发生废品损失进行归集，结转和分配的核算，主要包括可修复废品损失和不可修复废品损失的核算。

（一）可修复废品损失的核算

可修复废品是指在技术上可以修复且修复费用合算的废品。可修复废品损失是废品在修复过程中所发生的修复费用，包括修复废品所耗用的原材料、燃料及动力、人工费以及应承担的制造费用等。对可修复废品在返修中发生的各种修复费用，应根据各有关费用分配表，分别归集于所设置的“废品损失”及其明细账的各成本项目中。

【例 5－1】某企业 2015 年 6 月某生产车间甲产品在验收时发现 2 件可修复废品，为工人李某违反操作所致，按规定应赔偿 10 元。废品拿去修复，在修复过程中发生费用如下：原材料 13 元，人工 2.28 元。

(1)设置"废品损失"总账户，并同时在"生产成本——基本生产成本"的明细账中设置"废品损失"三级账户时，应进行如下处理：

首先：应归集废品损失，即归集在修复过程中发生的费用

借：废品损失—甲产品　　15.28

　　贷：原材料—残值　　13

　　　　应付职工薪酬　　2.28

其次：扣除责任人过失，进行赔偿

借：其他应收款—李某　　10

　　贷：废品损失—甲产品　　10

最后：期末结转甲产品废品损失

借：生产成本—基本生产成本—甲产品—废品损失　　5.28

　　贷：废品损失—甲产品　　5.28

(2)不设"废品损失"总账户，而将废品损失直接在"生产成本—基本生产成本"的"废品损失"项目中进行核算。

首先：应归集废品损失，即归集在修复过程中发生的费用

借：生产成本—基本生产成本—甲产品(废品损失)　　15.28

　　贷：原材料—残值　　13

　　　　应付职工薪酬—应付工资　　2.28

其次：扣除责任人过失，进行赔偿

借：其他应收款—李某　　10

　　贷：生产成本—基本生产成本—甲产品(废品损失)　　10

(二)不可修复废品损失的核算

不可修复废品是指在技术上不可修复或修复费用不合算的废品。不可修复废品损失是不可修复废品的成本扣除回收残值和赔偿款后的净损失。不可修复废品的成本在废品发现时已经发生，它存在于合格品的成本中，因此，要确定不可修复废品损失的关键是要运用一定的方法将不可修复废品的成本从合格品总成本中分离出来。

不可修复废品成本的确定方法有：

(1)按实际成本计算，即将实际发生的费用，按不同的标准在合格品和废品之间进行分配。

如果是在产品完工或接近完工时发现的废品，合格品和废品成本的分配可按产品产量进行分配；如果是在生产过程中发现的废品，并且原材料是在生产开始时一次性投入的，则废品成本的材料成本可按产品产量进行分配，而人工费用等其他费用可按生产工时的加工进度

进行分配;如果是在生产过程中发现的废品,并且原材料是陆续投入的,则废品成本的材料成本可按产品的投料程度进行分配,而人工费用等其他费用可按生产工时的加工进度进行分配。如果产品成本中,原材料费用所占比重很大,也可以采取废品损失只负担直接材料成本的方法,人工费用等其他费用全部由合格品负担。

【例 5—2】共青城鸭鸭集团股份有限公司 2015 年 6 月某生产车间本月生产甲产品 300 件,在生产过程中发现不可修复废品 20 件。全部产品已完成实际工时 1 500 小时,其中废品生产工时为 100 小时。甲产品“基本生产”明细账所归集的生产费用为:直接材料 10 500 元,直接人工 12 000 元,制造费用 9 750 元。废品残料回收价值 180 元,责任人王某按规定应赔偿材料 100 元。甲产品材料系生产开始时一次性投入。

计算废品成本(即从总成本中将废品成本分离出来)

直接材料的分配率=10 500÷(280+20)=35

废品应负担的材料费用=20×35=700

直接人工的分配率=12 000÷(1 400+100)=8

废品应负担的人工费用=100×8=800

制造费用的分配率=9 750÷(1 400+100)=6.5

废品应负担的制造费用=100×6.5=650

将以上计算结果编制“废品损失计算表”,如表 5—1 所示:

表 5—1　废品损失计算表　　单位:元

项目	产量	直接材料	生产工时	直接人工	制造费用	合计
实际生产费用	300	10 500	1 500	12 000	9 750	32 250
分配率		35		8	6.5	
废品成本	20	700	100	800	650	2 150
减:废品残值		180				—180
减:赔偿款		100				—100
废品净损失		420		800	650	1 870

根据表 5—1 作相应的账务处理:

①结转不可修复废品成本(即从总成本中将废品成本分离出来)

借:废品损失—甲产品　　2 150

　　贷:生产成本—基本生产成本—甲产品—直接材料　　700

　　　　　　　　　　　　　　　　　　—直接人工　　800

　　　　　　　　　　　　　　　　　　—制造费用　　650

②回收残料

借:原材料—残值　　180

贷：废品损失—甲产品　　180

③扣除赔偿

借：其他应收款—王某　　100

贷：废品损失—甲产品　　100

④结转甲产品废品净损失

借：生产成本—基本生产成本—甲产品—废品损失　　1 870

贷：废品损失—甲产品　　1 870

(2)按定额成本计算，即根据单位产品的定额成本和发生废品的数量及废品的投料程度和加工进度进行计算。

【例 5—3】某企业甲产品定额成本为 100 元，其中直接材料 60 元，直接人工 15 元，制造费用 25 元。本月发现不可修复甲产品 6 件，原材料系生产开始时一次性投入，完工程度平均为 50%，废品残值 50 元。

根据以上资料计算并编制“废品损失计算表”，如表 5—2 所示：

表 5—2　废品损失计算表

单位:元

项目	直接材料	直接人工	制造费用	合计
单位定额成本	60	15	25	100
不可修复废品数量	6	3	3	
不可修复废品已耗成本	360	45	75	480
减:废品残值	50			50
减:赔偿款				
废品净损失	310	45	75	430

根据表 5—2 作相应的账务处理：

①结转不可修复废品成本

借：废品损失—甲产品　　480

贷：生产成本—基本生产成本—甲产品—直接材料　　360

—直接人工　　45

—制造费用　　75

②回收残料

借：原材料—残值　　50

贷：废品损失—甲产品　　50

③结转甲产品废品净损失

借：生产成本—基本生产成本—甲产品—废品损失　　430

贷：废品损失—甲产品　　430

第二节 停工损失的核算

一、停工损失的归集

1.停工损失的含义

停工损失是指企业生产单位在停工期间发生的各项费用，包括停工期间发生的材料费用、人工费用及应负担的制造费用等。为了简化核算，现行规定：停工不满一个工作日的，不计算停工损失，计入制造费用；季节性生产的企业在停工期间发生的费用计入制造费用，采用待摊、预提的方法在各期分担；辅助生产车间发生的停工损失，计入辅助生产费用，不计算停工损失；因计划减产造成全厂连续停工十天以上或生产车间连续停工一个月以上以及因自然灾害造成的停工不计算停工损失，计入营业外支出。

企业发生停工的原因很多。按照停工原因可以将停工分为生产任务下达不及时停工、季节性生产停工、机器设备大修理停工、原材料和半成品供应不及时停工、自然灾害停工以及意外事故停工等。按照造成停工的责任可以将停工分为内部责任停工和外部责任停工。内部责任单位主要有企业工艺设计部门、质量检查部门、原材料供应部门以及各相关的责任人，如部门负责人、技术人员和操作人员等。外部责任单位主要有原材料的供应商、供电、供水等部门。

2.停工损失的账户设置

对于单独核算停工损失的企业，应设置“停工损失”总分类账户，用来核算基本生产车间停工期间发生的各项费用，并在“生产成本——基本生产成本”的明细账中设置“停工损失”三级账户。对于不单独核算停工损失的企业，则直接在“生产成本——基本生产成本”的“停工损失”项目中进行核算。“停工损失”账户的借方登记生产单位在停工期间发生的各项停工损失，贷方登记企业应索赔的停工损失和分配转出的停工损失；分配结转停工损失以后，该账户没有余额。“停工损失”账户应按照生产单位设置明细账，并按费用项目专栏组织明细核算。

二、停工损失的核算

生产车间因各种原因发生停工时，应填列停工报告单，会计部门应对停工报告单中所列的内容进行审核，只有经过审核的停工报告单，才能作为停工损失核算的依据。在停工期间发生、应计入停工损失的各项费用，应根据停工报告单等原始凭证编制各种费用分配表，然后再根据各种费用分配表将计入停工损失的各种费用归集于“停工损失”账户及其明细账相应的成本项目中。企业归集在“停工损失”账户中的停工损失，应根据发生停工的原因进行分配和结转。由责任人过失赔偿的，应积极索赔，并冲减停工损失；由自然灾害等引起非正常停工损失，应计入营业外支出。其余的停工损失，都应采用一定的方法分配计入产品成本等，通过分配结转后，“停工损失”账户无余额。

【例 5—4】某企业 2015 年 6 月份第一车间生产 A 产品，本月由于机器维修停工 5 天，停工期间应支付生产工人工资 5 000 元，应提取福利费 700 元，应分担的制造费用 1 000 元，停工损失全部计入 A 产品成本。第二车间生产 B 产品，由于外部供电原因停工 3 天，停工期间损失材料 6 000 元，支付生产工人工资 4 000 元，应提取福利费 560 元，应分担的制造费用 600 元，第二车间非正常停工损失共计 11 160 元，市供电局同意赔偿 6 000 元，其余 5 160 元列作营业外支出。

①归集第一车间停工损失

借：停工损失——车间—A 产品　　6 700

　　贷：生产成本—基本生产成本—A 产品—直接人工　　5 700

　　　　　　　　　　　　　　　　　　—制造费用　　1 000

②分配结转第一车间停工损失

借：生产成本—基本生产成本—A 产品—停工损失　　6 700

　　贷：停工损失——车间—A 产品　　6 700

③归集第二车间停工损失

借：停工损失—二车间—B 产品　　11 160

　　贷：生产成本—基本生产成本—B 产品—直接材料　　6 000

　　　　　　　　　　　　　　　　　　—直接人工　　4 560

　　　　　　　　　　　　　　　　　　—制造费用　　600

④分配结转第二车间停工损失（扣减责任人过失赔偿及营业外支出）

借：其他应收款—市供电局　　6 000

　　营业外支出—非常损失　　5 160

　　贷：停工损失—二车间—B 产品　　11 160

练习题

一、单项选择题

1.由于原材料的原因造成的废品，称为(　　)。

A.可修复废品　　B.工废品

C.不可修复废品　　D.料废品

2.经鉴定不需要返修可以降价出售的产品其售价与生产成本的差额，体现为(　　)。

A.废品损失　　B.销售损失

C.修复费用　　D.营业外支出

3.在废品损失中，应由过失人赔偿的款项，应记入(　　)。

A.“废品损失”明细账户的借方　　B.“废品损失”明细账户的贷方

C.“营业外支出”账户的贷方　　D.“其他应收款”账户的贷方

4.废品净损失应由(　　)。

A.合格品成本负担　　B.营业成本负担

C.营业外支出负担　　D.管理费用负担

5.下列各项中，不列作停工损失的有(　　)。

A.停工期内支付的生产工人工资　　B.停工期内耗用的燃料费用

C.停工期内支付的照明用电　　D.季节性生产停工期内的费用

二、多项选择题

1.废品损失包括的内容有(　　)。

A.不可修复废品的净损失　　B.销售退回废品的生产成本

C.废品的修复费用　　D.保管不善产生废品的损失

E.销售退回废品的净损失

2.可修复废品净损失包括(　　)。

A.可修复废品的生产成本　　B.废品回收的价值

C.应由造成废品的过失人负担的赔偿　　D.销售退回废品的运输费用

E.修复过程中发生的材料费用

3.停工损失包括的内容有(　　)。

A.季节性生产企业停工期间的费用　B.停工期内支付的生产工人工资

C.停工期内耗用的燃料和动力费用　D.停工期内应负担的制造费用

E.停工期内的火灾损失

4.“废品损失”科目核算的废品范围包括(　　)。

A.生产过程中发现的废品　B.入库后发现的生产过程造成的废品

C.废品的修复费用　D.废品回收的价值

E.不需要返修就可以出售的次品

5.废品损失明细账户借方对应的贷方科目主要有(　　)。

A.生产成本　B.原材料

C.其他应收款　D.银行存款　E.管理费用

三、业务题

1.可修复废品修复费用和不可修复废品损失的核算。

资料:某企业 6 月份在生产过程中发现废品损失。有关业务如下:

(1)该企业基本生产车间本月生产甲产品 3 000 台,其中合格品 2 850 台。不可修复废品 100 台,可修复废品 50 台。

(2)该企业生产甲产品共发生工时 45 000 小时,其中不可修复废品工时为 1 500 小时。

(3)本月生产甲产品发生原材料费用 12 000 元,工资及福利费 8 400 元,制造费用 5600 元。

(4)本月对可修复废品进行修理,发生材料费用 680 元,工资及福利费 420 元,制造费用 400 元。

(5)本月生产甲产品所需要的原材料,系开始投产时一次投入。

(6)不可修复废品 100 台的残值,估价为 300 元已作为废料验收入库。

要求:

(1)计算 100 台不可修复废品的废品成本。

(2)计算 50 台可修废品的修复费用。

(3)计算本月发生的废品损失(保留两位小数)。

2.某企业基本生产车间生产 A 产品,原材料于生产开始时一次投入。2010 年 12 月份,该生产车间完工产品 1 100 件,生产过程中发现不可修复废品 20 件,合格品与废品的全部生产工时为 7 800 小时,其中废品工时为 120 小时。甲产品生产成本明细账列示本月全部生产费用为 92 800 元,其中直接材料 61 600 元,直接人工 17 550 元,制造费用 13 650 元。废品残料回收价值为 15 元/件。

要求:直接材料费用按合格品和废品数量比例分配,其他费用按生产工时比例分配,计算废品损失，编制会计分录。

3.某企业基本生产车间生产 B 产品，原材料于开始生产时一次投入。2010 年 12 月份，该生产车间完工产品 850 件，验收入库时发现不可修复废品 10 件。B 产品单位定额成本为直接材料 81 元/件，直接人工 22 元/件，制造费用 15 元/件。废品残料回收价值为 9 元/件。

要求:计算废品损失，编制会计分录。

4.某企业基本生产车间生产 C 产品，2010 年 12 月份投产 1 400 件，当月全部完工。验收入库时发现有 100 件不符合质量要求，其中 30 件不需要修复即可降价 20%出售;45 件修复后可达到产品质量要求，修复过程中领用原材料 450 元，修复人员工资 300 元，提取福利费 42 元，负担制造费用 158 元;另有 25 件不可修复予以报废，回收残料价值 5 元/件。该车间当月生产 C 产品的全部生产费用为 91 000 元，其中直接材料 53 200 元，直接人工 23 800 元，制造费用 14 000 元。

要求:(1)计算废品损失

(2)计算合格品单位成本

(3)编制相关会计分录

第六章 6

生产费用在完工产品和在产品之间的分配

第一节 在产品和产成品核算的意义

一、在产品和产成品

1.在产品和产成品的概念、范围

在产品有广义和狭义之分。广义的在产品是就整个企业来说的，是指没有完成全部生产过程、不能作为商品销售的产品。包括正在车间加工中的在产品、需要继续加工的半成品、等待验收入库的产品、正在返修和等待返修的废品等。对外销售的自制半成品属于商品产品，虽已验收入库但不包括在在产品之内，不可修复废品也不包括在在产品之内。广义在产品中的自制半成品已经验收入库，应由仓库进行管理。狭义的在产品是就某一车间或某一生产步骤来说的，只包括本车间或本生产步骤正在加工中的那部分在产品，已完工的半成品不包括在内。狭义在产品因停留在生产车间，主要由生产车间进行实物管理。

产成品是指已经完成全部生产过程、符合质量要求并已验收入库，可以作为商品对外销售的完工产品。企业在生产过程中产生的不可修复废品，既不属于在产品，也不包括在完工产品之内。

2.在产品与产成品成本核算的意义

企业在生产过程中发生的生产费用（如果有月初在产品，还包括月初在产品费用），经过在各种产品之间进行分配和归集，应计入本月各种产品成本的生产费用，都已集中反映在“基本生产成本”账户和所属各种产品成本明细账中。而月末，企业本月生产的产品有三种情况：一是产品已全部完工，二是当月全部产品都没有完工，三是既有完工产品又有在产品。前两种情况下，归集的生产费用总和无须进行分配，但在第三种情况下，需要采用合理的方法分别计算出在产品与产成品的成本，这对于企业进行成本计划、核算、控制、监督和分析，加强内部成本管理等都有重大意义。具体表现在以下几个方面：

(1)提高产品成本计算的准确性。成本是确定企业盈亏的尺度，该尺度的准确与否对企业盈亏的衡量至关重要；计算在产品与产成品的成本，根本目的在于计算产品成本，能够使产品成本计算更准确，从而合理地反映企业当期经营成果。

(2)保证存货计价的合理性。期末在产品和产成品之间的成本分摊，直接影响期末在产品成本和期末存货的计价，进而影响销售成本计算的准确性，造成企业本期和以后各期盈亏损益计算失真。

(3)充分实现成本的补偿性。成本是制定价格的重要依据，正确计算在产品和产成品成本，合理分配其各自应该承担的生产费用，能使企业合理制定价格，在产品售出后及时获得成本补偿。

(4)是企业考核评价的需要。随着成本会计管理作用的加强，准确计算各种产品的成本也显得尤为重要，特别是对于业绩考核与成本控制相联系的企业，正确计算在产品和产成品成本，能使考核标准更合理，从而正确评价管理者的工作。

(5)是企业管理决策的需要。无论是企业短期决策还是长期决策，都需要各种成本数据来研究比较不同成本、利润方案，而成本数据则离不开在产品和产成品成本的计算，即产品成本在二者之间的恰当分配。

二、在产品数量的核算

正确划分完工产品和在产品成本是保证产品制造成本计算准确与否的关键，完工产品成本和在产品成本之间存在着此消彼长的关系，若在产品实物数量计算不正确，就会多计或少计在产品成本，从而影响完工产品成本计算的正确性。所以加强在产品数量的核算和实物管理是日常成本管理的一项重要内容，也是成本核算的一项基本工作。

1.在产品收发结存的日常核算

在产品数量的核算，应同时具备账面核算资料和实际盘点资料。应该根据在产品实际盘存数量计算在产品成本。但由于在产品品种多、数量大，每月都要组织实地盘点确有困难，可根据在产品业务核算资料的期末结存量来计算在产品成本。车间在产品收发结存的日常核算，通常是通过“在产品收发结存账”进行的，该账分车间并按照产品品种和在产品的名称设置，提供车间各种在产品收发结存动态的业务核算资料。它是根据领料凭证、在产品内部转移凭证、产品检验凭证和产品交库凭证，及时登记在产品收发结存账，最后由车间核算人员审核汇总。

2.在产品清查的核算

为了核实在产品的数量，保护在产品的安全完整，企业必须认真做好在产品的清查工作。清查可以定期进行，也可以不定期进行。清查时，应根据盘点结果和账面资料编制在产品盘存表，填制在产品的账面数、实存数和盘盈盘亏数、以及盈亏的原因和处理意见等；对于报废和毁损的在产品，还应登记其残值。成本核算人员应对在产品的清查结果进行审核，并进行如下账务处理：

清查中发现在产品盘盈时：

借：生产成本—基本生产成本

　　贷：待处理财产损溢—待处理流动资产损溢

经过批准进行处理时：

借：待处理财产损溢—待处理流动资产损溢

　　贷：制造费用

清查中发现在产品盘亏和毁损时：

借：待处理财产损溢—待处理流动资产损溢

　　贷：生产成本—基本生产成本

　　贷：应交税费—应交增值税(进项税额转出)

经批准后分别原因进行处理：

借：原材料(残料入库)

　　其他应收款(过失人或保险公司赔偿)

　　营业外支出(自然灾害等非常损失)

　　制造费用(定额内损耗)

　　贷：待处理财产损溢—待处理流动资产损溢

第二节 生产费用在完工产品和在产品之间的分配

生产费用在完工产品和在产品之间的分配，是成本计算中的一个重要而又复杂的问题。产品成本金额四要素的关系式为：

月初在产品成本＋本月生产费用发生额＝月末在产品成本＋本月完工产品成本

企业应当根据产品的生产特点，如在产品数量的多少、各月末在产品数量变化的大小、各项费用在成本中所占的比重及定额管理基础的好坏等具体条件，选择既合理又简便的分配方法。通常有两大类方法：一是先确定在产品成本，然后倒挤出完工产品成本；二是将生产费用之和采用适当的比例分配法在完工产品和在产品之间进行分配。具体而言，常用的方法有：(1)不计算在产品成本法；(2)在产品按年初数固定计算成本法；(3)按所耗原材料费用计算在产品成本法；(4)约当产量法；(5)定额比例法；(6)在产品按定额成本计算法等方法计算在产品成本和完工产品成本。

一、不计算在产品成本法

采用这种方法，即假设在产品的成本为零，因而，全部生产费用由完工产品承担。这种方法适用于各月末在产品数量很小，不计算在产品的成本对完工产品成本影响很小，管理上不要求计算在产品成本的企业，如采掘企业、自来水厂等行业。该方法用计算公式表示为：

月末在产品成本＝月初在产品成本＝0

本月完工产品成本＝月初在产品成本＋本月生产费用发生额－月末在产品成本＝本月生产费用发生额

【例 6－1】某工厂大量生产甲产品，甲产品月末在产品数量很少，故采用不计算在产品成本法。本月甲产品的成本计算单登记的生产费用总额为 700 000 元，其中直接材料为 310 000 元，直接人工为 280 000 元，制造费用为 110 000 元。甲产品本月完工 5 000 件。某工厂产品成本计算单如表 6－1 所示。

要求：根据本月发生的生产费用资料，计算甲产品本月完工产品实际总成本和单位成本。

表 6－1　某工厂产品成本计算单

产品名称:甲产品　　　　20××年×月　　　　产量:5 000 件　单位:元

摘要	直接材料	直接人工	制造费用	合计
本月生产费用	310 000	280 000	110 000	700 000
本月完工产品总成本	310 000	280 000	110 000	700 000
本月完工产品单位成本	62	56	22	140

二、在产品成本按年初数固定计算成本法

采用这种方法，即假设月末在产品成本在一个会计年度内的各月是相等的，因而，每月末可以用年初数固定的数额作为在产品成本，各月发生的生产费用全部分配给完工产品。这种方法适用于各月月末在产品结存数量较少，或者虽然在产品结存数量较多，但各月月末在产品数量稳定、起伏不大的产品。采用在产品按年初数固定计算的方法，对于每年年末在产品，则需要根据实际盘存资料计来算在产品成本，以免在产品以固定不变的成本计价延续时间太长，使在产品成本与实际成本出入过大而影响产品成本计算的正确性和导致企业存货资产反映失实等。该方法用计算公式表示为:

月末在产品成本＝月初在产品成本＝年初固定数

本月完工产品成本＝月初在产品成本＋本月生产费用发生额－月末在产品成本＝本月生产费用发生额

【例 6－2】某工厂生产乙产品，乙产品各月末在产品数量相差不多，故采用按年初数固定计算在产品成本法。上年末在产品成本为直接材料为 350 元，燃料及动力为 230 元，直接人工为 500 元，制造费用为 160 元。本月发生的生产费用如表 6－2 所示。

要求:根据本月发生的生产费用资料，计算乙产品本月完工产品实际总成本和月末在产品成本。

表 6－2　某工厂产品成本计算单

产品名称:乙产品　　　　20××年×月　　　　单位:元

摘要	直接材料	燃料及动力	直接人工	制造费用	合计
月初在产品成本	350	230	500	160	1 240
本月生产费用	2 600	3 500	6 000	2 000	14 100
生产费用合计	2 950	3 730	6 500	2 160	15 340
本月完工产品成本	2 600	3 500	6 000	2 000	14 100
月末在产品成本	350	230	500	160	1 240

三、在产品成本按所耗原材料计算

采用这种方法，即假设在产品的成本结构中，原材料费用在产品成本中所占比重较大，

人工和其他费用比例小，可忽略，因而，在计算在产品成本时，可以将加工费全部分配给完工产品，而在产品仅承担原材料费用。将原材料费用在完工产品和在产品之间进行分配时采用的分配标准有完工产品和在产品的产量，体积等。这种方法适用于各月在产品数量多，各月在产品数量变化较大，且原材料费用在产品成本中所占比重较大的产品。该方法用计算公式表示为：

月末在产品成本＝月末在产品材料成本

本月完工产品成本＝月初在产品材料成本＋本月生产费用发生额－月末在产品材料成本

【例 6－3】某工厂生产丙产品，该产品原材料费用在产品成本中所占比重较大，故采用按所耗原材料计算在产品成本法。丙产品本月月初在产品原材料费用为 1 800 元，本月发生的生产费用：原材料 8 100 元，燃料及动力 240 元，直接人工 900 元，制造费用 160 元。完工产品 740 件，月末在产品 250 件，原材料是在生产开始时一次投入的，原材料费用按完工产品和月末在产品数量的比例分配。

要求：根据本月发生的生产费用资料，计算丙产品本月完工产品实际总成本和月末在产品成本。

原材料分配计算如下：

原材料费用分配率＝(1 800＋8 100)÷(740＋250)＝10

完工产品应分担的原材料费用＝740×10＝7 400(元)

月末在产品应分担的原材料费用＝250×10＝2 500(元)

产品成本明细账如表 6－3 所示。

表 6－3　某工厂产品成本计算单

产品名称：丙产品　　20××年×月　　单位：元

摘要	直接材料	燃料及动力	直接人工	制造费用	合计
月初在产品成本	1 800				1 800
本月生产费用	8 100	240	900	160	9 400
生产费用合计	9 900	240	900	160	11 200
本月完工产品成本	7 400	240	900	160	8 700
月末在产品成本	2 500				2 500

四、约当产量比例分配法

将在产品的产量按其完工程度折合为相当于完工产品的产量，即为约当产量。采用这种方法，首先将在产品的产量按其完工程度折合为相当于完工产品的产量，然后按照在产品的约当产量和完工产品产量的比例关系对生产费用进行分配。由于生产产品时，企业采用的投料方式不同，因而，原材料费用和加工费用在折合约当产量时运用的完工程度系数不同。该方法适用范围较广，特别适用于月末在产品数量较大，各月末在产品数量变化也较大，产品成本中原材料费用和工资及福利费等加工费用所占的比重相差不多的产品。有关计算公式如下：

月末在产品约当产量＝月末在产品结存产量×在产品完工百分比(在产品完工程度)

$$费用分配率=\frac{(月初在产品成本+本月生产费用)}{(完工产品产量+月末在产品约当产量)}$$

本月完工产品总成本＝完工产品产量×费用分配率

月末在产品成本＝月末在产品约当产量×费用分配率

在约当产量法下，应分别按产品成本项目计算月末在产品的约当产量，根据不同的约当产量分配不同成本项目的费用。因此，需要测定在产品投料方面的完工程度(投料程度)和工时方面的完工程度。

1.工时完工程度的测定

不同工时完工程度的在产品应该承担的加工费用(直接人工及制造费用等)是不同的，因此，不能直接按照完工产品和在产品的数量比例来进行分配，而是要按其完工工时所折合的约当产量比例计算分配。

在产品的工时完工程度，应根据不同行业、不同产品的工艺过程和生产组织的特点而采用相应的方法测定。以机械制造业为例，在产品工时完工程度是按产品分工序的定额工时在各车间、各工序的分布状况及数量来计算的。常用的测定方法有两种：一种是平均计算完工率，即一律按 50％作为各工序在产品的完工程度；另一种是各工序分别测算完工率。可以按照各工序的累计工时定额占完工产品工时定额的比率计算确定各工序在产品的完工率。计算公式如下：

$$某工序在产品完工率=\frac{(前面各工序工时定额之和+本工序工时定额\times 50\%)}{产品工时定额}$$

式中，本工序工时定额之所以乘以 50％，是因为该工序中各件在产品的完工程度不同，为简化完工率的测算工作，在本工序一律按平均完工率 50％计算。在产品在上一道工序转入下一道工序时，因为上一道工序已完工，所以前面各工序的工时定额应按 100％计算。

在产品约当产量＝∑某工序在产品数量×本道工序工时完工程度

【例 6－4】某工厂生产丁产品，其单件工时定额为 60 小时，经三道工序制成。各道工序的工时定额依次为 18 小时、30 小时、12 小时，各道工序的在产品数量依次为 20 件、40 件、10 件。本月完工丁产品 200 件，月初在产品和本月发生的加工费用等共计 23 400 元。

要求：将产品加工费用在完工产品和在产品之间进行分配。

(1)求月末各道工序上的在产品工时完工程度

第一道工序上的在产品工时完工程度＝(18×50％)÷60＝15％

第二道工序上的在产品工时完工程度＝(18＋30×50％)÷60＝55％

第三道工序上的在产品工时完工程度＝(18＋30＋12×50％)÷60＝90％

(2)求月末在产品的约当产量

第一道工序上的在产品约当产量＝20×15%＝3(件)

第二道工序上的在产品约当产量＝40×55%＝22(件)

第三道工序上的在产品约当产量＝10×90%＝9(件)

在产品的约当产量合计＝3＋22＋9＝34(件)

(3)求完工产品和在产品各自应承担的加工费用

加工费用分配率＝23 400÷(200＋34)＝100(元)

完工产品应负担的加工费用＝200×100＝20 000(元)

在产品应负担的加工费用＝34×100＝3 400(元)

2.投料程度的测定

投料程度不同的在产品应承担的直接材料费用不同，因此，不能直接按照完工产品和在产品的数量比例来分配直接材料费用，而是按其投料程度所折合的约当产量比例计算分配。

关于在产品中直接材料投料完工程度的测定方法，应根据各种产品投入原料的方式特点而定。可将投料方式归为以下三种方式，每种方式下的投料完工程度确定方法分别为：

①一次投料，即企业生产产品所耗用的原材料在生产开始时一次性投入的，这时，完工产品和月末在产品都视同投料完工程度为100%。

②分工序一次投料，即在各道工序开始时将各工序的用料全部投入，这时，在产品投料程度应按各工序累计投入材料的定额成本同单位产成品材料定额总成本的比例来测算。其计算公式为：

$$\text{某工序上的在产品投料完工程度}=\frac{\text{到本工序为止的累计投入材料定额成本}}{\text{单位完工产品材料定额总成本}}$$

$$\text{在产品约当产量}=\sum\text{某工序在产品数量}\times\text{本道工序投料完工程度}$$

③分工序陆续投入，即原材料费用随生产进度陆续、均衡地投入，这时，在产品投料完工程度与工时完工程度同步(可按定额工时比例分配)，其计算公式为：

某工序上的在产品投料完工程度

$$=\frac{(\text{前面各工序的累计投入原材料消耗定额}+\text{本工序投入原材料消耗定额}\times 50\%)}{\text{单位完工产品原材料定额总成本}}$$

$$\text{在产品约当产量}=\sum\text{某工序在产品数量}\times\text{本道工序投料完工程度}$$

【例6—5】某工厂生产戊产品，其原材料为分工序一次投入(在每道工序开始时将本工序的用料一次性投入)，投料定额为200千克，分三道工序投入，各道工序的原材料定额依次为80千克、70千克、50千克，各道工序的在产品数量依次为130件、100件、140件。本月完工戊产品740件，月初在产品和本月发生的直接材料费用共计110 770元。

要求:将直接材料费用在完工产品和在产品之间进行分配。

(1)求月末各道工序上的在产品投料完工程度

第一道工序上的在产品投料完工程度＝80÷200＝40％

第二道工序上的在产品投料完工程度＝(80＋70)÷200＝75％

第三道工序上的在产品投料完工程度＝(80＋70＋50)÷200＝100％

(2)求月末在产品的约当产量

第一道工序上的在产品约当产量＝130×40％＝52(件)

第二道工序上的在产品约当产量＝100×75％＝75(件)

第三道工序上的在产品约当产量＝140×100％＝140(件)

在产品的约当产量合计＝52＋75＋140＝267(件)

(3)求完工产品和在产品各自应承担的直接材料费用

直接材料费用分配率＝110 770÷(740＋267)＝110(元)

完工产品应负担的直接材料费用＝740×110＝81 400(元)

在产品应负担的直接材料费用＝267×110＝29 370(元)

【例 6－6】上例中，若原材料改为分工序陆续、均衡地投入，其他条件不变。

要求:将直接材料费用在完工产品和在产品之间进行分配。

(1)求月末各道工序上的在产品投料完工程度

第一道工序上的在产品投料完工程度＝80×50％÷200＝20％

第二道工序上的在产品投料完工程度＝(80＋70×50％)÷200＝57.5％

第三道工序上的在产品投料完工程度＝(80＋70＋50×50％)÷200＝87.5％

(2)求月末在产品的约当产量

第一道工序上的在产品约当产量＝130×20％＝26(件)

第二道工序上的在产品约当产量＝100×57.5％＝57.5(件)

第三道工序上的在产品约当产量＝140×87.5％＝122.5(件)

在产品的约当产量合计＝26＋57.5＋122.5＝206(件)

(3)求完工产品和在产品各自应承担的直接材料费用

直接材料费用分配率＝110 770÷(740＋206)＝117.093(元)

完工产品应负担的直接材料费用＝740×117.093＝86 648.82(元)

在产品应负担的直接材料费用＝206×117.093＝24 121.18(元)

或:在产品应负担的直接材料费用(倒挤)＝110 700－86 648.82＝24 121.18(元)

五、定额比例分配法

采用这种方法，首先用本月投入产品的实际费用或实际消耗量与完工产品和在产品的定额费用或定额消耗量计算分配率，然后用分配率将完工产品和在产品的定额费用或定额消耗量调整成实际成本或实际消耗量。这种方法的关键是计算完工产品和在产品的分配率。其中:原材料费用按原材料费用定额消耗量或原材料定额费用比例分配;工资和福利费、制造费用等各项加工费用，按定额工时或定额费用比例分配。这种方法适用于各项消耗定额或费用定额比较准确、稳定，但各月末在产品数量变化较大的产品；分配结果较准确，同时便于将实际费用与定额费用进行比较，考核和分析定额的执行情况。其分配计算公式如下：

$$费用分配率=\frac{(月初在产品实际费用+本月实际生产费用)}{(完工产品定额原材料费用或定额工时+月末在产品定额原材料费用或定额工时)}$$

$$或费用分配率=\frac{(月初在产品实际费用+本月实际生产费用)}{(月初在产品定额原材料费用或定额工时+本月投入原材料定额费用或定额工时)}$$

注：以定额原材料费用为分母算出的分配率，是原材料费用的分配率；以定额工时为分母算出的分配率，是工资及福利费等各项加工费用的分配率。

完工产品实际原材料费用＝完工产品定额原材料费用×原材料费用分配率

月末在产品实际原材料费用＝月末在产品定额原材料费用×原材料费用分配率＝月初在产品实际原材料费用＋本月实际原材料费用－完工产品实际原材料费用

完工产品某项加工费用＝完工产品定额工时×该项费用分配率

月末在产品某项加工费用＝月末在产品定额工时×该项费用分配率

【例 6—7】某工厂生产 A 产品，月初在产品费用和本月生产费用如表 6—4 所示。完工产品原材料定额费用为 16 000 元，定额工时为 6 400 小时；月末在产品原材料定额费用为 4 000 元，定额工时为 800 小时。完工产品和在产品之间，原材料费用按原材料定额费用比例分配，其他费用按定额工时比例分配。各项费用分配计算结果如表 6—4 所示。

表 6—4　某工厂产品成本计算单

产品名称：A 产品　　20××年×月　　**单位：元**

摘要	直接材料	燃料及动力	直接人工	制造费用	合计
月初在产品成本	4 000	2 600	2 400	3 600	12 600
本月生产费用	22 000	10 360	15 600	18 000	65 960
摘要	直接材料	燃料及动力	直接人工	制造费用	合计
生产费用合计 a	26 000	12 960	18 000	21 600	78 560
完工产品定额 b	16 000	6 400	6 400	6 400	
月末在产品定额 c	4 000	800	800	800	
分配率 d=a/(b+c)	1.3	1.8	2.5	3	
本月完工产品成本 b·d	20 800	11 520	16 000	19 200	67 520
月末在产品成本 c·d	5 200	1 440	2 000	2 400	11 040

由此例可以看出，采用这种方法，必须取得完工产品和月末在产品的定额消耗量或定额费用资料。完工产品的定额资料可以根据完工产品数量和单位产品原材料、工时定额消耗计算求得。在产品的定额资料则需要根据月末在产品盘存表或账面所列结存数，乘以消耗定额计算求得。当企业在产品种类和生产工序繁多时，这项计算工作相当繁重。因此，可采用简化的计算方法，通过倒挤的方式来计算，公式如下：

月末在产品定额消耗量或定额费用＝月初在产品定额消耗量或定额费用＋本月投入的定额消耗量或定额费用－本月完工产品的定额消耗量或定额费用

【例 6—8】某工厂生产 B 产品，月初在产品、本月投入及本月完工产品的定额原材料费用和定额工时如表 6—5 所示。月初在产品实际费用和本月实际生产费用也分别如表 6—5 所示。

表 6—5　某工厂产品成本计算单

产品名称:B 产品　　20××年×月　　单位:元

摘要	直接材料	工资及福利费	制造费用	合计
月初在产品成本	440	200	520	1 160
本月生产费用	1 560	700	2 360	4 620
生产费用合计 a	2 000	900	2 880	5 780
月初在产品定额 b	150	400	400	
本月投入定额 c	850	1 400	1 400	
完工产品定额 d	740	1 000	1 000	
月末在产品定额 e=b+c−d	260	800	800	
分配率 f=a/(d+e)	2	0.5	1.6	
本月完工产品成本 d·f	1 480	500	1 600	3 580
月末在产品成本 e·f	520	400	1 280	2 200

六、在产品成本按定额成本计算法

采用这种方法，首先以在产品的定额单价计算在产品的定额成本，在产品定额成本的计算公式为：

在产品直接材料定额成本＝在产品数量×材料消耗定额×材料计划单价

在产品直接人工定额成本＝在产品数量×工时定额×计划小时工资率

在产品制造费用定额成本＝在产品数量×工时定额×计划小时费用率

完工产品实际成本可用倒挤的方法计算，计算公式为：

本月完工产品成本＝月初在产品的定额成本＋本月生产费用发生额－月末在产品定额成本。

这种方法适用于定额管理基础比较好，各项消耗定额或费用比较准确，各月在产品数量变动不大的企业。

【例 6—9】某工厂生产 C 产品，月初在产品费用和本月生产费用如表 6—6 所示。本月完工产品 2000 件，月末在产品 150 件，单件在产品定额原材料成本为 40 元，全部在产品定额工时为 600 小时，单位定额工时:直接人工费用为 3.2 元、制造费用为 2.6 元。求该产品的本月完工产品成本。

在产品原材料定额成本＝150×40＝6 000(元)

在产品工资及福利费定额成本＝600×3.2＝1 920(元)

在产品制造费用定额成本＝600×2.6＝1 560(元)

月末在产品定额成本＝6 000＋1 920＋1 560＝9 480(元)

本月完工产品成本＝3 200＋27 500－9 480＝21 220(元)

表 6－6　某工厂产品成本计算单

产品名称:C 产品　　20××年×月　　单位:元

摘要	直接材料	直接人工	制造费用	合计
月初在产品成本	1 800	800	600	3 200
本月生产费用	16 500	4 800	6 200	27 500
生产费用合计	18 300	5 600	6 800	30 700
月末在产品成本	6 000	1 920	1 560	9 480
本月完工产品成本	12 300	3 680	5 240	21 220
完工产品单位成本	6.15	1.84	2.62	10.61

七、在产品成本按完工产品成本计算法

这种方法与约当产量法基本相同，只是在产品的完工程度按 100%来计算。当在产品的完工程度接近完工产品时或在产品已经完工但未办理入库手续时，可以将在产品作为完工产品来计算，将生产费用按在产品和完工产品的数量比例进行分配。

月末在产品成本＝月末在产品数量×单位完工产品成本

本月完工产品成本＝月初在产品成本＋本月生产费用发生额－月末在产品成本

【例 6－10】某工厂生产 D 产品，月初在产品费用和本月生产费用如表 6－7 所示。本月完工产品 800 件，月末在产品 200 件，已接近完工。求该产品的本月完工产品成本。

表 6－7　某工厂产品成本计算单

产品名称:D 产品　　20××年×月　　单位:元

摘要	直接材料	直接人工	制造费用	合计
月初在产品成本	5 400	1 600	2 200	9 200
本月生产费用	20 200	4 000	4 200	28 400
生产费用合计	25 600	5 600	6 400	37 600
本月完工产品数量	800	800	800	800
月末在产品数量	200	200	200	200
生产量合计	1 000	1 000	1 000	1 000
费用分配率	25.6	5.6	6.4	37.6
月末在产品成本	5 120	1 120	1 280	7 520
本月完工产品成本	20 480	4 480	5 120	30 080

第三节 完工产品的成本结转

【例 6－11】共青城鸭鸭集团股份有限公司 2015 年 6 月份某生产车间生产甲、乙两种产品均无月初和月末在产品（当月投产当月全部完工），根据甲、乙两种成本明细账，汇总编制产成品成本汇总表，如表 6－8 所示。

表 6－8　产品成本汇总表

20××年×月　　　　单位：元

产品名称	直接材料	燃料及动力	直接人工	废品损失	制造费用	合计
甲产品	465 200	40 500	322 000	1 870	81 000	910 570
乙产品	267 400	126 000	196 000		54 000	643 400
合计	732 600	166 500	518 000	1 870	135 000	1 553 970

注：甲产品直接人工（230 000＋92 000＝322 000），燃料及动力（11 100＋29 400＝40 500）

乙产品直接人工（140 000＋56 000＝196 000），燃料及动力（6 000＋120 000＝126 000）

根据表 6－8，编制结转已完工入库产品成本的会计分录为：

借：库存商品—甲产品　　910 570
　　　　　　—乙产品　　643 400
　贷：生产成本—基本生产成本—甲产品—直接材料　　465 200
　　　　　　　　　　　　　　　　　　—燃料及动力　　40 500
　　　　　　　　　　　　　　　　　　—直接人工　　322 000
　　　　　　　　　　　　　　　　　　—废品损失　　1 870
　　　　　　　　　　　　　　　　　　—制造费用　　81 000
　　　　　　　　　　　　　　—乙产品—直接材料　　267 400
　　　　　　　　　　　　　　　　　　—燃料及动力　　126 000
　　　　　　　　　　　　　　　　　　—直接人工　　196 000
　　　　　　　　　　　　　　　　　　—制造费用　　54 000

练习题

一、单项选择题

1.在产品成本按所耗直接材料费用计算的方法，适用于(　　)。

A.各月末在产品数量不多　　B.各月末在产品数量较多

C.各月末在产品数量不稳　　D.直接材料在成本中所占比重较大

2.原材料在生产开工时一次投入，月末在产品的投料程度应按(　　)计算。

A.100%　　B.50%

C.定额耗用量比例　　D.定额工时的比例

3.由于各道工序内部在产品完工程序不同，有的已近完成，有的刚刚开始加工，为简化计算，对各工序内部在产品在本工序的加工过程可按(　　)。

A.50%　　B.100%

C.定额工时比例　　D.消耗定额比例

4.在产品成本按定额成本法计算，适用于(　　)的企业。

A.定额管理水平较高，定额资料完整、准确、稳定

B.各月在产品数量变动不大

C.各月在产品数量变动较大　　D.原材料费用在产品成本中所占比重较大

5.计算月末在产品约当产量的依据是(　　)。

A.月末在产品数量　　B.本月完工产品数量

C.月末在产品数量和完工程度　D.月末在产品定额成本和定额工时

6.产品成本中原材料费用占用较大比重的企业，为了简化核算工作，在产品成本可按(　　)计算。

A.原材料费用　　B.定额成本

C.约当产量　　D.计划成本

7.在编有完整定额资料的月末在产品数量比较稳定的企业里，在产品成本通常按(　　)计算。

A.定额成本　　B.定额比例

C.生产工时比例　　D.计划成本

8.产品所耗原材料费用在生产开始时一次投料，其完工产品与月末在产品的原材料费

用，应按完工产品和月末在产品的(　　)比例分配计算。

A.所耗原材料数量　B.约当产量

C.数量之半　D.数量

9.在完工产品和在产品之间分配费用，采用不计算在产品成本法适用于(　　)的产品。

A.各月末在产品数量很少　B.各月末在产品数量较大

C.没有在产品　D.各月末在产品数量变化小

10.假设某企业某产品工时定额为 40 小时，经两道工序组成，每道工序的工时定额分别为 30 小时和 10 小时，则第二道工序的完工程度为(　　)。

A.37.5%　B.50%

C.87.5%　D.90%

11.假设某企业甲产品本月完工 250 件，月末在产品为 160 件，在产品完工程度测定为 40%，月初和本月发生的原材料费用共为 56 520 元，原材料随着加工进度陆续投入，则完工产品和月末在产品的原材料费用分别为(　　)。

A.45 000 元和 11 250 元　B.4 000 元和 16 250 元

C.34 298 元和 21 952 元　D.45 000 元和 11 520 元

12.如果原材料随着加工进度陆续投入，则原材料费用应按(　　)比例分配。

A.数量　B.定额工时

C.约当产量　D.定额费用

13.采用约当产量比例法，各工序在产品数量和单位产品在各工序的加工量都相差不多的情况下，全部在产品完工程度可按(　　)平均计算。

A.80%　B.25%

C.50%　D.75%

14.某产品在产品数量较小，或者数量虽大但各月之间在产品数量变化不大，月初、月末在产品成本的差额对完工产品成本的影响不大，为了简化核算工作，可采用(　　)。

A.不计算在产品成本的方法　B.在产品按所耗的原材料费用计算

C.按年初固定数计算在产品成本　D.定额比例法

15.某种产品月末在产品数量较大，各月末在产品数量变化也较大，产品成本中原材料费用和工资等其他费用所占比重相差不多，应采用(　　)。

A.定额比例法　B.约当产量法

C.固定成本计算　D.按在产品所耗原材料费用计算

二、多项选择题

1.广义在产品包括(　　)。

A.正在各个车间加工中的在制品

B.已经完成一个或几个生产步骤，但还需继续加工的自制半成品

C.外部购入的半成品　　D.已完工但尚未验收入库的产成品

E.等待返修的可修复废品

2.在产品成本按年初在产品成本计算的方法，适用于(　　)企业。

A.各月在产品数量较少　　B.各月在产品数量较大

C.各月末在产品数量变化较大　　D.各月末在产品数量较多，但各月数量比较均衡

3.采用约当产量法计算月末在产品成本，在产品的约当产量应按(　　)计算。

A.投料程度　　B.完工程度

C.预计废品率　　D.完工入库程度

4.期末在产品成本的计算，应根据生产特点和成本管理的要求，采用(　　)等不同的方法进行计算。

A.交互分配法　　B.约当产量法

C.定额成本法　　D.定额比例法

5.企业在产品成本的计算方法可按(　　)计算。

A.所耗原材料费用　　B.定额成本

C.定额比例　　D.约当产量比例

6.计算本月完工产品成本时，要依据的成本资料主要有(　　)。

A.月初在产品成本　　B.本月发生生产费用

C.月末在产品成本　　D.上月完工产品成本

7.材料投入形式主要有(　　)。

A.材料在生产开始时一次投入　　B.材料在生产过程中陆续投入

C.材料在生产过程中分阶段批量投入　　D.材料在供应过程中分别投入

三、判断题

1.为了反映完工产品成本构成情况，分配生产费用时，应按成本项目分别计算。(　　)

2.按定额比例法计算月末在产品成本，一般以原材料定额消耗量作为分配标准。(　　)

3.在产品数量的日常核算，可以通过设置“在产品台账”来进行。(　　)

4.任何企业都可采用定额成本法在完工产品与在产品之间分配生产费用。(　　)

5.将在产品的产量按其完工程度折合为相当于完工产品的产量称为约当产量。(　　)

6.广义的在产品，包括狭义的在产品和已经完成一个或多个生产步骤，尚未最终完工需要继续加工的自制半成品。(　　)

7.采用在产品成本按年初数固定计算成本法对在产品计价时，年内1至11月本月发生的生产费用，等于本月完工产品成本。(　　)

8.当月末既有完工产品，又有未完工产品，就必须将归集的生产费用任意选择一种方法

在完工产品和月末在产品之间进行分配。( )

9.某工序在产品的完工率为该工序累计工时定额与完工产品工时定额的比率。( )

10.原材料在生产过程中分次投入时，应当根据该工序在产品累计已投入的材料费用占完工产品应投入的材料费用的比重来计算在产品的投料程度。( )

11.约当产量法适用于月末在产品数量大，各月末在产品数量变化也较大，其原材料费用在成本中所占比重较大的产品。( )

12.由于完工程度不同，完工产品与月末在产品的各项加工费用均不能按照它们的数量比例来分配计算，而应按约当产量比例分配计算。( )

13.采用定额比例法和定额成本法计算在产品成本其计算结果应当是一致的。( )

14.月末在产品接近完工时，则月末在产品可按年初数计算。( )

15.在产品只计算材料成本时，本月完工产品成本总是小于本月发生的生产费用。( )

16.在产品约当产量是指期末在产品折合为完工产品的数量。( )

17.采用约当产量法时当各道工序的在产品数量和在产品加工量比较均衡时，全部在产品的平均完工程度可按50%计算。( )

18.在月末计算产品成本时，如果某种产品已经全部完工，或者该产品全部没有完工，那么其产品成本明细账中归集的生产费用之和就不必在完工产品与月末在产品之间进行生产费用的分配。( )

19.报废、毁损的产品的残值，一般直接冲减“生产成本”账户。( )

20.采用在产品成本按年初固定数额计算的方法时，其基本点是:年内各月的在产品成本都按年初在产品成本计算，永远不变。( )

四、业务核算题

1.在产品成本按直接材料成本计算

资料:某企业生产的甲产品，材料成本占产品成本比重较大，该企业采用只计算直接材料成本的方法计算在产品成本，材料在生产开始时一次投入，本月份月初在产品成本为52 000元，月初在产品数量为400件，本月投产800件，本月发生的生产费用为110 000元，其中直接材料为100 000元，直接人工4 000元，制造费用6 000元，月末完工产品1 000件，月末在产品为200件。

要求:按在产品只计所耗原材料成本计价法，计算月末在产品成本及完工产品成本。

2.分工序计算在产品约当产量及完工产品成本和月末在产品成本

资料:某企业生产的甲产品顺序经过第一、第二和第三道工序加工，原材料分次在各工序生产开始时一次投入。各工序在产品本工序的加工程度均为50%，甲产品单位产品原材料消耗定额为2 000元，其中第一工序投入1 000元，第二工序投入600元，第三工序投入400

元;单位产品工时定额为400小时,其中第一工序170小时,第二工序150小时,第三工序80小时同。本月甲产品完工1 286件,月末在产品为1 000件,其中第一工序420件,第二工序380件,第三工序200件。月初在产品成本和本月生产费用合计为:原材料80 000元,人工35 760元,制造费用26820元。

要求:(1)计算甲产品月末在产品投料程度和约当产量;

(2)计算甲产品月末在产品加工程度和约当产量;

(3)计算完工产品成本和月末在产品成本;

(4)写出产品完工的会计分录。

3.在产品成本的计算(约当产量法)

资料:某企业第一车间甲产品月初在产品成本为18 000元,其中直接材料10 000元,直接人工为5 000元,制造费用为3 000元。甲产品本月发生生产费用为97 350元,其中直接材料50 000元,直接人工30 325元,制造费用17025元。本月完工入库甲产品200件,月末在产品50件。甲产品原材料在生产开始时一次投入,工资和其他费用的发展比较均衡,月末在产品加工程度为50%。

要求:采用约当产量法计算甲产品本月完工产品成本和月末在产品成本。

4.某企业生产A产品月初在产品结存1件。本月生产费用为:原材料100 000元,工资及福利费30 000元,制造费用70 000元。本月完工A产品10 000件,月末在产品结存2件。该种产品不计算在产品成本。

要求:计算A产品本月完工产品的总成本和单位成本。

5.某企业生产乙产品,8月初在产品费用为:原材料1 600元,工资及福利费用为800元,制造费用400元。本月发生费用为:原材料8 600元,工资和福利费用3 400元,制造费用400元。在产品42件,单件原材料费用定额为4元,工资定额3元,制造费用定额2元。

要求:采用在产品按定额成本计价法,分配计算完工产品和月末在产品费用。

6.某企业分两道工序生产A产品,第一道工序工时定额为40小时,第二道工序工时定额为10小时,本月完工产品300件,月末在产品第一道工序为100件,第二道工序为80件,原材料随加工进度陆续投入,月初和本月发生的原材料费用共123 600元。

要求:计算完工产品的单位原材料费用(各工序在产品完工程度均为50%)。

7.某企业生产的甲产品,本月完工1 100件,月末在产品200件,完工程度为50%。假定原材料于生产开始时一次投入,本月及月初生产费用合计数为24 000元,其中原材料为18 000元,工资及制造费用为6 000元。

要求:计算完工产品及月末在产品的原材料和工资及制造费用。

8.某企业生产乙产品,本月初结存在产品50件,完工程度为40%本月投产430件,本月完工产量为400件,月末在产品80件,完工程度为50%,乙产品所耗的直接材料是在乙产品投产开始生产时投入全部直接材料80%当产品加工达到60%时,再投入其余20%的直接材料。乙产品本月初在产品成本为：直接材料 757.60 元，直接人工 142 元，制造费用 139 元，本月发生的直接材料费用 8 522.40 元，直接人工 2 058 元，制造费用 3 381 元。

要求：采用约当产量法，计算出乙产品本月完工产品和月末在产品成本。

9.某种产品的月初在产品原材料费用为 1 800 元，本月发生原材料费用 9 400 元。本月完工产品 400 件，每件原材料消耗定额 5 千克。月末在产品 250 件，完工程度为 40%，原材料随产品完工程度陆续投入。

要求：按定额消耗量比例法分配计算完工产品和月末在产品的实际原材料费用。

第七章 生产类型与产品成本计算方法 7

第一节 企业生产类型及其特点

企业的生产类型是指企业生产技术过程和生产组织方式相互结合的形式，它可按生产工艺技术过程的特点和生产组织的特点进行划分。

一、企业生产类型按工艺技术过程的特点划分

工业企业生产的工艺技术过程是指产品从投产到完工的生产工艺技术加工过程，按这一过程具备的不同特点，可以将企业的生产分为单步骤生产和多步骤生产两种类型：

1.单步骤生产

单步骤生产是指企业的生产工艺不能间断或不能分散在不同地点进行的生产，也称为简单生产。发电、采掘、铸造、供水、供气等企业就是这种生产类型的典型。单步骤生产的企业，产品生产周期一般较短，通常没有自制半成品或其他中间产品，而且产品只能由一个企业或一个车间独立完成，而不能由几个企业协作进行。单步骤生产的企业，成本计算对象一般按产品品种来确定。

2.多步骤生产

多步骤生产是指企业的生产工艺可以间断或分散在不同地点进行，以几个生产步骤组成的生产，也称为复杂生产。多步骤生产的企业，产品生产周期一般较长，产品品种数量比较多，最后一步是产成品，其他加工步骤完工产品都是自制半成品，而且产品能由一个企业或一个车间独立完成，也可以是几个企业或几个车间协作进行。

多步骤生产按生产加工方式的不同，又可分为连续式多步骤生产和装配式多步骤生产两类。连续式多步骤生产是指从原材料投入到产成品完工，中间需要经过若干连续加工步骤的生产。在这种生产方式下，上一步骤半成品作为下一步骤原材料，依次结转后直至最后加工步骤形成产成品。纺织、冶金、造纸企业就是这种生产类型的典型。该类型的企业，成本计算对象应按每种产品及其所经过的生产步骤来确定。装配式多步骤生产是指原材料投入后，先在各步骤进行平行加工，制成产成品所需的各种零件和部件，再在总装车间将其装配成产成品的生产。自行车、缝纫机、造船、汽车等企业就是这种生产类型的典型。该类型的企业，成本计算对象应按每种产品的半成品来确定。

二、企业生产类型按生产组织的特点划分

生产组织是指保证生产过程的各个环节、各个因素相互协调的生产工作方式，按其特点的不同，企业生产可分为大量生产、成批生产和单件生产三种类型。

1.大量生产

大量生产是指不断重复制造品种相同的一种或少数几种产品的生产。这种生产的特点在于产品品种少、产量大、重复生产，采掘、钢铁、纺织、造纸、面粉加工等企业就是该生产类型的典型。该类型的企业，成本计算对象只能按品种来确定。

2.成批生产

成批生产是指按规定的数量、规格，每隔一定时期重复生产某种产品的生产。这种生产的特点在于品种较多、数量多少不等，机床、服装、印刷等企业就是这种生产类型的典型。按产品批量的大小，成批生产有大批生产和小批生产之分。大批生产就是大批量的生产，其特点与大量生产相近，成本计算对象一般按品种来确定；小批生产就是小批量的生产，其特点与单件生产相近，成本计算对象一般按批别来确定。

3.单件生产

单件生产是指根据购买单位定单所提出的特定规格和数量而进行的产品生产。这种生产的特点在于品种多，一般不重复生产，生产周期长，造船、重型机器船舶、重型机械、专用设备、电梯等等企业就是这种生产类型的典型。该类型的企业，成本计算对象一般按产品件别来确定。

第二节 产品成本计算方法概述

成本计算方法是指将一定时期所发生的生产费用划到各成本计算对象上，求得各个最终产品成本计算的方法，按其独立性的不同，可分为基本方法和辅助方法两类。基本方法是可以独立完成成本计算的方法，包括品种法、分批法、分步法三种；辅助方法则不能独立完成产品成本的计算，而需要借助于基本方法才能完成最终产品成本的计算，如分类法、定额法等。

一、产品成本计算的基本方法

为了适应各类型生产的特点和不同的管理要求，在产品成本计算工作中存在着三种不同的成本计算对象，从而有三种不同的成本计算方法：以产品品种为成本计算对象的产品成本计算方法，称为品种法；以产品批别为成本计算对象的产品成本计算方法，称为分批法。以产品生产步骤为成本计算对象的产品成本计算方法，称为分步法。下面分别介绍：

1.品种法

品种法是产品成本计算基本方法中最基本的一种方法。它是按产品品种归集和分配生产费用、计算产品成本的一种成本计算方法。这种方法主要适用于大量、大批单步骤生产和不要求分步骤计算成本的大量、大批多步骤生产的企业。

2.分批法

分批法是按产品批别来归集和分配生产费用、计算产品成本的一种成本计算方法。这种方法主要适用于单件小批，管理上不要求分步计算成本的多步骤生产企业和单件小批组织生产而管理上又要求分批计算成本的单步骤生产企业。

3.分步法

分步法是按产品的生产步骤归集和分配生产费用、计算产品成本的一种成本计算方法。这种方法主要适用于管理上要求分步计算各步骤半成品成本的大量、大批多步骤生产的企业。

二、产品成本计算的辅助方法

在产品品种、规格繁多的工业企业，为了简化成本计算工作和加强成本管理，在三种基本方法的基础上，还延伸着一些简便的成本计算方法，如分类法、定额法等。因为这些方法与生产特点没有直接联系，即生产类型特点不明确；不涉及成本计算对象的确定，即成本计算对象不明确；只是为了简化成本计算工作或加强定额管理，因此，将其称为辅助方法。

产品成本计算的辅助方法，一般应与基本方法结合起来使用，而不能单独使用。

1.分类法

分类法是以产品类别为成本计算对象，将生产费用先按产品的类别进行归集，计算各类产品成本，然后再按一定的分配标准在类内各种产品之间进行分配的方法。这种方法主要适用于产品品种、规格繁多，但每类产品的结构、所用的原材料、生产工艺过程基本相同的企业。

2.定额法

定额法是以产品定额成本为基础，加上或减去脱离定额差异和定额变动差异，来计算产品成本的方法。这种方法适用于定额管理基础较好的工业企业，有利于保证企业成本计划、定额的完成，加强成本控制，从而最终提高企业的管理水平，增强产品的市场竞争力。

第三节 生产类型和管理要求对成本计算方法的影响

企业采用何种成本计算方法，主要取决于企业的生产类型和对成本管理的要求。生产技术特点不同，采用的费用汇总和分配方法则不同；生产组织不同，决定了成本计算期内是否需要将成本在完工产品和在产品之间进行分配；企业管理当局的要求则决定了是否需要计算半成品和在产品的成本。

一、生产特点对产品成本计算的影响

生产特点是影响成本计算方法的决定性因素，因为生产特点影响着成本计算对象的确定，而成本计算对象又决定着产品成本计算期的确定、生产费用在完工产品和在产品之间的分配问题。

1.对确定成本计算对象的影响

从生产工艺过程特点看：单步骤生产由于工艺过程不能间断，必须以产品为成本计算对象，按产品品种分别计算成本；多步骤连续加工式生产，需要以步骤为成本计算对象，既按步骤又按品种计算各步骤半成品成本和产品成本；多步骤平行式加工生产，不需要按步骤计算半成品成本，而以产品品种为成本计算对象。

从产品生产组织特点看：在大量生产情况下，只能按产品品种为成本计算对象计算产品成本；在大批生产情况下，不能按产品批别计算成本，而只能按产品品种为成本计算对象计算产品成本；在大批生产的零件、部件按产品批别投产情况下，也可按批别或件别为成本计算对象计算产品成本；在小批、单件生产情况下，由于产品批量小，一批产品一般可以同时完工，可按产品批别为成本计算对象计算产品成本。

2.对确定成本计算期的影响

在大量、大批生产中，由于生产连续不断地进行，每月都有完工产品，因而产品成本要定期在每月末进行，与生产周期不一致。

在小批、单件生产中，产品成本只能在某批、某件产品完工以后计算，因而成本计算是不定期进行的，而与生产周期一致。

3.对确定生产费用的归集、分配方法和程序的影响

在单步骤生产中，生产费用不必在完工产品与在产品之间进行分配。

在多步骤生产中，是否需要在完工产品与在产品之间分配费用，很大程度上取决于生产组织的特点。在大量、大批生产中，由于生产不间断进行，而且经常有在产品，因而在计算成本时，就需要采用适当的方法，将生产费用在完工产品与在产品之间进行分配。

在小批、单件生产中，如果成本计算期与生产周期一致，在每批、每件产品完工前，产品成本明细账中所登记的生产费用就是月末在产品的成本；完工后，所登记的费用就是完工产品的成本，因而不存在完工产品与在产品之间分配费用的问题。

综上所述，生产特点对成本计算对象的影响有以下三种：以产品品种为成本计算对象；以产品批别为成本计算对象；以产品生产步骤为成本计算对象。生产特点对成本计算期的影响有以下两种：成本计算期与会计报告期一致；成本计算期与生产周期一致。生产特点对在产品成本计算的影响也有以下两种：不计算在产品成本，即生产费用不需在完工产品与在产品之间进行分配；计算在产品成本，即生产费用需要在完工产品与在产品之间进行分配。

二、管理要求对产品成本计算的影响

产品生产特点客观上决定着成本计算对象，但成本计算对象的确定还要考虑管理的要求，从而选择适合于本企业的成本计算方法。管理要求对成本计算方法的影响主要有：

1.单步骤生产或管理上不要求分步骤计算成本的多步骤生产，以品种或批别为成本计算对象，采用品种法或分批法。

2.管理上要求分步骤计算成本的多步骤生产，以生产步骤为成本计算对象，采用分步法。

3.在产品品种、规格繁多的企业，管理上要求尽快提供成本资料，简化成本计算工作，可采用分类法配合产品成本计算的基本方法计算产品成本。

4.在定额管理基础较好的企业，为加强定额管理工作，可采用定额法配合产品成本计算的基本方法计算产品成本。

三、产品成本计算方法的实际应用

各种成本计算方法分别适用于有着不同特点和不同成本管理要求的企业。在实际工作中，在同一个企业或同一个车间里，由于其生产特点和管理要求并不相同，所以有可能在同一个企业或同一个车间里同时采用不同的成本计算方法来计算产品成本。

1.几种产品成本计算方法的同时应用

如果一个企业不止生产一种产品，这些产品的特点不同，其生产类型也可能不同，就应采用不同的方法计算产品成本。如重型机械厂，一般采用分批法计算产品成本，但如果有传统产品，产品已经定型，属大量生产，也可采用品种法或分步法计算产品成本。

在前面的叙述中，说某类型的企业应该采用什么样的成本计算方法，主要是就其基本生产车间而言的，并不表明该企业就只采用这一种方法计算成本，而可以是多种方法同时使用的。

2.几种产品成本计算方法的结合应用

根据不同的成本管理要求，在有些工业企业里，除同时使用几种成本计算方法外，还有以一种成本计算方法为主，结合使用其他成本计算方法的某些特点加以综合应用的情况。如小型机械厂，一般采用分批法计算产品成本，但由于企业设置有不同的生产车间，如铸造、加工、装配等，故应采用不同的成本计算方法。铸造车间应采用品种法计算铸铁的成本，加工和装配车间应采用分批法计算产品成本，而铸造车间将铸铁件转入加工和装配车间时则应采用分步法进行结转。

总之，企业应根据企业生产的特点和成本管理的要求，本着主要产品从细、次要产品从简的原则，灵活掌握并运用各种成本计算方法。

练习题

一、单项选择题

1.工业企业按其生产工艺技术过程的特点，可以分为(　　)。

A.简单生产和多步骤生产　　B.复杂生产和多步骤生产

C.单步骤生产和多步骤生产　　D.大量大批生产和单件生产

2.企业生产类型的特点，对产品成本计算的影响，主要表现为(　　)。

A.企业的生产规模　　B.产品成本计算对象

C.材料费用的分配方法　　D.产品成本计算的日期

3.产品成本计算的基本方法是(　　)。

A.直接法　　B.顺序法　　C.代数法　　D.品种法

4.下列方法中，不属于成本计算基本方法的有(　　)。

A.品种法　　B.分类法　　C.分批法　　D.分步法

5.成本计算的基本方法命名的依据是(　　)

A.成本计算对象　　B.成本计算期

C.生产周期　　D.生产费用的分配方法

6.划分产品成本计算方法的首要标志是(　　)。

A.成本计算期　　B.成本计算对象

C.产品的生产工艺过程　　D.生产组织

7.管理上要求分步计算半成品成本时，应当采用(　　)。

A.分类法　　B.平行结转分步法　　C.分批法　　D.逐步结转分步法

8.下列成本计算方法中，成本计算期与生产周期一致的有(　　)。

A.品种法　　B.分批法　　C.分类法　　D.分步法

9.产品成本计算的辅助方法有(　　)。

A.分类法　　B.直接法

C.代数法　　D.顺序法

10.工业企业的(　　)生产，是按照生产组织的持点划分的。

A.单步骤　　B.多步骤

C.复杂　　D.大量

二、多项选择题

1.下列成本计算法中，成本计算期与会计核算期间一致的是(　　)。

A.分批法　　B.小批单件法

C.品种法　　D.分步法

2.下列企业中，适合运用品种法计算产品成本的有(　　)。

A.糖果厂　　B.饼干厂

C.拖拉机厂　　D.造船厂

3.工业企业的产品生产组织的特点是指(　　)。

A.生产车间的多少　　B.产品产量的大小

C.生产的重复性　　D.品种的稳定程度

4.多步骤生产按照产品加工方式的不同，可以分为(　　)。

A.简单生产　　B.连续式多步骤生产

C.复杂生产　　D.装配式多步骤生产

5.企业生产类型按照产品的生产工艺过程特点，可分为(　　)。

A.大量生产　　B.简单生产

C.成批生产　　D.单件生产　　E.复杂生产

6.产品成本计算的辅助方法包括(　　)。

A.定额比例法　　B.品种法

C.分类法　　D.定额法

7.确定成本计算对象的原则是(　　)。

A.符合企业生产的特点　　B.满足企业成本管理的要求

C.与成本计算机构一致　　D.与成本计算期相关联

8.一种成本计算方法的构成要素有(　　)。

A.成本计算对象　　B.成本计算期

C.间接费用的分配方法　　D.完工产品与在产品之间的分配

9.品种法适用于(　　)。

A.大量生产　　B.成批生产

C.单步骤生产　　D.多步骤生产

E.管理上不要求分步计算成本的多步骤生产

10.生产类型对成本计算方法的影响主要表现在(　　)。

A.成本计算对象的确定　　B.成本计算期的确定

C.生产费用的归集及计入产品成本的程度　　D.产品成本在产成品与在产品之间的划分

11.下列企业中、属于多步骤生产的有(　　)。

A.纺织企业　　B.采掘企业

C.冶金企业　　D.造船企业

12.产品成本计算的基本方法有(　　)。

A.品种法　　B.分批法

C.分步法　　D.分类法

三、判断题

1.生产特点和管理要求对产品成本计算的影响主要表现在成本计算对象的确定上。(　　)

2.发电、采掘企业属于大量大批的多步骤生产。(　　)

3.单步骤生产是指工艺技术过程不能间断，或者不便于分散在不同地点进行的生产。(　　)

4.多步骤生产按产品加工方式的不同，可以分为连续加工式多步骤生产和装配式多步骤生产。(　　)

5.成本计算的基本方法都是以成本计算对象命名的。(　　)

6.品种法和分批法的成本计算期与产品生产周期一致。(　　)

7.品种法一般适用于大量大批多骤生产的产品成本计算。(　　)

8.产品成本计算的辅助方法是指在成本管理方面作用不大的计算方法。(　　)

9.分类法和定额法必须结合成本计算的基本方法使用。(　　)

10.企业应当依据其生产特点和成本管理的要求来选择成本计算方法。(　　)

11.一个企业可以对不同的产品采用不同的成本计算方法。(　　)

12.成本计算对象是区分产品成本计算的基本方法的主要标志。(　　)

13.产品生产组织特点是指生产产品产量的大小、产品生产的重复性和产品品种的稳定程度。(　　)

14.成本管理的要求直接影响成本计算方法。(　　)

15.在一般情况下，品种法的成本计算期与会计核算期间是一致的。(　　)

16.产品成本计算的基本方法和辅助方法都可以根据企业的生产特点单独使用。(　　)

17.确定成本计算对象的原则是符合企业生产特点，满足成本管理的要求。(　　)

18.工业企业按其组织方式的不同分为大量生产，成批生产和单件生产。(　　)

19.企业可以以一种成本计算方法为主，结合其他成本计算方法加以综合应用。(　　)

20.单件生产是指根据需用单位的要求，生产个别的、特定的产品。这种生产，产品品种一般较多，而且很少重复生产。(　　)

第八章 8
产品成本计算的品种法

第一节 品种法概述

一、品种法的概念和特点

品种法是以产品品种为成本计算对象，按照产品品种归集和分配生产费用，从而计算出产品成本的一种成本计算方法。

品种法是产品成本计算基本方法中最基本的一种方法，因为无论什么企业，也不管要求如何，最终都必须按照产品品种算出产品成本，即品种法的计算程序是一切成本计算的基础。掌握了品种法，再考虑分批法和分步法各自的特点，各种成本计算方法就能运用自如了。品种法适用于大量大批单步骤生产企业，和管理上不要求按照生产步骤计算成本的大量大批多步骤生产企业。

品种法的特点，主要表现在以下三个方面：第一，成本核算对象是产品的品种，并按品种开设成本计算单或设置生产成本明细账；第二，成本计算期同按月为基础的会计报告期相同，而与生产周期不一致，因为按品种法计算产品成本的企业一般都是大批量重复生产一种或几种产品，这种企业的生产活动是连续不断地重复进行的，不能在产品完工时立即计算出它的成本，这样就必须在月末计算其完工产品成本；第三，生产费用一般需要在完工产品和在产品之间进行分配。

二、品种法下成本核算的基本程序

品种法是产品成本计算基本方法中最基本的一种方法，因而品种法的计算程序体现着产品成本计算的一般程序。这种方法成本核算的基本程序主要有三个步骤:首先，按产品品种设置成本明细账，并按成本项目分别设置专栏，以便按成本项目归集生产费用;其次，根据各种费用分配表，将各项生产费用分别按产品品种计入各有关成本项目，对于直接费用如直接材料费用、直接人工费用等可直接计入产品成本明细账，对于间接费用如制造费用、外购动力费用等先按其发生地点进行归集后再按一定比例分配计入有关产品成本明细账;最后，再计算各种产品的总成本和单位成本。具体程序如下：

(1)按产品品种设置成本明细账(产品成本计算单)，并在明细账中按成本项目设置专栏；

(2)根据领料单、产量记录、折旧计算表、工资计算表等凭证编制要素费用分配表；

(3)根据要素费用分配表登记“产品成本明细账”“制造费用明细账”“辅助生产明细账”；

(4)分配辅助生产费用；

(5)分配基本生产车间的制造费用；

(6)计算本月完工产品的总成本和单位成本；

(7)结转完工产品成本和在产品成本。

注:基本生产车间制造费用的分配一定在辅助生产费用的分配之后，顺序不能搞反，因为辅助生产费用中有一部分是要转入基本生产车间的制造费用中去的，如果顺序搞反了，那么基本生产车间的制造费用的分配就要进行两次，增加了成本计算的工作量。

品种法成本计算账务处理的流程如图 8－1 所示：

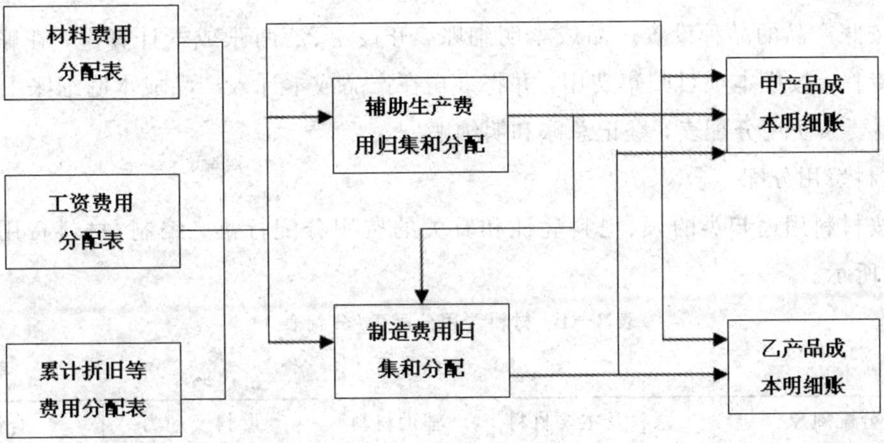

图 8－1　品种法成本核算流程

注:这是一个简化了的成本核算流程图，目的是便于理解，实际工作中要比这更为复杂。

第二节 品种法举例

品种法是计算产品成本的最基本的方法，它的计算程序体现着产品成本计算的一般程序。为系统、全面地掌握品种法的计算原理与账务处理过程，必须将各种分配表与明细账全部联系起来进行考察。

一、企业基本情况简介

共青城市某企业20××年8月生产甲、乙两种产品，设有一个基本生产车间和供电、供气两个辅助生产车间，根据该企业的生产特点和成本管理要求，采用品种法计算产品成本，并且对于产品成本设置“直接材料”“直接人工”“燃料及动力”“制造费用”四个成本项目。

二、成本核算程序

1.设置产品成本明细账

企业按照产品的品种设置产品成本明细账，开设甲、乙两张成本计算单，在账内按成本项目设置专栏，按成本项目归集费用，并将月初在产品成本计入产品成本明细账中。

2.编制要素费用分配表，登记总账和明细账

(1)材料费用分配

根据按材料用途归类的领、退料凭证和有关的费用分配标准，编制“材料费用分配表”，如表8－1所示。

表8－1 材料费用分配表(分配表1)

20××年8月　　单位:元

分配对象	原料及主要材料	辅助材料	燃料及动力	合计
甲产品	50 800	5 100	14 600	70 500
乙产品	35 000	7 240	11 500	53 740
小计	85 800	12 340	26 100	124 240
供电车间	3 200	1 500	18 000	22 700
供气车间	2 400	1 200	9 600	13 200
小计	5 600	2 700	27 600	35 900
基本生产车间	3 300	2 600		5 900

续表

分配对象	原料及主要材料	辅助材料	燃料及动力	合计
行政管理部门		2 500	1 400	3 900
合计	94 700	20 140	55 100	169 940

根据上表，作以下会计分录：

借：生产成本—基本生产成本—甲产品—直接材料　55 900
—燃料及动力　14 600
—乙产品—直接材料　42 240
—燃料及动力　11 500
—辅助生产成本—供电　22 700
—供气　13 200
制造费用　5 900
管理费用　3 900
贷：原材料　169 940

(2)工资及福利费用分配

根据各车间、部门的工资结算凭证和应付福利费的计提办法，编制“工资及福利费分配表”，如表 8－2 所示。

表 8－2　工资及福利费分配表(分配表 2)

20××年 8 月　　单位:元

分配对象	工资	福利费	合计
甲产品	89 600	12 544	102 144
乙产品	68 200	9 548	77 748
小计	157 800	22 092	179 892
供电车间	18 400	2 576	20 976
供气车间	12 900	1 806	14 706
小计	31 300	4 382	35 682
基本生产车间	15 000	2 100	17 100
行政管理部门	30 000	4 200	34 200
合计	234 100	32 774	266 874

根据上表，作以下会计分录：

借：生产成本—基本生产成本—甲产品—直接人工　　102 144

—乙产品—直接人工　　77 748

—辅助生产成本—供电　　20 976

—供气　　14 706

制造费用　　17 100

管理费用　　34 200

贷：应付职工薪酬—工资　　234 100

—福利费　　32 774

(3)固定资产折旧计算表

根据本月固定资产折旧原值和折旧率，计算本月应计提固定资产折旧，编制“固定资产折旧计算表”，如表8—3所示。

表8—3　固定资产折旧计算表(分配表3)

20××年8月　　单位:元

分配对象	本月折旧额
供电车间	16 200
供气车间	7 020
小计	23 220
基本生产车间	41 060
行政管理部门	9 000
合计	73 280

根据上表，作以下会计分录：

借：生产成本—辅助生产成本—供电　　16 200

—供气　　7 020

制造费用　　41 060

管理费用　　9 000

贷：累计折旧　　73 280

(4)其他费用分配

根据本月其他费用的实际发生情况，编制“其他费用分配表”，如表8—4所示。

表8—4　其他费用分配表(分配表4)

20××年8月　　单位:元

分配对象	办公费	差旅费	劳保费	修理费	其他	合计
供电车间	1 800	5 600	1 000	4 100	3 300	14 800
供气车间	500	6 700	1 200	3 150	3 300	14 850

续表

分配对象	办公费	差旅费	劳保费	修理费	其他	合计
小计	2 300	12 300	2 200	7 250	6 600	29 650
基本生产车间	800	11 000	8 900	22 000	4 300	48 000
行政管理部门	4 500	32 000	1 600	9 600	4 960	52 660
合计	7 600	55 300	12 700	38 850	15 860	130 310

根据上表，作以下会计分录：

借：生产成本—辅助生产成本—供电　　14 800

　　　　　　　　　　　　　—供气　　14 850

　　制造费用　　48 000

　　管理费用　　52 660

　　贷：银行存款　　130 310

3.归集和分配辅助生产费用

(1)根据上列各种费用分配表，登记辅助生产成本明细账，如表 8—5、表 8—6 所示。

表 8—5　辅助生产成本明细账

车间名称:供电车间　　单位:元

20××年		摘要	材料费	燃料及动力费	工资	福利费	折旧费	其他	合计
月	日								
8	31	分配表 1	4 700	18 000					22 700
		分配表 2			18 400	2 576			20 976
		分配表 3					16 200		16 200
		分配表 4						14 800	14 800
		本月合计	4 700	18 000	18 400	2 576	16 200	14 800	74 676
		本月转出	4 700	18 000	18 400	2 576	16 200	14 800	74 676

表 8—6　辅助生产成本明细账

车间名称:供气车间　　单位:元

20××年		摘要	材料费	燃料及动力费	工资	福利费	折旧费	其他	合计
月	日								
8	31	分配表 1	3 600	9 600					13 200
		分配表 2			12 900	1 806			14 706
		分配表 3					7 020		7 020
		分配表 4						14 850	14 850
		本月合计	3 600	9 600	12 900	1 806	7 020	14 850	49 776
		本月转出	3 600	9 600	12 900	1 806	7 020	14 850	49 776

(2)采用适当的方法分配辅助生产成本

本例中，该企业采用直接分配法分配辅助生产费用，本月供电车间供电 86 269 度，其中供气车间用电 3 296 度；供气车间供气 8 796 吨，其中供电车间用气 500 吨，分配的电气数如表 8－7 所示。

表 8－7　辅助生产费用分配表(分配表 5)(直接分配法)

20××年 8 月　　　　单位:元

<table>
<tr><td rowspan="3">车间</td><td rowspan="3">分配费用额</td><td rowspan="3">分配数量</td><td rowspan="3">分配率</td><td colspan="6">分配额</td></tr>
<tr><td colspan="2">基本生产成本</td><td colspan="2">制造费用</td><td colspan="2">管理费用</td></tr>
<tr><td>数量</td><td>金额</td><td>数量</td><td>金额</td><td>数量</td><td>金额</td></tr>
<tr><td>供电</td><td>74 676</td><td>82 973</td><td>0.9</td><td>61 850</td><td>55 665</td><td>18 210</td><td>16 389</td><td>2 913</td><td>2 622</td></tr>
<tr><td>供气</td><td>49 776</td><td>8 296</td><td>6</td><td>5 046</td><td>30 276</td><td>2 250</td><td>13 500</td><td>1 000</td><td>6 000</td></tr>
<tr><td>合计</td><td>124 452</td><td></td><td></td><td></td><td>85 941</td><td></td><td>29 889</td><td></td><td>8 622</td></tr>
</table>

分配给基本生产车间的辅助生产费用，还应在其所生产的各种产品之间采用适当的方法进行分配，据此编制动力费用分配表，该企业的动力费用按工时比例进行分配，甲、乙两产品所耗机工时数如表 8－8 所示(金额取整数)。

表 8－8　动力费用分配表(分配表 6)

20××年 8 月　　　　单位:元

<table>
<tr><td>产品名称</td><td>分配标准(机器工时)</td><td>分配率</td><td>分配金额</td></tr>
<tr><td>甲产品</td><td>44 500</td><td rowspan="2">1.119468568</td><td>49 570</td></tr>
<tr><td>乙产品</td><td>32 650</td><td>36 371</td></tr>
<tr><td>合计</td><td>77 150</td><td></td><td>85 941</td></tr>
</table>

根据表 8－7 和 8－8，作以下会计分录：

借：生产成本—基本生产成本—甲产品—燃料及动力　　49 570
　　　　　　　　　　　　—乙产品—燃料及动力　　36 371
　　制造费用　　29 889
　　管理费用　　8 622
　　贷：生产成本—辅助生产成本—供电　　74 676
　　　　　　　　　　　　　　—供气　　49 776

4.归集和分配制造费用

将前面几个表中的制造费用予以归集，登记至制造费用明细账中，如表 8－9 所示。再将归集的制造费用金额按照实际工时比例，在甲、乙两种产品中进行分配，编制“制造费用分配表”，如表 8－10 所示。(分配结果保留整数)

表 8—9 制造费用明细账

20××年 8 月 单位:元

20××年		摘要	材料费	燃料及动力费	工资	福利费	折旧费	其他	合计
月	日								
8	31	分配表 1	5 900						5 900
		分配表 2			15 000	2 100			17 100
		分配表 3					41 060		41 060
		分配表 4						48 000	48 000
		分配表 5		29 889					29 889
		本月合计	5 900	29 889	15 000	2100	41 060	48 000	141 949
		本月转出	5 900	29 889	15 000	2100	41 060	48 000	141 949

表 8—10 制造费用分配表(分配表 7)

20××年 8 月 单位:元

产品名称	分配标准(机器工时)	分配率	分配金额
甲产品	44 500	1.83990929677	81 876
乙产品	32 650		60 073*
合计	77 150		141 949

注:* 尾数调整(141949－81876＝60073)。

根据表 8—10,作以下会计分录:

借:生产成本—基本生产成本—甲产品—制造费用 81 876

—乙产品—制造费用 60 073

贷:制造费用 141 949

5.归集并计算产品成本

根据上列各种费用分配表和其他有关资料,登记产品成本明细账,分别归集甲、乙产品成本,并采用适当的分配方法,分别计算甲、乙产品的完工产品成本和在产品成本。

(1)根据上月产品成本明细账和本月各种费用分配表,登记产品成本明细账的上月末在产品成本和本月生产费用发生额。

(2)计算甲产品成本。产品耗用的原材料在开始生产时一次投入,在产品按约当产量法计算,在产品完工程度为 40%,本月完工 100 件,在产品 60 件。计算结果如表 8—11 所示。

表 8—11 产品成本明细账

产品名称:甲产品　　完工数量:100 件　　单位:元

20××年 月	日	摘要	直接材料	燃料和动力	直接人工	制造费用	合计
8	1	月初在产品成本	5 700	4 200	9 300	5 600	24 800
	31	材料费用分配表(表 1)	55 900	14 600			70 500
		职工薪酬分配表(表 2)			102 144		102 144
		燃料及动力分配表(表 6)		49 570			49 570
		制造费用分配表(表 7)				81 876	81 876
		本月小计	55 900	64 170	102 144	81 876	304 090
		生产费用合计	61 600	68 370	111 444	87 476	328 890
		完工产品产量	100 件				
		在产品约当产量	60 件	24 件			
		产量合计	160 件	124 件			
		单位成本(分配率)	385	551.37	898.74	705.45	2540.56
		转出完工产品成本	38 500	55 137	89 874	70 545	254 056
		月末在产品成本	23 100	13 233	21 570	16 931	74 834

(3)计算乙产品成本。乙产品本月完工 200 件,在产品 40 件。乙产品的在产品按定额成本法进行完工产品和在产品的费用分配,其在产品的盘存资料和费用定额资料如表 8－12 所示。

表 8—12 月末在产品定额成本计算表　　单位:元

产品名称:乙产品　　20××年 8 月　　在产品数量:40 件　单位:元

在产品数量	材料定额	材料定额费用	定额工时	燃料和动力(6 元/小时)	直接人工(10 元/小时)	制造费用(7 元/小时)	合计
40	85	3 400	600	3 600	6 000	4 200	17 200

将表 8—12 中的定额成本计入乙产品成本明细账,并从生产费用累计数中减去月末在产品定额成本,即可计算出完工产品的实际总成本。计算结果如表 8—13 所示。

表 8—13 产品成本明细账

产品名称:乙产品　　完工数量:200 件　　单位:元

20××年 月	日	摘要	直接材料	燃料和动力	直接人工	制造费用	合计
8	1	月初在产品成本	2 120	2 600	4 900	4 200	13 820
	31	材料费用分配(表 1)	42 240	11 500			53 740

续表

20××年		摘要	直接材料	燃料和动力	直接人工	制造费用	合计
月	日						
		职工薪酬分配表(表 2)			77 748		77 748
		燃料及动力分配表(表 6)		36 371			36 371
		制造费用分配(表 7)				60 073	60 073
		本月小计	42 240	47 871	77 748	60 073	227 932
		生产费用合计	44 360	50 471	82 648	64 273	241 752
		月末在产品成本	3 400	3 600	6 000	4200	17 200
		转出完工产品成本	40 960	46 871	76 648	60 073	224 552
		单位成本	204.80	234.36	383.24	300.36	1 122.76

6.编制完工产品成本汇总表

将甲、乙两种产品成本明细账中完工产品成本数据予以汇总，编制“完工产品成本汇总表”，如表 8－14 所示，结转产品成本。

表 8－14　产品成本汇总表

完工　　　　20××年 8 月　　　　单位:元

产品名称	产量	直接材料	燃料和动力	直接人工	制造费用	合计	单位成本
甲产品	100	38 500	55 137	89 874	70 545	254 056	2540.56
乙产品	200	40 960	46 871	76 648	60 073	224 552	1122.76
合计		79 460	102 008	166 522	130 618	478 608	

根据表 8－14，作以下会计分录：

借：库存商品—甲产品　　　　254 056
　　　　　—乙产品　　　　224 552
　贷：生产成本—基本生产成本—甲产品—直接材料　　38 500
　　　　　　　　　　　　　　　　—直接人工　　89 874
　　　　　　　　　　　　　　　　—燃料及动力　　55 137
　　　　　　　　　　　　　　　　—制造费用　　70 545
　　　　　　　　　　　　—乙产品—直接材料　　40 960
　　　　　　　　　　　　　　　　—直接人工　　76 648
　　　　　　　　　　　　　　　　—燃料及动力　　46 871
　　　　　　　　　　　　　　　　—制造费用　　60 073

练习题

一、单项选择题

1.品种法的成本计算对象是(　　)。

A.每个加工阶段的半成品及最后加工阶段的产成品　　B.各产品品种

C.产品的批别或定单　　D.各种产品的材料费用

2.简化分批法与分批法的主要区别是(　　)。

A.不分批计算完工产品成本　　B.不分批计算在产品成本

C.分批核算原材料费用　　D.不分配间接费用

3.平行结转分步法中在产品的含义是指(　　)。

A.本步骤在制品　　B.最终产成品种

C.狭义在产品　　D.广义在产品

4.在一般情况下，下列企业中适合选择平行结转分步法的有(　　)。

A.纺织　　B.采掘

C.冶金　　D.重型机械制造

5.下列企业中必须采用逐步结转分步法计算产品成本的有(　　)。

A.采掘企业　　B.有半成品对外销售的企业

C.发电厂　　D.单件小批生产企业

6.在采用综合逐步结转分步法的情况下，下步骤耗用的上步骤半成品的成本应转入下步骤产品成本明细账中的(　　)。

A.直接材料项目　　B.直接人工项目

C.制造费用项目　　D.直接材料或自制半成品项目

7.采用(　　)分步法，为反映原始成本项目，必须进行成本还原。

A.逐步综合结转　　B.逐步分项结转

C.逐步结转　　D.平行结转

8.采用简化分批法，在产品完工之前，产品成本明细账(　　)。

A.不登记任何费用　　B.只登记直接费用和生产工时

C.只登记原材料费用　　D.登记间接费用，不登记直接费用

9.在简化的分批法下，累计间接费用分配率(　　)。

A.只是在各产品之间分配间接费用的依据

B.只是在各批在产品之间分配间接费用的依据

C.既是各批产品之间，也是完工产品和在产品之间分配间接费用的依据

D.只是完工产品与在产品之间分配间接费用的依据

10.分批法适用于(　　)。

A.小批生产　　B.大批生产　　C.大量生产　　D.多步骤生产

11.分批法一般是按照客户的定单来组织生产的，所以也叫(　　)。

A.定单法　　B.系数法　　C.分类法　　D.定额法

12.成本还原是将(　　)耗用各步骤半成品的综合成本，逐步分解还原为原始成本项目的成本。

A.广义在产品　　B.自制半成品　　C.狭义在产品　　D.产成品

13.分步法中，半成品实物已经转移，但成本不随实物转移的成本结转方式叫(　　)分步法。

A.逐步结转　　B.平行结转

C.综合结转　　D.分项结转

14.分步法中，必须进行成本还原的成本结转方式是(　　)。

A.逐步结转　　B.平行结转

C.综合结转　　D.分项结转

15.采用逐步综合结转方式，当上一步骤完工的半成品全部转入下一步骤继续加工时，上一步骤成本计算单中的完工产品成本与下一步骤成本计算单中自制半成品项目的本月发生额的关系是(　　)。

A.没有必然联系　　B.前者大于后者

C.两者必然相等　　D.后者大于前者

16.产品成本计算的分步法是(　　)。

A.分车间计算产品成本的方法　　B.计算各步骤半成品和最后步骤产品成本的方法

C.按生产步骤计算产品成本的方法　　D.计算产品成本中各步骤"份额"的方法

17.逐步结转分步法中在产品涵义是指(　　)。

A.自制半成品　　B.广义在产品

C.狭义在产品　　D.半成品和产成品

18.分步法适用于(　　)。

A.大量大批生产　　B.单件生产　　C.小批生产　　D.大量生产

19.将上一步骤转入的半成品成本全部记入下一步骤成本计算单中的"自制半成品"成本项目，这种成本结转方式称为(　　)。

A.成本还原　　B.综合结转　　C.分项结转　　D.平行汇总

20.成本还原是指从(　　)一个生产步骤开始，将其耗用的上一步骤自制半成品的综合成本，按照上一步骤完工半成品的成本构成，还原成原始成本项目的成本。

A.最后　　B.最前　　C.中间　　D.任意

二、多项选择题

1.下列方法中，成本计算期与会计报告期一致的有(　　)。

A.品种法　　B.逐步结转分步法

C.分批法　　D.平行结转分步法

2.采用逐步结转分步法，按半成品成本在下一步骤成本计算单中反映方法的不同，可以分为(　　)。

A.平行结转　　B.综合结转

C.分项结转　　D.汇总结转

3.采用分批法计算产品成本时，如果批内产品跨月陆续完工的情况不多，完工产品数量占全部批量的比重小，先完工的产品可以按下列成本计价从产品成本明细账中转出(　　)

A.按计划单位成本计价　　B.按定额单位成本计价

C.按近期相同产品的实际单位成本计价　　D.按实际单位成本计价

4.简化分批法适用范围的应用条件是(　　)。

A.同一月份投产的产品批数很多　　B.月末完工产品批数较少

C.各月间接费用水平相差不多　　D.各月生产费用水平相差不多

5.采用简化分批法，基本生产成本二级账登记(　　)。

A.直接费用　　B.间接费用

C.生产工时　　D.期间费用

6.分批法与品种法的主要区别是(　　)。

A.成本计算对象不同　　B.成本计算期不同

C.生产周期不同　　D.会计核算期不同

7.企业成本核算的分步法可以分为(　　)等几种方法。

A.逐步结转分步法　　B.分项结转分步法

C.综合结转分步法　　D.平行结转分步法

8.采用简化分批法，各月(　　)。

A.只计算完工产品成本　　B.只对完工产品分配间接费用

C.不分批计算在产品成本　　D.不在完工产品与在产品间分配费用

9.采用简化分批法(　　)。

A.必须设立基本生产成本二级账

B.在产品完工之前，产品成本明细账只登记原材料费用和累计生产工时

C.在生产成本二级中只登记费用

D.不分批计算在产品成本

10.逐步结转分步法的特点有(　　)。

A.计算各步骤半成品成本　　B.半成品成本随实物的转移而转移

C.在产品的含义是广义的在产品　D.在产品的含义是狭义的在产品

11.平行结转分步法的特点有(　　)。

A.不计算各步骤半成品成本　　B.半成品实物转移但成本不结转

C.在产品是广义的在产品　　D.需要进行成本还原

12.采用分步法计算产品成本，月末要将归集的生产费用在完工产品与在产品之间进行分配，企业可采用的分配方法有(　　)。

A.约当产量法　　B.生产工时比例法

C.定额成本法　　D.定额比例法

13.在一般情况下，采用逐步结转分步法计算产品成本的企业有(　　)。

A.纺织厂　　B.造纸厂　　C.发电厂　　D.钢厂

14.在一般情况下，下列企业中需要采用逐步结转分步法的有(　　)。

A.有半成品对外销售的企业　　B.需要考核半成品成本的企业

C.大量大批连续式多步骤生产企业　D.大量大批装配式多步骤生产企业

15.采用平行结转分步法计算产品成本，各生产步骤的月末在产品成本包括(　　)。

A.本步骤月末在产品的成本

B.已转入以后步骤尚未最终完工的半成品成本

C.最终产成品成本

D.上一步骤月末在产品成本

三、判断题

1.从生产工艺技术过程看，品种法只适用于简单生产。(　　)

2.从成本计算对象和成本计算过程看，品种法是最基本的成本计算方法。(　　)

3.品种法的成本计算期与生产周期一致。(　　)

4.品种法不需要在各种产品之间分配费用，也不需要在完工产品和期末在产品之间分配费用，所以也称为“简单法”。(　　)

5.分批法的适用范围与品种法相同。(　　)

6.分批法应以产品的批次或定单、生产通知单作为成本计算对象，开设产品成本计算单。(　　)

7.分批法一般不需要在完工产品和在产品之间分配生产费用，但一批产品跨月陆续完工时，也需要在完工产品和在产品之间分配生产费用。(　　)

8.简化的分批法，是指既不需要在各批产品之间分配费用，又不需要在完工产品和在产品之间分配费用。（　　）

9.采用简化的分批法，未完工产品不分配结转间接计入成本的费用。（　　）

10.各批产品间接计入成本的费用累计数，除以各批产品的累计工时数，称为累计分配率。它是计算已完工产品应负担的间接计入成本费用的依据。（　　）

11.采用逐步结转分步法，各生产步骤产品成本计算单上的月末余额，就是各生产步骤该产品实际结存的在产品成本，即狭义在产品成本。（　　）

12.企业采用逐步结转分步法进行成本计算，为了反映原始成本项目，无论是综合结转，还是分项结转，月末必须进行成本还原。（　　）

13.无论采用何种成本计算方法，月末都需要将本月归集的生产费用在完工产品与在产品之间进行分配。（　　）

14.综合结转法，是将各生产步骤耗用上一步骤的产品成本以“自制半成品”或“原材料”项目记入下一生产步骤产品成本计算单中的一种方法。（　　）

15.综合结转法，它适用于管理上要求计算和反映各生产步骤产品所耗上一生产步骤半成品综合成本的企业。（　　）

16.成本还原，就是将各生产步骤停留在以后步骤的半成品综合成本项目，分解还原为原来的成本项目。（　　）

17.成本还原，是从最后一个生产步骤开始将产成品所耗半成品的综合成本，逐步从后往前还原，直到第一步骤为止。（　　）

18.分项结转法适用于管理上不要求计算所耗半成品成本，要求按原始成本项目计算产品成本的企业。（　　）

19.采用平行结转分步法时，产成品是指最后一个生产步骤的产品。（　　）

20.平行结转分步法适用于大量大批多步骤装配式生产的企业。（　　）

21.采用逐步分项法结转与逐步综合结转并进行成本还原的计算结果应是一致的，各成本项目的金额也是相等的。（　　）

22.逐步结转法和平行结转分步法是分步法计算产品成本的两种具体方法，因此计算出来的产成品成本应该是相等的。（　　）

23.采用逐步结转分步法，每月末各步骤成本计算单中归集的生产费用，应选用适当的方法在完工半成品与狭义在产品之间分配。（　　）

24.采用平行结转分步法，每月末各步骤成本计算单中归集的生产费用，应选用适当的方法在完工产成品与在产品之间分配。（　　）

四、业务计算题

1.产品成本计算的品种法

资料：中兴工厂二车间生产 A、B 两种产品，原材料都在开始生产时全部一次投料，成本计算采用品种法。共同耗用的甲原材料按定额消耗量比例进行分配；生产工人工资和制造费用按实际工时比例分配。2010 年 10 月有关资料如下：

A 产品期初在产品成本：原材料 13 200 元，工资 4 600 元，制造费用 1 200 元。B 产品期初无在产品。

本月有关费用：甲材料的实际成本为 66 300 元，A 产品实际工时为 26 000 小时，B 产品实际生产工时为 16 000 小时，工资总额为 16 800 元，制造费用总额为 6 300 元。A 产品和 B 产品甲材料的消耗定额分别为 4 000 千克和 2 500 千克。

A 产品完工产品和在产品的费用分配，按产量和约当产量比例分配。本月完工 2100 千克，期末在产品 1 500 千克(完工程度为 60%)，系一次投料逐步加工 B 产品完工产量 1 000 千克；无期末在产品。

要求：(1)计算完工产品总成本。

(2)编制产品入库的会计分录。

2.练习品种法

资料：1)某企业设有一个基本生产车间和供电、供气两个辅助生产车间，基本生产车间大量大批生产 A、B 两种产品，辅助生产车间提供电力、蒸汽服务。根据生产特点和管理要求，该企业采用品种法计算产品成本。

2)该企业 2010 年 12 月份各种产品实际产量及定额工时资料为：A 产品月初在产品 400 件，本月投入 1 500 件，本月完工产品 1 600 件，月末在产品 300 件，完工程度为 80%，生产工时为 40 500 小时；B 产品本月投入 1 000 件，本月完工 1 000 件，生产工时为 27 000 小时。

3)供电车间本月供电 64 000 度，其中供气车间用电 4 000 度，产品生产用电 40 000 度(A 产品用 24 000 度、B 产品用 16 000 度)，基本生产车间一般用电 8 000 度，厂部管理部门用电 12 000 度。供汽车间本月供气 12 000 立方米，其中供电车间用 2 000 立方米，基本生产车间用 9 000 立方米，厂部管理部门用 1 000 立方米。

4)该企业生产两种产品所需材料均于生产开始时一次投入，本月份 A 产品月初在产品成本为 87 000 元，其中直接材料 59 000 元，直接人工 21 500 元，制造费用 6 500 元；B 产品无月初在产品。

5)该企业工资费用、制造费用按 A、B 两种产品耗用的生产工时比例分配，辅助生产费用采用直接分配法分配。

6)本月有关生产费用的部分经济业务和有关成本计算资料如下：

(1)本月发出材料 387 000 元，其中：A 产品直接消耗 200 000 元，B 产品直接消耗 100

000 元，共同消耗 60 000 元；基本生产车间一般消耗 4 000 元，供电车间消耗 12 000 元，供气车间消耗 5 000 元，厂部管理部门消耗 6 000 元。

(2)本月发放工资 287 000 元，其中产品生产工人工资 243 000 元，供电车间工资 6 000 元，供汽车间工资 10 000 元，基本生产车间管理人员工资 8 000 元，厂部管理人员工资 20 000 元；并按 14％计提福利费；2％计提工会经费；1.5％计提职工教育经费。

(3)本月应计提折旧费 45 000 元，其中，基本生产车间 30 000 元，供电车间 4 000 元，供汽车间 3 000 元，厂部管理部门 8 000 元。

(4)本月应摊待摊费用(修理费)3 500 元，其中，基本生产车间 2 000 元，供电车间 200 元，供气车间 300 元，厂部管理部门 1 000 元。

(5)本月以现金支付的费用为 4 850 元，其中，基本生产车间办公费用 1 090 元，供电车间办公费 560 元，供气车间办公费 200 元厂部管理部门办公费 600 元，差旅费 2 400 元。

(6)本月以银行存款支付的费用为 14 000 元，其中，基本生产车间水费 500 元、办公费用 1 000 元，供电车间外购电力和水费 5 000 元，供气车间水费 3 500 元，厂部管理部门办公费 1 800 元、差旅费 2 000 元、招待费 200 元。

要求：①根据以上资料编制分配各种要素费用的会计分录(按 A、B 两种产品直接耗用原材料比例分配共用材料费用；按实际生产工时分配产品生产工人职工薪酬和制造费用)。

②将生产费用采用约当产量比例法在完工产品和月末在产品之间进行分配，结转完工产品成本并编制会计分录。

第九章 9
产品成本计算的分批法

第一节 分批法概述

一、分批法的概念

分批法是以产品批别为成本计算对象，按照产品批别或订单来归集和分配生产费用，从而计算产品成本的一种成本计算的基本方法。一般是根据购货单位的订货单来组织生产的，因此，又称订单法。

二、分批法的适用范围

分批法主要适用于单件、小批量且管理上不要求分步骤计算成本的多步骤生产的企业。

三、分批法的特点

1.成本计算对象是产品的批别，按产品批别设置成本明细账，并在成本计算单内按成本项目设置专栏。

在单件、小批生产的企业中，生产活动一般是根据各购货单位的订单来组织的，因此，分批法的成本计算对象是产品的批次或批别，具体表现为：

(1)购买者的订单。在小批和单件生产中，生产活动基本上是根据购买者的订单直接组织生产的，因而按照产品批别计算成本，也就是按照订单计算产品成本，所以分批法又称订单法。

(2)生产任务通知单。如果客户提交的一份订单中规定有几种产品，或虽只有一种产品，但其数量较大而且又要求分批交货时，如仍按订货单位的订单组织生产，就不利于按产品品种考核、分析成本计划的完成情况，不能满足分批交货的要求。另外，企业还可能同时接受不同客户要求生产相同产品的订货单，此时如仍按订单组织生产计算成本，既不经济，也不合理。前一种情况下，企业的生产计划部门可以将订单按照产品品种划分成批别组织生产，或者将同类产品划分为数批组织生产，计算成本。后一种情况下，企业的生产计划部门可将不同单位同种产品的订单合并一批组织生产，计算成本。在这两种情况下，分批法的成本计算对象就不是购货单位的订货单，而是企业生产计划部门的生产任务通知单。生产任务通知单对每批生产任务制定编号，称为产品批号或生产号令。会计部门应根据产品批号设立产品成本明细账，生产费用发生后，就按产品批别进行归集。直接费用直接计入，间接费用则要采用适当的分配方法在各批产品之间进行分配后，计入各产品成本明细账。由于分批法下存在多个成本计算对象，间接计入费用多，为了提高成本计算的正确性，要合理选择费用分配标准。

2.产品成本计算期不固定，与产品的生产周期一致，与会计报告期不一致

为了保证成本计算的正确性，各批产品成本明细账的设立和结算，应与生产任务通知单的签发和组织生产密切配合，协调一致，即各批或各订单产品的成本总额，在其完工以后计算确定，因而产品成本计算期是不确定的，成本计算期与产品的生产周期一致，而与会计报告期不一致。

3.一般不需要对生产费用在完工产品与在产品之间进行分配

在单件、小批生产情况下，由于成本计算期与产品的生产周期一致，平时只归集、分配与其产品批别有关的生产费用，等该批产品全部完工时才将其成本计算出来，因而在月末计算产品成本时，一般不存在完工产品与在产品之间分配费用的问题。

在单件生产中，产品完工以前，产品成本明细账中所归集的费用，都是在产品成本；产品完工时，产品明细账中所归集的费用，就是完工产品成本。因而在月末计算产品成本时，不存在完工产品与在产品之间分配费用的问题。

如果是小批生产，批内产品一般都能同时完工，在月末计算产品成本时，或者已经全部完工，或者全部没有完工，因而也不存在完工产品与在产品之间分配费用的问题。但是，如果批内产品出现提前跨月完工时，则应采用一定的方法将生产费用在完工产品和在产品之间进行分配。若批内跨月完工数量较多时，为提高产品成本计算的正确性，则应根据具体条件采用适当的分配方法，在完工产品和月末在产品之间分配费用，计算完工产品与月末在产品的成本。为了使同一批产品尽量同时完工，避免跨越陆续完工的情况，减少在完工产品与月末在产品之间分配费用的工作，在合理组织生产的前提下，可以适当缩小产品的批量。如果批内完工产品的数量多，未完工产品的数量少时，可采用约当产量法、定额比例法等方法，分配计算完工产品和月末在产品成本。

如果跨月完工数量不多时，为简化成本计算工作，可按计划单位成本、定额单位成本或近期相同产品的实际单位成本计算完工产品成本，从产品成本明细账中转出完工产品成本后的余额，为在产品成本。为了正确考核和分析该批产品成本计划的完成情况，待该批产品完工时，再计算该批产品的实际总成本和单位成本，但对已完工并已转账的完工产品成本，不再作账面调整。

四、分批法下的成本计算程序

1.按产品批别设置生产成本明细账(产品成本计算单)

在生产开始时，财会部门应该根据企业生产管理部门下达的每一份生产任务通知单设置产品成本计算单，并在产品成本计算单注明产品批别(或生产令号、工作令号)以及生产通知单上所提供的其他需要说明的信息。

在按产品生产的批别或订单设置产品成本计算单中，还应按企业所确定的成本项目设专栏，用以归集各批产品在生产过程中所发生的各项产品费用。

2.按产品批别归集和分配本月发生的各种费用

在分批法下，要按产品批别(工作令号)来归集和分配生产费用。企业发生的生产费用，能按批次划分的直接计入费用，要在费用原始凭证上注明产品批号(或工作令号)，以便据以直接计入各该批产品成本明细账(产品成本计算单)；对于不能分清属于某批产品的费用，则应在费用的原始凭证上注明费用的用途，以便按费用项目归集，按照企业确定的分配方法在各批产品之间进行分配以后，再计入各该批产品成本明细账(产品成本计算单)。对于辅助生产车间发生的直接费用，直接计入“辅助生产成本明细账”；各生产车间发生间接费用，按照费用发生的地点，先归集在“制造费用明细账”中，以便再分配。

3.分配辅助生产费用

期末，将辅助生产车间的费用分配转入“辅助生产成本明细账”，再汇集辅助生产车间发生的费用，按其提供的劳务数量，在各批别或订单产品以及其他受益对象之间进行分配。对于辅助生产车间生产的产品，应计算其完工产品成本，从“辅助生产成本明细账”中转出。

4.分配基本生产单位的制造费用

将基本生产车间“制造费用明细账”中归集的制造费用进行汇总，在本车间或本分厂所生产的各批产品中进行分配，并根据分配结果计入各批产品成本。

5.计算完工产品成本

分批法一般不需要在完工产品和在产品之间分配生产费用。当某批产品批量较大，又存在跨月陆续完工或分次交货情况时，应在批内计算完工产品成本和月末在产品成本。计算方法一般有两种：

第一种，先计算出完工产品成本，将生产费用减去完工产品成本，挤出月末在产品成本的方法。在计划成本或定额成本比较准确的企业，可根据计划成本或定额成本计算完工产品成本;如果没有准确的计划或定额资料，可根据近期同种产品的实际成本，综合分析各项影响成本的因素后，确定完工产品成本。

第二种，采用适当的方法，分配计算出批内完工产品成本和月末在产品成本。一般可选择采用约当产量法或定额比例法等具体方法。

在批内完工数量不多时，可选择前一种方法，否则，考虑用后一种方法。这两种方法，由于都带有一定的假定性，所以，还需要在整批产品完工时，重新计算该批产品的总成本和单位成本。

6.结转完工产品成本

月末将各批完工产品成本以及批内陆续完工产品的成本加以汇总，编制“完工产品成本汇总表”，结转完工入库产品成本。

第二节　分批法举例

一、一般类型的分批法

一般类型的分批法包括两种情况：

(1)企业进行小批量生产或单件生产，批内产品可能同时完工。在单件或小批产品完工之前，基本生产成本明细账上汇集的生产费用就是在产品成本；产品完工时，所有生产费用就是产成品总成本，除以产量即为单位成本。这样，月末计算产品成本时就不需要在完工产品与在产品之间分配生产费用。

(2)在大批量且批内产品有跨月陆续完工的情况下，如果月末完工产品的数量占批内数量的比重较小，为了简化计算工作，完工产品成本可以先按计划或定额等单位成本计算转出。在该批产品全部完工时，再计算该批产品的实际总成本和单位成本；如果月末完工产品的数量占全批数量的比重较大，为了正确计算产品成本，应该采用约当产量法、定额比例法等适当的分配方法，计算完工产品成本和月末在产品成本。

【例 9—1】具体运用分批法计算产品成本。

(一)基本情况

共青城某企业属单件小批多步骤生产企业，按购货单位要求小批生产甲、乙、丙三种产品，产品成本计算采用分批法，该企业 9 月份有关成本计算资料如下：

1.各生产批别产量、费用资料

(1)901 号甲产品 50 件，7 月份投产，本月全部完工，7、8 两月份累计费用为：直接材料 4 000 元，直接人工 1 000 元，制造费用 1 200 元。本月发生费用：直接人工 400 元，制造费用 500 元。

(2)902 号乙产品 100 件，8 月份投产，本月完工 60 件，未完工 40 件，8 月份发生的生产费用为：直接材料 60 000 元，直接人工 15 000 元，制造费用 13 000 元。本月发生费用：直接人工 7 000 元，制造费用 6 000 元。

(3)903 号丙产品 7 件，本月投产，尚未完工，本月发生生产费用分别为：原材料 20 000 元，工资福利 5 600 元，制造费用 4 800 元。

2.其他有关资料

(1)甲、乙、丙三种产品的原材料均在生产开始时一次投入。

(2)902 号乙产品本月完工产品数量在批内所占的比重较大(60%)，根据生产费用发生情况，其原材料费用按照完工产品和在产品的实际数量比例分配，其他费用采用约当产量比例法在完工产品与月末在产品之间进行分配，在产品完工程度为 50%。

(二)成本计算过程

1.901 号产品成本计算

901 号产品，本月已全部完工，7、8、9 三个月份的累计生产费用全部为完工产品成本，除以完工产品数量，即为完工产品单位成本。产品成本计算单如表 9－1 所示：

表 9－1　901 号产品成本计算单

产品名称:甲产品　　**批量:**50 件　　**投产日期:**7 月份

购货单位:××　　**批号:**901　　**完工日期:**9 月份

20××年		摘要	直接材料	直接人工	制造费用	合计
月	日					
9	1	月初在产品成本	4 000	1 000	1 200	6 200
9	30	工资福利费用分配表		400		400
9	30	制造费用分配表			500	500
9	30	生产费用合计	4 000	1 400	1 700	7 100
9	30	完工产品总成本	4 000	1 400	1 700	7 100
9	30	完工产品单位成本	80	28	34	142

会计分录

借：库存商品—901—甲　　7 100

　贷：生产成本—基本生产成本(901)—直接材料　　4 000

　　　　　　　　　　　　　　　　—直接人工　　1 400

　　　　　　　　　　　　　　　　—制造费用　　1 700

2.902 号产品成本计算

902 号产品本月完 60 件，尚有 40 件未完工，属于是跨月陆续完工，且完工产品数量在批内所占比重较大，生产费用应在完工产品与在产品之间进行分配。原材料费用因在生产开始时已一次投足，完工产品与未完工产品负担的程度是一样的，按产品的实际数量比例分配，其他费用在本例中采用约当产量比例法分配。

(1)约当总产量＝完工产品数量＋在产品约当产量

直接材料项目约当总产量＝60＋40×100%＝100

直接人工项目约当总产量＝60＋40×50%＝80

制造费用项目约当总产量＝60＋40×50%＝80

(2)完工产品单位成本(即费用分配率)$=\frac{\text{生产费用合计}}{\text{约当总产量}}$

直接材料项目费用分配率＝60 000÷100＝600

直接人工项目费用分配率＝(15 000＋7 000)÷80＝22 000÷80＝275

制造费用项目费用分配率＝(13 000＋6 000)÷80＝19 000÷80＝237.5

(3)完工产品总成本＝完工产品数量×费用分配率

直接材料项目＝60×600＝36 000

直接人工项目＝60×275＝16 500

制造费用项目＝60×237.5＝14 250

(4)月末在产品成本＝生产费用合计－完工产品总成本

直接材料项目＝60 000－36 000＝24 000

直接人工项目＝22 000－16 500＝5 500

制造费用项目＝19 000－14 250＝4 750

根据上面的计算资料，902 号产品成本计算单如表 9－2 所示：

表 9－2　902 号产品成本计算单

产品名称:乙产品　　**批量:100 件**　　**投产日期:8 月份**

购货单位:××　　**批号:902**　　**本月完工:60 件**

20××年		摘要	直接材料	直接人工	制造费用	合计
月	日					
9	1	月初在产品成本	60 000	15 000	13 000	88 000
9	30	工资福利费用分配表		7 000		7 000
9	30	制造费用分配表			6 000	6 000
9	30	生产费用合计	60 000	22 000	19 000	101 000
9	30	约当产量	100	80	80	
9	30	完工产品总成本	36 000	16 500	14 250	66 750
9	30	完工产品单位成本	600	275	237.5	1112.5
9	30	月末在产品成本	24 000	5 500	4 750	34 250

会计分录

借：库存商品—902—乙　　66 750

　　贷：生产成本—基本生产成本(902)—直接材料　　36 000

　　　　　　　　　　　　　　　　　　—直接人工　　16 500

　　　　　　　　　　　　　　　　　　—制造费用　　14 250

3.903 号产品成本计算

903号产品本月尚未完工，所发生的费用均为在产品成本，成本计算单如表9－3所示：

表9－3 903号产品成本计算单

产品名称：丙　　　　批号：903

购货单位：××　　　　批量：7件　　　　投产日期：9月份　本月完工：0

月	日	摘要	直接材料	直接人工	制造费用	合计
9	1	月初在产品成本	0	0	0	0
9	30	材料费用分配表	20 000			20 000
9	30	工资福利费用分配表		5 600		5 600
9	30	制造费用分配表			4 800	4 800
9	30	月末在产品成本合计	20 000	5 600	4 800	30 400

二、简化的分批法

在小批、单件生产的企业或车间中，如果同一月份投产的产品批数很多，几十批甚至上百批，并且月末未完工的批数也较多。在此情况下，如果将当月发生的间接费用全部分配给各批产品，而且不管各批产品是否已经完工，费用分配的核算工作将非常繁重。因此，在这类企业或车间中还采用这一种简化的分批法。其成本计算特点如下：

(1)设立基本生产成本二级账。将月份内各批别产品发生的生产费用(按成本项目)以及生产工时等级在基本生产二级账中，按月提供企业或车间全部产品的累计生产费用和累计工时资料(如：实际工时或定额工时等)。

(2)按产品批别设立产品成本明细账，与基本生产成本二级账平行登记，但该产品成本明细账在产品完工之前只登记直接材料费用和生产工时，在没有完工产品的情况下，不分配间接计入费用，只有在有完工产品的那个月份，才对间接费用进行分配，登记完工产品成本。

在这里注意区分两个概念：间接计入费用并不等同于间接费用。间接计入费用与直接计入费用对应，它是按其计入产品成本的方式所作的一种费用分类，从费用性质上讲，间接计入费用可能是间接费用，但也可能是直接费用，只是间接计入而已，如生产工人同时对几种产品进行加工，此时的人工费用，就属于直接费用，但因是几种产品共同耗用的，不能直接计入，只能间接计入；而间接费用则与直接费用对应，它是按其与是生产工艺的关系所作的一种费用分类，由生产工艺技术过程本身引起的各种费用都是直接费用，如生产过程中所耗用的原材料、辅助材料、燃料动力、生产工人工资及福利费用等。不是由生产工艺技术过程所引起的各种费用都属于间接费用，如生产照明用电、物料消耗、车间管理人员及辅助工人工资、车间厂房折旧等。

(3)在有完工产品的月份，根据基本生产成本二级账的记录资料，计算全部产品累计间接计入费用分配率，按完工产品的累计工时乘以间接计入费用分配率计算和分配其应负担的间接计入费用，并将分配的间接计入费用计入按产品批别设置的产品成本明细账。计算公式如下：

$$全部产品累计间接计入费用分配率=\frac{全部产品累计间接计入费用}{全部产品累计工时}$$

某批完工产品应负担的间接计入费用=该批完工产品累计工时×全部产品累计间接计入费用分配率

对于未完工的在产品则不分配间接计入费用，即不分批计算在产品成本，因而这种方法又称为不分批计算在产品成本的分批法。

(4)最后，将计算出的各批别已完工产品总成本计入基本生产成本二级账，并计算出月末各批在产品总成本。在这里需要指出的是，用该种方法计算产品成本时，全部产品的在产品成本是以总数反映在“基本生产成本二级账”之中的。

【例 9—2】具体运用简化分批法计算产品成本。

资料 1:某企业小批生产多种产品，由于生产批数多，为简化成本计算工作，采用分批法计算产品成本。该企业 4 月份的产品批别有：

201 号 A 产品 10 台，2 月投产，本月完工；

302 号 B 产品 15 台，3 月投产，本月完工；

303 号 C 产品 8 台，3 月投产，本月完工 2 台；

401 号 D 产品 12 台，本月投产，尚未完工。

该企业 4 月份上述四种产品的月初在产品成本资料如表 9—4 所示：

表 9—4　月初在产品成本

产品批别	累计工时(小时)	直接材料	直接人工	制造费用
累计总数	29 000	30 000	22 000	15 000
其中:201 号 A 产品	11 000	9 500		
302 号 B 产品	13 000	12 000		
303 号 C 产品	5 000	8 500		

资料 2:本月全部四种产品生产工时总数为 17 000 小时。其中:A 产品 3 900 小时，B 产品 6 700 小时，C 产品 3 100 小时，D 产品 3 300 小时。本月发生的直接人工费用总数为 12 960 元，本月发生的制造费用总数为 8 920 元;D 产品本月开工，投入原材料费用 24 000 元。

资料 3:根据上述资料，成本计算程序如下：

(1)开设“基本生产成本二级账”如 9—5 所示，同时开设 A、B、C、D 四种产品成本计算单，如表 9—6、表 9—7、表 9—8 和表 9—9 所示。

(2)根据要素费用分配表登记基本生产成本二级账、产品成本计算单。

基本生产成本二级账要按成本项目登记该企业全部产品批别的月初费用、本月费用、累计费用;同时还要登记月初在产品的累计工时、本月工时和累计工时;当产品加工完成时，期末要将完工产品所负担的直接计入费用、按间接计入费用分配率计算的间接计入费用转出。

产品成本计算单，平时只登记直接材料费用和生产工时数，只有当产品完工时才根据基本生产成本二级账计算的“间接计入费用分配率”和该产品实际累计工时计算登记完工产品应负担的间接计入费用。

表 9—5　基本生产成本二级账(各批产品总成本)

20××年 4 月　　　　单位:元

20××年		摘要	直接材料	累计工时（小时）	直接人工	制造费用	合计
月	日						
4	1	月初在产品成本	30 000	29 000	22 000	15 000	67 000
4	30	材料费用分配表	24 000				24 000
4	30	工资福利费用分配表		17 000	12 960		12 960
4	30	转入制造费用				8 920	8 920
4	30	本月累计	54 000	46 000	34 960	23 920	112 880
4	30	累计间接费用分配率			0.76	0.52	
4	30	转出完工产品成本	23 625	36 625	27 835	19 045	70 505
4	30	月末在产品成本	30 375	9 375	7 125	4 875	42 375

表 9—5 中的：

$$\text{直接人工累计分配率}=\frac{\text{直接人工费用累计总额}}{\text{累计总工时}}=\frac{34\ 960}{46\ 000}=0.76$$

$$\text{制造费用累计分配率}=\frac{\text{制造费用累计总额}}{\text{累计总工时}}=\frac{26\ 920}{46\ 000}=0.52$$

转出完工产品累计工时(要根据表 9—6、表 9—7、表 9—8 和表 9—9 计算确定)＝A 完工产品累计工时＋B 完工产品累计工时＋C 完工产品累计工时＝14 900＋19 700＋2 025＝36 625(小时)

转出完工产品成本(这一行数据也要根据表 9—6、表 9—7、表 9—8 和表 9—9 计算确定)：

直接材料项目＝9 500＋12 000＋2 125＝23 625(元)

直接人工项目＝36 625×0.76＝27 835(元)

制造费用项目＝36 625×0.52＝19 045(元)

月末在产品成本＝累计生产费用－转出完工产品成本

直接材料项目＝54 000－23 635＝30 375(元)

直接人工项目＝34 960－27 835＝7 125(元)

制造费用项目＝23 920－19 045＝4 875(元)

月末在产品累计工时＝46 000－36 625＝9 375(小时)

表 9-6　产品成本计算单

产品名称：A 产品　　　　批量：10 件　　　　投产日期：2 月份

购货单位：××　　　　计量单位：元　　　　批号：201　完工日期：4 月份

20××年		摘要	直接材料	生产工时（小时）	直接人工	制造费用	合计
月	日						
4	1	月初在产品成本	9 500	11 000			
4	30	本月发生费用		3 900			
4	30	本月累计	9 500	14 900			
4	30	累计间接费用分配率			0.76	0.52	
4	30	转出完工产品成本	9 500	14 900	11 324	7 748	28 572
4	30	完工产品单位成本	950		1132.4	774.8	2 857.2

完工产品应负担的直接人工费用＝A 产品生产工时×间接费用累计分配率＝14 900×0.76＝11 324（元）

完工产品应负担的制造费用＝A 产品生产工时×制造费用累计分配率＝14 900×0.52＝7 748（元）

$$完工产品单位成本=\frac{转出完工产品总成本}{完工产品数量}=\frac{(9\,500+11\,324+7\,748)}{10}=2\,857.2(元)$$

会计分录

借：库存商品—201—A　　28 572

　贷：生产成本—基本生产成本（201）—直接材料　　9 500

　　　　　　　　　　　　　　　　　—直接人工　　11 324

　　　　　　　　　　　　　　　　　—制造费用　　7 748

表 9-7　产品成本计算单

产品名称：B 产品　　　　计量单位：元

批量：15 台　　　　批号：302　　　　投产日期：3 月　完工日期：4 月

20××年		摘要	直接材料	生产工时	直接人工	制造费用	成本合计
月	日						
3	31	月末在产品成本	12 000	13 000			
4	30	本月发生费用		6 700			
4	30	本月累计	12 000	19 700			
4	30	累计间接费用分配率			0.76	0.52	
4	30	转出完工产品成本	12 000	19 700	14 972	10 244	37 216
4	30	完工产品单位成本	800	——	998.1	682.9	2 481

表中数据的计算原理同上。累计间接计入费用分配率来自“基本生产成本二级账”，转出

完工产品应负担的直接人工为19 700×0.76＝14 972(元)，转出完工产品应负担的制造费用为19 700×0.52＝10 244(元)。会计分录如下

借：库存商品—302—B　　37 216

　　贷：生产成本—基本生产成本(302)—直接材料　　12 000

　　　　—直接人工　　14 972

　　　　—制造费用　　10 244

表9－8　产品成本计算单

产品名称:C产品　　**计量单位:元**

批量:8台　批号:303　　**投产日期:2月　本月完工数量:2台**

20××年		摘要	直接材料	生产工时	直接人工	制造费用	成本合计
月	日						
4	1	月初在产品成本	8 500	5 000			
4	30	本月发生费用		3 100			
4	30	本月累计	8 500	8 100			
4	30	累计间接费用分配率			0.76	0.52	
4	30	转出完工产品成本(2)	2 125	2 025	1 539	1 053	4 717
4	30	完工产品单位成本	1062.5	—	769.5	526.5	2358.5
4	30	月末在产品成本	6375	6075			

计算方法如下：

①材料费用分配率＝8 500÷8＝1 062.5

完工产品材料费用＝1 062.5×2＝2 125(元)

②生产工时分配率＝8 100÷8＝1 012.5

完工产品承担的工时＝1 012.5×2＝2 025(元)

③完工产品承担人工费用＝2 025×0.76＝1 539(元)

④完工产品承担制造费用＝2 025×0.52＝1 053(元)

会计分录

借：库存商品—303—C　　4 717

　　贷：生产成本—基本生产成本(303)—直接材料　　2 125

　　　　—直接人工　　1 539

　　　　—制造费用　　1 053

表 9－9　产品成本计算单

产品名称:D 产品　　　　　　　　　　　　　　　　　　　　　　计量单位:元

批量:12 台　　　　　　　　　批号:401　　　　　　　　　投产日期:4 月　未完工

20××年		摘要	直接材料	生产工时	直接人工	制造费用	成本合计
月	日						
4	30	本月发生费用	24 000	3 300			

汇总结果如表 9－10 所示。

表 9－10　完工产品成本汇总表

20××年 4 月　　　　　　　　　　　　　　单位:元

成本项目	A 产品成本(产量 10 台)		B 产品成本(产量 15 台)		C 产品成本(产量 2 台)	
	总成本	单位成本	总成本	单位成本	总成本	单位成本
直接材料	9 500	950	12 000	800	2 125	1 062.6
直接人工	11 324	1 132.4	14 972	998.1	1 539	769.5
制造费用	7 748	774.8	10 244	682.9	1 053	526.5
合计	28 572	2 857.2	37 216	2 481	4 717	2 358.5

上述简化的分批法与一般的分批法的区别是:间接计入费用在各批产品之间的分配，以及在各批产品的完工产品与在产品之间的分配，是在有完工产品时，利用一个累计间接费用分配率同时完成的，这样就大大简化了费用的分配和登记工作，月末未完工产品的批数越多，核算工作就越简单。但这种方法也有缺点:一是在各批未完工产品的成本明细账中，不能完整地反映各批在产品的成本;二是如果各月的间接费用相差较大时，会影响各月产品成本的正确性。因此，这种方法的适用范围是各月间接费用水平相差不多，但投产批数较多的企业。

练习题

一、单项选择题

1.分批法的成本计算对象一般是(　　)。

A.产品的种类　　B.产品的计算步骤　　C.产品的订单(批次)　　D.产品的数量

2.分批法的计算期一般是(　　)。

A.年度　　B.季度　　C.月份　　D.生产周期

3.采用简化的分批法计算产品成本时，基本生产成本二级账与产品成本计算单无法核对的项目是(　　)。

A.月末在产品生产工时项目余额　　B.月末在产品直接材料项目余额

C.完工产品成本合计数　　D.月末在产品间接计入费用项目余额

4.采用简化的分批法，在产品完工之前，产品成本计算单(　　)。

A.只登记直接材料费用　　B.不登记任何费用

C.只登记直接材料和生产工时　　D.登记间接费用，不登记直接费用

5.累计间接计入费用分配率是依据(　　)的有关数据计算的。

A.基本生产成本明细账　　B.基本生产成本总账

C.基本生产成本二级账　　D.以上都不对

二、多项选择题

1.采用分批法计算产品成本，在批内产品跨月陆续完工不多的情况下，结转完工产品成本的方法可以按(　　)。

A.定额单位成本计算　　B.计划单位成本计算

C.近期同种产品实际单位成本计算　　D.暂不结转，待全部完工后一并计算

E.实际单位成本计算

2.分批法适用于(　　)。

A.新产品试制　　B.单件生产

C.小批生产　　D.辅助生产的工具、模具制造

E.机器设备的大修理

3.采用分批法计算产品成本，作为某一成本计算对象的批别，可以按以下方法确定(　　)。

A.同一定单中的多种产品　　B.同一定单中同种产品的组成部分

C.不同定单中的同种产品　　D.不同定单中的不同产品

E.本企业规定的产品批别

4.采用简化的分批法，在各批产品成本明细账中，对于没有完工产品的月份。只登记(　　)。

A.生产工时　　B.直接材料

C.直接人工费用　　D.制造费用

E.间接计入费用

5.在简化的分批法下(　　)。

A.在产品完工前，产品成本计算单只登记直接材料费和生产工时

B.在产品完工前，产品成本计算单既要登记直接费用，又要登记间接费用

C.在基本生产成本二级账中，既要登记直接费用，又要登记间接费用

D.只在有完工产品的那个月份，才计算完工产品成本

E.不分批计算在产品成本

三、业务题

1.产品成本计算的分批法

某工业企业根据购买单位订单小批生产甲、乙两种产品，采用分批法计算产品成本。20××年7月份生产情况和生产费用支出情况的资料如下：

(1)本月份生产产品的批号。

2019号甲产品4台，5月份投产，本月全部完工。

2020号甲产品10台，6月份投产，本月完工6台，未完工4台。

2031号乙产品8台，本月投产，计划8月完工，本月提前完工2台。

(2)生产费用支出情况。

①各批产品的月初在产品费用详见表6－21。

表6－21　各批产品的月初在产品费用　　单位:元

批号	直接材料	直接燃料和动力	直接人工	制造费用	合计
2019	6 560	7 200	3 640	1 780	19 180
2020	12 860	10 280	5 870	3 899	32 900

②根据各种费用分配表，汇总各批产品本月发生的生产费用，详见表6－22。

表6－22　各批产品本月发生的生产费用　　单位:元

批号	直接材料	直接燃料和动力	直接人工	制造费用	合计
2019		3 150	2 980	970	7 100
2020		3 820	6 120	2 730	12 670
2031	9 360	8 180	5 740	3 010	26 290

(3)在完工产品与在产品之间分配费用的方法。

2020 批号甲产品，本月末完工产品数量较大。原材料了是在生产开始时一次投入，其费用可以按照完工产品和在产品实际数量比例分配;其他费用采用约当产量比例法在完工产品和月末在产品之间进行分配，在产品完工程度为 60%。

2031 批号乙产品，本月末完工产品数量 2 台。为简化核算，完工产品按计划成本转出，每台计划成本为:直接材料 1 160 元，直接燃料和动力 920 元，直接人工 612 元，制造费用 328 元，合计 3 020 元。

要求:

根据上述各项资料，登记各批产品成本明细账，详见表 6—23～表 6—25，请写出计算过程(费用成本精确到元、单位成本精确到分)。

表 6—23 产品成本明细账

投产日期:5 月　**产品批号**:2019　**购货单位**:光华工厂　**完工日期**:7 月

产品名称:甲　**批量**:4 台　**单位**:元

摘要	直接材料	直接燃料和动力	直接人工	制造费用	合计
月初在产品费用	6 560	7 200	3 640	1 780	19 180
本月生产费用		3 150	2 980	970	7 100
累计	6 560	10 350	6 620	2 750	26 280
完工产品成本	6 560	10 350	6 620	2 750	26 280
完工产品单位成本	1 640	2 587.50	1 655	687.50	6 570

表 6—24 产品成本明细账

投产日期:6 月　**产品批号**:2020　**购货单位**:南海公司　**完工日期**:8 月

产品名称:甲　**批量**:10 台　**(本月完工 6 台)**　**单位**:元

摘要	直接材料	直接燃料和动力	直接人工	制造费用	合计
月初在产品费用	12 860	10 280	5 870	3 890	32 900
本月生产费用		3 820	6 120	2 730	12 670
累计	12 860	14 100	11 990	6 620	45 570
完工 6 台产品成本	7 716	10 071	8 564	4 729	31 080
完工产品单位成本	1 286	1 678.50	1 427.30	788.20	5 180
月末在产品费用	5 144	4 029	3 426	1 891	14 490

表 6－25　产品成本明细账

投产日期:7 月　　产品批号:2031　　购货单位:大通集团　完工日期:8 月

产品名称:乙　　批量:8 台　　(本月完工 2 台)　单位:元

摘要	直接材料	直接燃料和动力	直接人工	制造费用	合计
本月生产费用	9 360	8 180	5 740	3 010	26 290
单台计划成本	1 160	920	612	328	3 020
完工 2 台产品成本	2 320	1 840	1 224	656	6 040
月末在产品费用	7 040	6 340	4 516	2 354	20 250

2.某企业生产 A、B 两种产品，采用分批法计算产品成本。2011 年 3 月份和 4 月份的生产情况和生产费用资料如下：

(1)3 月份生产的产品批号有：

301 批号 A 产品 24 台，本月投产，完工 16 台；

302 批号 B 产品 20 台，本月投产，计划下月完工，月末提前完工 4 台。

(2)3 月份成本资金料如下：

301 批号原材料费用为 13 440 元、工资和福利费用 9 408 元、制造费用 5 184 元。

302 批号原材料费用为 18 400 元、工资和福利费用 16 200 元、制造费用 10 400 元。

301 批号 A 产品完工数量较多，生产费用在完工产品与月末在产品之间采用约当产量比例法分配。在产品的完工程度为 40%。原材料在生产开始时一次投入。

302 批号 B 产品完工数量较少，按计划成本结转，每台计划成本为:原材料 900 元，工资和福利费用 820 元，制造费用 1 060 元，合计 2 780 元。

(3)4 月份生产产品的批号有：

301 批号 A 产品 8 台;本月全部完工。

302 批号 B 产品 16 台;本月全部完工。

(4)4 月份的成本资料如下：

301 批号工资和福利费用 2 400 元、制造费用 1 120 元。

302 批号工资和福利费用 600 元、制造费用 440 元。

要求:编制结转 3 月份和 4 月份完工产品的会计分录。

第十章 产品成本计算的分步法 10

第一节 分步法概述

一、分步法的概念

产品成本计算的分步法是指以产品的品种及其所经过的生产步骤作为成本计算对象，并按产品品种、分生产步骤归集生产费用的一种成本计算方法。

二、分步法的适用范围

分步法主要适用于大批量的多步骤生产企业。在这些企业中，产品生产可分为若干个生产步骤进行，比如，钢铁企业可分为炼铁、炼钢、轧钢等生产步骤；纺织企业可分为纺纱、织布、漂染等生产步骤；机械制造企业可分为铸造、加工、装配等生产步骤。这些企业的生产工艺过程都是由若干个技术上可以间断的生产步骤所组成的。在这些企业里，为了加强对各生产步骤的成本管理，不仅要求按照产品品种计算产品成本，而且还要求按照生产步骤归集生产费用，计算各生产步骤的半成品成本，以便为考核和分析各种产品及其各生产步骤成本计划的完成情况提供资料。

三、分步法的特点

分步法的主要特点有：

1.成本计算对象是各种产品的生产步骤

分步法是按照产品的生产步骤计算产品成本的，成本计算对象应按生产步骤来确定，并按产品的生产步骤开设产品成本计算单(产品成本明细账)。如果只生产一种产品，成本计算对象就是该种产品及其所经过的各个生产步骤，产品成本明细账应该按照产品的生产步骤开立，如果生产多种产品，成本计算对象则应是各种产品及其所经过的各生产步骤，产品成本明细账应按照每种产品的各个步骤开立。在归集、分配生产费用时，单设成本项目的直接计入费用，直接计入各成本计算对象；单设成本项目的间接计入费用，单独分配计入各成本计算对象；不单设成本项目的费用，一般是先按车间、部门或者费用用途归集为综合费用，月末再直接计入或者分配计入各成本计算对象。

需要指出的是，分步法成本计算中所指的“生产步骤”与产品实际的生产步骤是两回事，成本计算中的生产步骤是从成本计算的角度确定的，而实际的生产步骤是从生产组织的角度确定的，两者可能一致，也可能不一致。从成本计算的角度看问题，只对管理上要求分步计算成本的生产步骤单独设立产品成本明细账，单独计算产品成本；对管理上不要求单独计算成本的生产步骤，则可与其他生产步骤合并设立产品成本明细账，合并计算产品成本。例如，在按生产步骤设立车间的企业中，一般来讲，分步计算成本也就是分车间计算成本。如果企业生产规模很大，车间内又分成几个生产步骤，而管理上又要求分步计算成本时，也可以在车间内再分步计算成本；相反，如果企业规模很小，管理上也不要求分车间计算成本，也可将几个车间合并为一个步骤计算成本。总之，应根据生产特点和成本管理的要求，本着既要加强成本管理，又要简化成本计算的原则，确定成本计算对象及其生产步骤。

同时还需说明的是，生产步骤并不是承载生产费用的最终客体，承担生产费用的终极客体是产品品种，生产步骤只是一个依附于产品的中间变量。在每一生产步骤中，分步法是按品种法来计算产品成本的，所以分步法是品种法的多次连接使用。

2.成本计算期是以月为基础的会计报告期

采用分步法计算产品成本的企业基本上都是大批量的多步骤生产企业，而在大批量的多步骤生产企业中，生产过程一般都比较长，而且可以间断，产品往往都是跨月陆续完工的，以致生产周期与会计报告期经常不一致，因而成本计算期要在每月月末定期进行，与会计报告期一致，而与生产周期不一致。

3.生产费用要在完工产品与在产品之间进行分配

由于成本计算期与生产周期不一致，月末在计算产品成本时，各生产步骤都有在产品存在，因此，产品成本计算单中所归集的生产费用，就需要采用适当的分配方法在完工产品和期末在产品之间进行分配，即需要正确计算各生产步骤的在产品成本。

4.各步骤之间要进行成本结转

在多步骤生产中，上一步骤生产的半成品是下一步骤的加工对象，为了计算最终产成品的成本，就需要将上一个生产步骤的成本结转到下一个生产步骤(逐步结转分步法)，或者将应由产成品负担的各步骤的“成本份额”结转到产成品中去(平行结转分步法)，即各步骤之间存在成本结转问题。这是分步法不同于其他成本计算方法的一个重要特点。

四、分步法的分类

由商品的二重性所决定，企业的产品在各生产步骤之间的流动，包含了两层意思:其一是使用价值的流动，简称物质流;其二是价值的流动，简称价值流(从成本计算的角度来说，价值流就是成本流)。对这两种流动，分步法在处理各步骤之间的关系时，有两种处理方法:第一种是物质流与价值流紧密联系，使成本流量与物质流量一致，即物质流转到哪里，成本就结转到哪里;第二种是物质流与价值流各自独立进行，成本流量与物质流量相分离，也就是说，物质可能已经从上一步骤转移到了下一步骤，但成本并没有随着物质的转移而转移，可能仍留在上一步骤。由此形成了两种成本结转方法:逐步结转(顺序结转)和平行结转。这样，分步法也就分为逐步结转分步法和平行结转分步法两种。逐步结转分步法又分为综合结转分步法和分项结转分步法。

第二节　逐步结转分步法

一、逐步结转分步法的概念

逐步结转分步法是指根据企业的生产工艺流程，按顺序分步骤计算各步骤半成品成本，并按产品加工顺序逐步结转到下一步骤，直至最后一步骤累计计算出产成品成本的一种成本计算方法，亦称计算半成品成本的分步法。

二、逐步结转分步法适用范围

逐步结转分步法主要适用于大批量的连续加工式多步骤生产的企业。因为在这种生产类型的企业里，原材料投入后要经过一系列的连续加工步骤才能制成，除最后一个生产步骤生产出来的是产成品外，其他各个步骤生产的都是各种不同的半成品。这种类型的企业，在下列情况下，应采用逐步结转分步法：

(1)各生产步骤所产的半成品不仅由企业进一步加工，而且还经常作为商品产品对外销售。为了计算外售半成品的成本，全面地考核和分析商品产品成本计划的执行情况，就要计算这些半成品的成本，例如，纺织企业的棉纱就是如此。

(2)有的半成品不一定外售，但要进行同行业成本的评比，因而也要计算这种半成品的成本。例如，作为化肥工业成本评比重要指标之一的半成品合成氨的成本就是如此。

(3)有一些半成品，为本企业几种产品所耗用，为了分别计算各种产品成本，也要计算这种半成品的成本。例如，机械企业所产的铸件就是如此。

(4)在实行责任会计或厂内经济责任制的企业中，为了全面地考核和分析各生产步骤等内部单位的生产耗费和资金占用水平，需要随着半成品实物在各生产步骤之间的转移，结转半成品成本，这也要求计算半成品成本。

三、逐步结转分步法的特点

逐步结转分步法的主要特点有：

(1)各步骤都计算半成品成本，半成品成本的结转与半成品实物转移一致。即半成品实物转移到哪一步骤，半成品成本也随之转入该步骤产品成本明细账中，成本流转与实物流转是同步的。这是逐步结转分步法与平行结转分步法的根本区别，在平行结转分步法中，成本流转与实物流转是不同步的。

(2)各步骤生产成本明细账中的在产品成本是狭义在产品的成本，反映实存于各步骤的在产品实际占用的资金，即在产品按实物所在地集中。

(3)成本计算期是每月的会计报告期。连续式复杂生产下必然进行大量生产，无法划分生产周期，只能以每月作为成本计算期，这是分步法的共同特点，

四、逐步结转分步法的成本计算程序

逐步结转分步法的成本计算程序是:先归集第一步骤生产费用并计算第一步骤半成品成本，再随半成品实物转入第二步骤生产成本明细账，加上第二步骤发生的直接材料、直接人工、制造费用等，计算第二步骤的半成品成本(依此类推计算下一步骤的半成品成本)。如果不设半成品仓库的企业，如图 10—1 所示(假设企业产品的生产顺序经过三个步骤，各步骤的成本资料为假定)。

在设有半成品仓库的企业，半成品成本还应在半成品仓库与有关生产步骤之间，随着半成品实物的收入(生产完工验收入库)和发出(生产领用)进行结转。如图 10—2 所示(假设同上)。

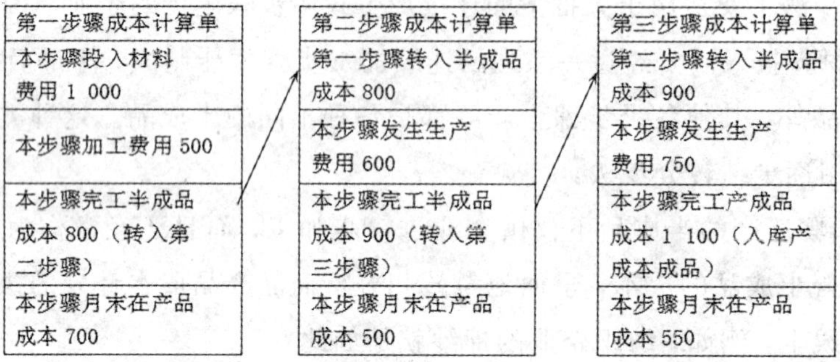

图 10—1　逐步结转分步法的成本计算程序(不设半成品仓库)

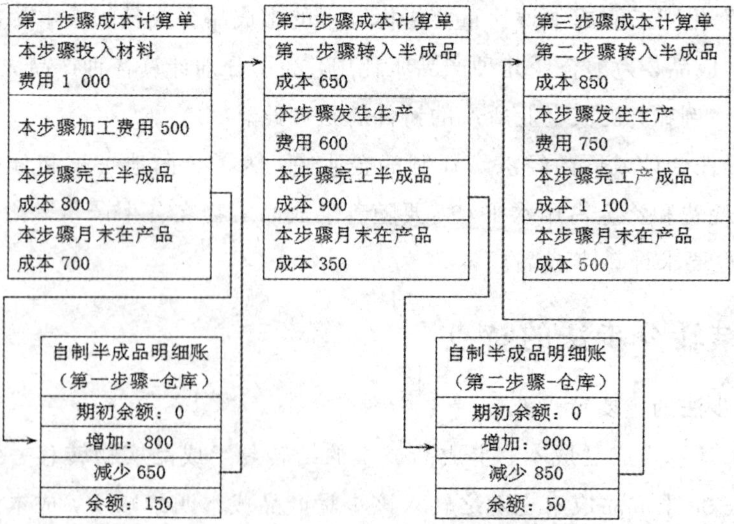

图 10—2　逐步结构分步法的成本计算程序(设半成品仓库)

五、逐步结转分步法的分类

逐步结转分步法按其半成品成本在下一步骤成本计算单中的反映的方式不同，可以分为综合结转分步法和分项结转分步法两种方法。

(一)综合结转分步法

逐步结转的综合结转分步法是指将上一生产步骤所产的半成品成本，不分成本项目(直接材料、直接人工等原始成本项目)，而以“原材料”或专设的“半成品”这一综合成本项目直接转入下一生产步骤的产品成本计算单中的一种反映方法。半成品成本的综合结转可以按实际成本结转，也可按计划成本(或定额成本)结转。

1.半成品按实际成本综合结转

采用这种方法，半成品在各生产步骤之间的转移，应将上步骤本月完工所产半成品的实际总成本转入下一生产步骤的成本计算单；如果半成品通过半成品仓库收发，“自制半成品”账户按实际成本计价，半成品验收入库时按实际成本入账。发出半成品时，由于各月入库半成品实际单位成本不同，因而应根据企业实际情况，采用全月一次加权平均法、先进先出法、移动加权平均法以及个别计价法等方法计算发出半成品的实际单位成本，再乘以发出数量，即为发出半成品的实际成本。某步骤耗用上一步骤所产半成品的实际成本按耗用数量和实际单位成本计算，并以其总额计入本步骤的产品成本计算单中。

【例 10—1】共青城回圆服装公司设有三个基本生产车间，大量生产甲产品。甲产品要顺序经过第一、第二、第三个车间加工。第一车间生产的 A 半成品，完工后交给半成品仓库，第二车间从半成品仓库领出继续加工，所生产的 B 半成品全部交给第三车间继续加工，并最终生产出甲产品，甲产品完工后交给成品仓库。

该公司以生产的甲产品及其所经过的生产步骤的半成品为成本计算对象，产品成本计算单按成本计算对象开设，即分为 A 半成品，B 半成品和甲产成品，并按直接材料、直接人工和制造费用三个成本项目设专栏组织核算。该公司第一生产步骤的 A 半成品通过“自制半成品”账户核算，半成品仓库发出的 A 半成品采用全月一次加权平均法计算其实际成本，第二车间所产的 B 半成品直接交给第三车间加工，不通过半成品仓库核算，各生产步骤所产半成品均按实际成本结转。

该公司各生产步骤完工产品与月末在产品之间要进行生产费用的分配，采用的方法是约当产量法。原材料在第一车间生产开始时一次性投入，第二、第三车间领用的半成品，也在各该步骤生产开始时投入。各生产步骤的直接人工费用和制造费用发生比较均衡，月末在产品的完工程度均按 50％计算。回圆公司某月有关成本计算资料如表 10－1、表 10－2、表 10－3 所示：

表 10－1　回圆公司产量记录　　单位:件

	一车间	二车间	三车间
月初在产品	60	40	90
本月投入或上步转入	240	260	250
本月完工转入下步或交库	240	250	300
月末在产品	60	50	40

表 10－2　回圆公司月初在产品成本　　单位:元

	直接材料(或半成品)	直接人工	制造费用	合计
一车间	3 100	1 750	1 680	6 530
二车间	11 340	4 550	2 555	18 445
三车间	33 730	5 600	5 160	44 490

表 10－3　本月发生费用　　单位:元

	直接材料	直接人工	制造费用	合计
一车间	50 000	32 000	33 960	115 960
二车间		40 000	25 000	65 000
三车间		60 000	15 000	75 000

A 半成品仓库期初结存数量为 60 件，成本金额为 26 340 元。

根据上述资料，用综合结转分步法计算产品成本的程序如下：

第一步:计算第一车间所产 A 半成品成本。

第一车间所产 A 半成品，没有上步转入费用，只需将本步骤累计生产费用在本步骤完工产品(A 半成品)和月末在产品之间进行分配，即可计算出本月所产 A 半成品的实际成本。如表 10－4 所示。

表 10－4　回圆公司第一车间产品成本计算单

产品:甲产品 A 半成品　　年　　月　　单位:元

摘要	直接材料	直接人工	制造费用	合计
月初在产品成本(1)	3 100	1 750	1 680	6 530
本月发生生产费用(2)	50 000	32 000	33 960	115 960
生产费用合计(3)	53 100	33 750	35 640	122 490
本月完工产品数量(4)	240	240	240	
月末在产品数量(5)	60	60	60	—
在产品约当产量(6)	60	30	30	
约当总产量(7)	300	270	270	

续表

摘要	直接材料	直接人工	制造费用	合计
完工产品单位成本(即分配率)(8)	177	125	132	434
完工产品总成本(9)	42 480	30 000	31 680	104 160
月末在产品成本(10)	10 620	3 750	3 960	18 330

有关计算过程如下：

(1)月初在产品成本资料取自表 10－2。

(2)本月生产费用取自表 10－3。

(3)生产费用合计(3)＝(1)＋(2)。

(4)本月完工产品数量取自表 10－1。

(5)月末在产品数量取自表 10－1。

(6)在产品约当产量＝在产品数量×在产品完工程度

因原材料是在生产开始时一次投入的，其完工程度应按 100％计算，而加工费用的发生比较均衡，按 50％计算(已知条件)。所以，

直接材料项目的约当产量＝60×100％＝60(件)

直接人工项目的约当产量＝60×50％＝30(件)

制造费用项目的约当产量＝60×50％＝30(件)

(7)约当总产量＝(4)＋(6)。

(8)完工产品单位成本$=\dfrac{\text{生产费用合计}}{\text{约当总产量}}=(3)\div(7)$

单位成本中的直接材料项目(材料费用分配率)＝53 100÷300＝177(元)

单位成本中的直接人工项目(人工费用分配率)＝33 750÷270＝125(元)

单位成本中的制造费用项目(制造费用分配率)＝35 640÷270＝132(元)

(9)完工产品总成本＝完工产品单位成本×完工产品数量

总成本中的直接材料项目＝177×240＝42 480(元)

总成本中的直接人工项目＝125×240＝30 000(元)

总成本中的制造费用项目＝132×240＝31 680(元)

完工产品总成本＝42480＋30000＋31680＝104160(元)

(10)月末在产品成本＝在产品约当产量×完工产品单位成本或：

月末在产品成本＝生产费用合计(3)－完工产品总成本(9)

月末在产品成本中的直接材料项目＝60×177＝10 620(元)，(或 53 100－42 480)

月末在产品成本中的直接人工项目＝30×125＝3 750(元)，(或 33 750－30 000)

月末在产品成本中的制造费用项目＝30×132＝3 960(元)，(或 35 640－31 680)

月末在产品的成本＝10 620＋3 750＋3 960＝18 330(元)

通过上述计算，第一车间本月完工 A 半成品 240 件，实际总成本为 104 160 元，因为要通过半成品仓库进行核算，所以编制的会计分录如下：

借：自制半成品—A 半成品　　　　　　　　　　　　104 160

　　贷：生产成本—基本生产成本—第一车间　　　　　　　104 160

同时在半成品入库时，要登记自制半成品明细账(见表 10－5)。

第二步:计算第二车间 B 半成品的成本。

第二车间所产的 B 半成品成本，除本车间所发生的费用外，还要加上从半成品库转来的半成品成本，为此，先计算出从半成品库领用的 260 件 A 半成品的实际总成本。按全月一次加权平均法计算如下(已知期初结存 60 件，成本金额为 26 340)：

$$加权平均单位成本=\frac{月初在产品成本+本月入库产品成本}{月初在产品数量+本月入库产品数量}$$

$$=\frac{26\ 340+104\ 160}{60+240}=\frac{130\ 500}{300}=435(元)$$

第二车间领用 260 件 A 半成品的总成本＝435×260＝113 100(元)

编制的会计分录如下：

借：生产成本—基本生产成本—第二车间—B 产品　　　　113 100

　　贷：自制半成品—A 半成品　　　　　　　　　　　　113 100

上述计算结果在自制半成品明细账中的登记如表 10－5 所示：

表 10－5　回圆公司自制半成品明细账

投产日期:3 月　　　　　　　　　　　　　　　　　　　**完工日期:**4 月

产品:A 半成品　　　　　　　　**批号:**302　　　　　　　　　　**单位:件**

20××年		摘要	收入		发出		结存	
月	日		数量	金额	数量	金额	数量	金额
略	略	月初结存				60	26 340	
		第一车间交库	240	104 160			300	130 500
		第二车间领用			260	113 100	40	17 400
		本月合计	240	104 160	260	113 100	40	17 400

根据上述计算结果，本月第二车间领用的 A 半成品应计入第二车间产品成本计算单中的“半成品”项目。比照第一车间产品成本计算的方法，第二车间产品成本计算单如表 10－6 所示：

表 10－6　回圆公司第二车间产品成本计算单

产品:B 半成品　　　　　　　　　年　　月　　　　　　　　　单位:元

摘要	上步转入半成品	直接人工	制造费用	合计
月初在产品成本	11 340	4 550	2 555	18 445
半成品库转入	113 100			113 100
本月加工费用		40 000	25 000	65 000
生产费用合计	124 440	44 550	27 555	196 545
本月完工产品数量	250	250	250	250
月末在产品数量	50	50	50	50
在产品约当产量	50	25	25	—
约当总产量	300	275	275	—
完工产品单位成本(分配率)	414.8	162	100.2	677
完工产品总成本	103 700	40 500	25 050	169 250
月末在产品成本	20 740	4050	2505	27 295

根据上述计算结果，编制结转完工 B 半成品成本的会计分录如下：

借：生产成本—基本生产成本—第三车间—甲产品　　　169 250

　贷：生产成本—基本生产成本—第二车间—B 产品　　　169 250

第三步:计算第三车间完工产品成本。

第二车间的 B 半成品是第三车间的加工对象，根据假定，第二车间所产的 250 件 B 半成品全部转入到第三车间继续加工，所以，第三车间除了本车间所发生的生产费用外，还应加上第二车间转来的 169 250 元 B 半成品成本。成本计算单如表 10－7 所示：

表 10－7　回圆公司第三车间产品成本计算单

产品:甲产成品　　　　　　　　　年　　月　　　　　　　　　单位:元

摘要	上步转入 B 半成品	本步发生		合计
		直接人工	制造费用	
月初在产品成本	33 730	5 600	5 160	44 490
第二步转入	169 250			169 250
本月加工费用		60 000	15 000	75 000
生产费用合计	202 980	65 600	20 160	288 740

续表

摘要	上步转入B半成品	本步发生		合计
		直接人工	制造费用	
月末在产品数量	40	40	40	40
本月完工产品数量	300	300	300	300
在产品约当产量	40	20	20	—
约当总产量	340	320	320	—
完工产品单位成本(分配率)	597	205	63	865
完工产品总成本	179 100	61 500	18 900	259 500
月末在产品成本	23 880	4 100	1 260	29 240

表10－7的计算结果表明，第三车间本月所产甲产品300件，实际总成本为259 500元，实际单位成本为865元。根据计算结果，编制结转完工入库产成品的会计分录如下：

借：库存商品—甲产品　　　　　　　　　　　　259 500

　　贷：生产成本—基本生产成本—第三车间—甲产品　　　　259 500

2.半成品成本按计划成本结转

在采用实际成本综合结转方式下，只有在上一步骤成本计算完成后，才能进行下一步骤的成本计算。上一步的计算如果没有完成，下一步的成本计算就无法进行等。为了解决这些问题，可采用半成品按计划成本综合结转的方法。

半成品按计划单位成本综合结转是指半成品的日常收发均按计划单位成本核算，也就是在成本结转时，各步骤耗用上一步骤的半成品按计划单位成本计价(除第一步骤外)，在半成品实际成本算出以后，再计算半成品的成本差异率，调整所耗半成品的成本差异。采用这种方法时，半成品应通过“自制半成品”账户进行核算，而且所用自制半成品明细账及产品成本明细账的格式与按实际成本结转所用明细账的格式是不同的，主要表现在以下两个方面：

(1)为了调整所耗半成品的成本差异，自制半成品明细账不仅要反映半成品收发和结存的数量与实际成本，而且要反映半成品的收发和结存的计划成本、成本差异和成本差异率。

(2)在第二及以后步骤的产品成本明细账中，对于所耗半成品，可以按照调整成本差异后的实际成本登记;为了分析上一步骤半成品成本差异对本步骤成本的影响，也可以按照所耗半成品的计划成本和成本差异分别登记。在后一种登记方法下，产品成本明细账“半成品”(或“原材料”)项目要分设“计划成本”“成本差异”和“实际成本”三栏。

【例10－2】在【例题10－1】资料的基础上，假定只有前两个生产步骤，A半成品的计划单位成本为每件453.125元，其他资料不变，那么采用计划成本综合结转的成本计算结果如表10－8和表10－9所示。

表 10—8　自制半成品明细账

品名:A 半成品　　　　　　　　　　年　　月　　　　　　　　计划单位成本:453.125 元/件

月份	月初余额			本月增加			累计					本月减少		
	数量	计划成本	实际成本	数量	计划成本	实际成本	数量	计划成本	实际成本	成本差异	成本差异率	数量	计划成本	实际成本
略														
	60	27 187.5	26 340	240	108 750	104 160	300	135 937.5	130 500	-5 437.5	-4%	260	117 812.5	113 100

表 10—9　产品成本明细账

产品:B 产成品　　　　　　　　　　年　　月　　　　　　　　　　　　　　单位:元

摘要	半成品			直接人工	制造费用	合计
	计划成本	成本差异	实际成本			
月初在产品成本	11 812.5	- 472.5	11 340	4 550	2 555	18 445
本月生产费用	117 812.5	- 4 712.5	113 100	40 000	25 000	178 100
生产费用合计	129 625	- 5 185	124 440	44 550	27 555	196 545
完工产品数量	250	250	250	250	250	250
月末在产品数量	50	50	50	50	50	50
在产品约当产量	50	50	50	25	25	—
约当总产量	300	300	300	300	300	—
完工产品单位成本	432.08	—17.28	414.8	162	100.2	677
完工产品总成本	108 020	- 4 320	103 700	40 500	25 050	169 250
月末在产品成本	21 605	- 865	20 740	4 050	2 505	27 295

按计划成本综合结转半成品成本，各步骤可以同时进行成本计算，所以能够加速成本核算工作;同时，在半成品种类较多的情况下，可以按类计算半成品成本差异率、调整所耗半成品成本差异，从而简化成本核算工作;另外，各步骤成本水平不受上步骤成本水平的影响，便于对各步骤进行成本分析与考核，有利于经济责任制的贯彻。

3.成本还原

采用综合结转法结转成本时，各步骤所耗上一步骤半成品的成本是以“原材料”或“自制半成品”项目综合反映在本步骤成本计算单中的，这样上一步骤半成品原来的成本构成项目(直接材料、直接人工和制造费用等)经过结转后就变成了一个项目——原材料或自制半成品项目，在第二及以后各步骤的成本构成项目中原材料或自制半成品项目所占的比重将会越来越大(后面步骤的原材料或自制半成品项目综合了前面步骤的加工费用)，如果生产步骤很多，最后算出的产成品计算单中的成本构成与原来的成本构成将会大相径庭，这显然不符合企业产品成本构成的实际情况，不能据以从整个企业的角度来考核和分析产品成本的构成和水平，也无法填制按成本项目反映的成本报表。因此应将综合结转算出的产成品成本进行还原。

成本还原就是将产成品成本中以综合项目反映的自制半成品成本，逐步分解为以原始成本项目反映的产成品成本资料。因为自制半成品是从处在最前面的生产步骤按顺序逐步转入后面的生产步骤，所以成本还原工作只能倒过来，按照反工艺顺序进行，即从最后一个生产步骤开始，逐步将各步骤成本计算单中所反映的上步骤自制半成品综合成本按照上步骤当月所产该种半成品的成本结构进行还原。将各步骤的自制半成品全部还原以后，然后再将各步骤相同的成本项目的数额相加，即可求得按原始成本项目反映的产成品成本资料。

成本还原的要点是将完工产品成本中的“自制半成品”项目的综合成本分解为原始的成本项目。如果生产过程中各步骤所耗的半成品费用，恰好是上一生产步骤生产的半成品成本，两者可以互相抵消。在这种情况下，成本还原的方法就非常简单，只要将各步骤所耗半成品费用略而不计，将各步骤的直接材料、直接人工和制造费用等分别汇总即可。

例如：甲产品分三个步骤连续加工，各步骤半成品不通过半成品库收发，而是直接为下一步骤领用，下一步骤所耗半成品的成本与上一步骤所产的半成品成本相等，其各步骤逐步结转如图 10－3 所示。

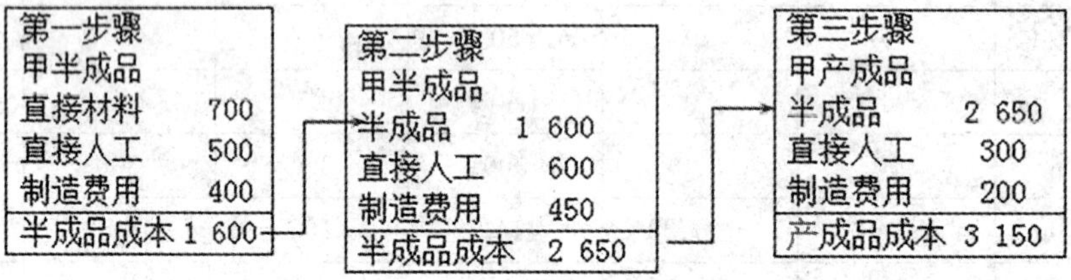

图 10－3 甲产品加工分步图

将各步骤所耗半成品成本略而不计，而将各步骤相同的其他成本项目分别汇总。这样，还原后的成本为：

直接材料	700
直接工人	1 400 （500+600+300）
制造费用	1 050 （400+450+200）
产成品成本合计	3 150元

但在实际工作中，上一步骤所产半成品的数量与下一步骤所耗半成品的数量往往是不相等的，各步骤的半成品也不可能恰好在当月全部完工，因而上述两者不能互相抵消，这就需要用专门的方法进行成本还原，通常用二种方法进行成本还原，即用结构百分比法进行成本还原和用成本还原分配率进行成本还原，下面用一例题进行说明。

【例 10—3】某企业采用综合结转分步法计算产品成本。该企业有三个基本生产车间，第一车间所产的A半成品交与第二车间加工成B半成品，B半成品交与第三车间加工成甲产成品100件，各车间的成本资料已归集如表10—10所示：

表 10—10　产品成本明细账(汇总)　单位:元

生产车间	产品名称	直接材料	自制半成品	直接人工	制造费用	合计
第一车间	A半成品	9 400		6 600	4 000	20 000
第二车间	B半成品		24 000	9 600	6 400	40 000
第三车间	甲产成品		36 000	6 720	5 280	48 000

根据上述资料，用结构百分比法进行还原，首先要计算出各步骤各成本项目的成本结构百分比，计算结果如表10—11所示：

表 10—11　各步骤各成本项目的成本结构百分比　单位:元

	第一车间		第二车间		第三车间	
	成本金额	比重(%)	成本金额	比重(%)	成本金额	比重(%)
直接材料	9 400	47				
自制半成品			24 000	60	36 000	75
直接人工	6 600	33	9 600	24	6 720	14
制造费用	4 000	20	6 400	16	5 280	11
合计	20 000	100	40 000	100	48 000	100

还原计算要按反工艺顺序进行，即从第三车间开始逐步往前还原。第三车间所耗的半成品是第二车间生产的，应按第二车间的成本结构进行还原。

第三车间成本还原：

半成品项目＝36 000×60%＝21 600(元)

(注意:这还是一个综合性项目)

直接人工项目＝36 000×24%＝8 640(元)

制造费用项目＝36 000×16%＝5 760(元)

第三车间成本还原后，尚有21 600元是综合性项目，它是第二车间所耗的第一车间半成品，需要按第一车间的成本结构进行继续还原。

第二车间成本还原：

直接材料项目＝21 600×47%＝10 152(元)

直接人工项目＝21 600×33%＝7 128(元)

制造费用项目＝21 600×20%＝4 320(元)

本企业只有三个生产步骤，到此为止，已全部还原完毕。最后，将还原后的各相同成本项目的成本数额相加，计算出还原以后的产成品总成本。

直接材料项目＝10 152(元)

直接人工项目＝6 720＋7 128＋8 640＝22 488(元)

制造费用项目＝5 280＋4 320＋5 760＝15 360(元)

合计＝10 152＋22 488＋15 360＝48 000(元)

还原以后的总成本为 48 000 元，与还原前的总成本相同，说明成本还原不会改变产成品的总成本。但是成本还原改变了产成品成本的构成：在还原前的产成品总成本中，半成品为 36 000 元，直接人工为 6 720 元，制造费用为 5 280 元；还原后的总成本中，直接材料为 10 152 元，直接人工为 22 488 元，制造费用为 15 360 元，没有半成品成本项目，反映了产成品成本的原始构成。

用成本还原分配率进行还原。还原顺序是一样的，同样要求从最后一个生产步骤逐步往前还原。

第三车间半成品成本还原分配率$=\frac{36\ 000}{40\ 000}=0.9$

第三车间半成品成本还原：

半成品项目＝24 000×0.9＝21 600(元)

直接人工项目＝9 600×0.9＝8 640(元)

制造费用项目＝6 400×0.9＝5 760(元)

第二车间半成品成本还原分配率$=\frac{21\ 600}{20\ 000}=1.08$

第二车间半成品成本还原：

直接材料项目＝9 400×1.08＝10 152(元)

直接人工项目＝6 600×1.08＝7 128(元)

制造费用项目＝4 000×1.08＝4 320(元)

结果与按结构百分比法还原是一样的，但从中可以看出，该种方法更为简便。同时在这里还验证了还原分配率是一个可以大于 1、等于 1、小于 1 的系数。

以上我们是按照成本还原的原理逐步进行计算的，在实际工作中，成本还原一般是通过编制“成本还原计算表”进行的。现将上例资料用成本还原计算表的一般格式计算如表 10－12 所示：

表 10—12　成本还原计算表

产品:甲产品　　　　产量:件　　　　单位:元

摘要	成本还原分配率	成本项目					
		B 半成品	A 半成品	直接材料	直接人工	制造费用	合计
①第三车间还原前总成本		36 000			6 720	5 280	48 000
②第二车间 B 半成品成本			24 000		9 600	6 400	40 000
③B 半成品成本还原	0.9	- 36 000	21 600		8 640	5 760	0
④第一车间 A 半成品成本				9 400	6 600	4 000	20 000
⑤A 半成品成本还原	1.08		- 21 600	10 152	7 128	4 320	0
⑥还原后总成本		0	0	10 152	22 488	15 360	48 000
⑦还原后单位成本				101.52	224.88	153.6	480

* 还原后总成本为表中的①行＋③行＋⑤行＝⑥行。

会计分录

借：库存商品—甲产品　　　　48 000

　　贷：生产成本—基本生产成本—甲产品—直接材料　　10 152

　　　　　　　　　　　　　　　　　　　—直接人工　　22 488

　　　　　　　　　　　　　　　　　　　—制造费用　　15 360

(二)分项结转

逐步结转的分项结转分步法，是指按半成品的原始成本构成在各生产步骤之间进行成本结转的一种成本结转方法。按照这种结转方法，各生产步骤之间在进行成本结转时，应将上一步骤转入下一步骤的半成品成本，按上一步骤半成品的原始成本构成，分成本项目分别转入下一步骤成本计算单的各个成本项目中。如果半成品通过半成品库收发，则在自制半成品明细账中也要按成本项目分别登记。采用分项结转法计算出来的产品成本，能够提供按原始成本项目反映的产品成本，不需要进行成本还原。

分项结转半成品成本，可以按半成品的实际成本结转，也可以按半成品的计划成本结转或定额成本结转，按计划成本结转半成品成本，需要按成本项目分项调整成本差异，此方法的工作量较大。因此，一般采用实际成本进行分项结转，下面用一例题进行说明。

【例 10—4】某企业生产的甲产成品，要顺序经过两个生产车间连续加工，第一生产车间生产的 A 半成品转入半成品仓库，第二生产车间再从半成品仓库领出继续加工成甲产成品。原材料在生产开始时一次投入，各车间在产品完工程度均为 50%，生产费用在完工产品与在产品之间的分配采用约当产量法，有关资料如表 10—13、表 10—14 和表 10—15 所示：

表 10—13　产量纪录　　单位:件

项目	一车间	二车间
月初在产品	90	20
本月投产	220	220
本月完工	250	200
月末在产品	60	40

表 10—14　月初在产品成本　　单位:元

车间名称	直接材料		直接人工		制造费用		合计
	上步转来	本步发生	上步转来	本步发生	上步转来	本步发生	
一车间		1 600		420		500	2 520
二车间	1 840		620	220	640	400	3 720

表 10—15　本月发生生产费用　　单位:元

车间名称	直接材料	直接人工	制造费用	合计
一车间	4 600	1 540	1 740	7 880
二车间		660	700	1 360

半成品仓库期初结存 60 件 A 半成品，总成本 2 100 元，其中直接材料 1 200 元，直接人工 420 元，制造费用 480 元。本企业采用先进先出法核算半成品的发出成本。

用分项结转法进行的成本计算过程如下：

第一步:计算第一车间所产 A 半成品成本。

第一车间是生产的开始步骤，没有上步转入费用，分项结转和综合结转并无二样。其成本计算单如表 10—16 所示。

表 10—16　产品成本计算单

品名:A 半成品　　年　月　　单位:元

车间名称	直接材料	直接人工	制造费用	合计
月初在产品成本	1 600	420	500	2 520
本月发生费用	4 600	1 540	1 740	7 880
小计	6 200	1 960	2 240	10 400
完工产品数量	250	250	250	—
月末在产品约当量	60	30	30	—
约当总产量	310	280	280	—
完工产品单位成本	20	7	8	35
完工产品总成本	5 000	1 750	2 000	8 750
月末在产品成本	1 200	210	240	1 650

根据上表计算结果，结转完工入库 A 半成品成本：

借：自制半成品—A 半成品　　750

　贷：生产成本—基本生产成本—第一车间—直接材料　　5 000

　　　　　　　　　　　　　　　　　　—直接人工　　1 750

　　　　　　　　　　　　　　　　　　—制造费用　　2 000

第二步：计算第二车间领用 A 半成品成本。在分项结转方式下，自制半成品明细账应分成本项目分别登记。发出半成品的实际成本，根据企业采用的存货核算方法计算确定，本企业采用的是先进先出法。汇总计算结果如表 10—17 所示：

表 10—17　自制半成品明细账(汇总账页)

半成品仓库　品名：A 半成品　　　　年　　月　　　　单位：元

摘要	数量(件)	金额(元)			合计
		直接材料	直接人工	制造费用	
月初结存	60	1 200	420	480	2 100
第一车间交库	250	5 000	1 750	2 000	8 750
第二车间领用	60	1 200	420	480	2 100
第二车间领用	160	3 200	1 120	1 280	5 600
领用小计	220	4 400	1 540	1 760	7 700
月末结存	90	1 800	630	720	3 150

借：生产成本—基本生产成本—第二车间—直接材料　　4 400

　　　　　　　　　　　　　　　　　　—直接人工　　1 540

　　　　　　　　　　　　　　　　　　—制造费用　　1 760

　贷：自制半成品　　7 700

第三步：计算第二车间甲产成品成本。

第二车间产成品成本，包括从半成品库领出的 A 半成品成本。在分项结转的情况下，对耗用的半成品成本，应分成本项目，分别在本车间产品成本计算单中对应的成本项目栏内登记。同时应当指出，对于月末在产品来说，上一步骤转入费用和本步骤发生的费用应当负担的程度是不同的，上一步骤转入的费用对本步骤在产品而言，已经全部转入，应与本月完工产品负担同等程度的费用；本步骤发生费用对本步骤在产品而言，尚未全部投入，应当计算在产品约当产量以后，再与完工产品一道分配费用。这样，在分项结转方式下，产品成本计算单中的每一个成本项目，都应当区分为本步骤发生费用和上一步骤转入费用，以正确计算月末在产品成本。成本计算结果如表 10—18 所示：

表 10—18 第二车间产品成本计算单

产品:甲产成品　　　　　　　　　年　　月　　　　　　　　　单位:元

摘要	直接材料		直接人工		制造费用		合计
	上步转来	本步发生	上步转来	本步发生	上步转来	本步发生	
月初在产品成本	1 840		620	220	640	400	3 720
本月发生生产费用	4 400		1 540	660	1 760	700	9 060
(1)生产费用合计	6 240		2 160	880	2 400	1 100	12 780
完工产品数量	200		200	200	200	200	
在产品约当量	40		40	20	40	20	—
(2)约当总产量	240		240	220	240	220	—
(3)完工产品单位成本	26		9	4	10	5	54
完工产品总成本	5 200		1 800	800	2 000	1 000	10 800
在产品成本	1 040		360	80	400	100	1 980

注:完工产品单位成本(3)＝生产费用合计(1)÷约当总产量(2)

结转完工入库产成品成本:

借:库存商品—甲产品　　10 800

　　贷:生产成本—基本生产成本—第二车间—直接材料　　5 200

　　　　　　　　　　　　　　　　　　　—直接人工　　2 600

　　　　　　　　　　　　　　　　　　　—制造费用　　3 000

从上可以看出，分项结转能够正确地反映产成品的原始成本结构，不需要进行成本还原，便于编制按成本项目反映的产品成本报表，但是，在分项结转方式下，产品成本计算单中的每一个成本项目都要区分上一步骤转入和本步骤发生的费用，成本计算、结转和登记的工作量大。而且在各步骤完工产品成本中看不出所耗上一步骤半成品费用是多少，不便于进行各步骤完工产品的成本分析。因此，分项结转法一般适用于在管理上不要求计算各步骤完工产品所耗半成品费用等，而要求按原始成本项目计算产品成本的企业。

第三节　平行结转分步法

一、平行结转分步法的概念

在采用分步法计算产品成本的大批大量多步骤生产的企业中，若半成品不对外销售，管理上也不要求单独计算半成品成本，为了简化和加速成本计算工作，可采用平行结转分步法。

平行结转分步法是平行结转各生产步骤生产费用中应计入产品成本的份额，然后汇总计算产品成本的分步法，也称不计算半成品成本的分步法。在进行成本计算时，可以不计算所产半成品成本，也不计算各步骤所耗上一步骤的半成品成本，而只计算本步骤发生的各项生产费用中应计入产成品成本的份额，然后，将各步骤应计入同一产品成本的份额平行结转、汇总，即可计算出该种产品的产成品成本。

二、平行结转分步法的适用范围

平行结转分步法主要适用于大批大量多步骤装配式工业企业。在这种企业中，半成品种类繁多，而且又很少对外销售，如果仍然采用逐步结转分步法计算成本，其工作量很大，而且也没有必要。因此，为了简化分步法计算成本，各步骤可以不计算半成品成本，只计算本步骤各种产品所发生的费用及应由产品负担的份额。具体来说，它适用于下列企业：①半成品无独立经济意义，或虽有半成品但不要求计算半成品成本的企业，如砖瓦厂、瓷厂等；②一般不计算零配件成本的装配式复杂生产企业，如机械制造企业。

三、平行结转分步法的特点

在分步法的大前提下，平行结转分步法呈现出如下特点：

1.成本计算对象是最终完工产品

在平行结转分步法中，各生产步骤的半成品都不作为成本计算对象，各步骤的成本计算都是为了算出最终完工产品成本。

2.成品实物流转与半成品成本的流转相分离

半成品成本并不随着半成品实物的转移而转移，而是在什么步骤发生，就留在该步骤成本明细账中，直到最后加工成产成品时才将其成本从各步骤的成本明细账中转出，这一特点形成了狭义在产品和广义在产品的概念。

狭义在产品是某步骤未实际加工完毕，尚需进一步加工“真实”的在产品。广义在产品是指尚未产成的全部在产品和半成品，它是从整个企业的角度考察的，具体包括：①尚在本步骤加工中的在产品，即狭义在产品；②本步骤已完工转入半成品库的半成品；③已从半成品库转到以后各步骤进一步加工、尚未最后产成的在产品。其中后两部分的实物已经从本步骤转出，但其费用仍留在本步骤产品成本明细账中，尚未转出。因此，各步骤本期生产费用就需要在产成品和广义在产品之间进行分配。

3.各步骤之间不结转半成品成本

在平行结转分步法下，成本计算对象是最终完工产品，各步骤之间是不需要进行成本结转的，各步骤只计算本步骤所发生的生产费用及其应计入完工产品成本中的份额。并由这一特点所决定，半成品实物在各步骤之间的转移，不管是直接转移，还是通过半成品库收发，都不进行总分类核算。

4.平行汇总各步骤计入产成品成本的份额

将各步骤费用中应计入产成品成本的份额，进行平行汇总计算该种产品的总成本和单位成本。

四、平行结转分步法的成本计算程序

(1)根据各种原始凭证或原始凭证汇总表，按前述生产费用的归集和分配的方法，将各种生产费用计入各步骤产品成本计算单。

(2)将各生产步骤所归集的生产费用，在完工半成品和广义在产品之间分配，计算出完工半成品的单位成本。

(3)将各步骤应计入产成品成本的生产费用份额加以汇总，计算产成品的总成本和单位成本。

平行结转分步法的成本计算程序如图 10－4 所示：

在平行结转分步法下，产成品的成本是由各步骤应计入的份额平行汇总而算出的，因此，正确地计算各步骤生产费用中应由产成品负担的那部分份额，就是平行结转分步法的核心问题。

由于实物流转与成本流转的分离，各步骤之间也不进行成本结转，所以，在计算份额时，应将各步骤的生产费用在产成品和广义在产品之间进行分配。也就是在计算各步骤半成品的单位费用时，要以广义在产品的约当产量(或定额成本)和最终完工产品耗用本步骤半成品数量作为分配标准。当各步骤半成品单位费用算出以后，再将产成品耗用各步骤的半成品的数量乘以各步骤单位费用，就可计算出各步骤生产费用中各成本项目应分配给产成品的份额。各步骤在确定半成品单位费用时，通常采用的方法是约当产量比例法、定额成本法和定额比例法等。

甲产品第一步骤成本计算单	
成本项目	本月费用合计
直接材料	1 000
直接人工	600
制造费用	500
合　计	2 100
计入产成品成本份额	1 700
在产品成本	400

甲产品第二步骤成本计算单	
成本项目	本月费用合计
直接材料	
直接人工	650
制造费用	450
合　计	1 100
计入产成品成本份额	800
在产品成本	300

甲产品第三步骤成本计算单	
成本项目	本月费用合计
直接材料	
直接人工	400
制造费用	300
合　计	700
计入产成品成本份额	550
在产品成本	150

甲产成品成本汇总计算表	
项目	金额
第一步骤份额	1 700
第二步骤份额	800
第三步骤份额	550
合　计	3 050

图 10－4　平行结转分步法成本计算程序

下面采用“约当产量比例法”计算各步骤应计入产成品成本的份额：

本步骤转入产成品成本的份额＝产成品完工数量×单位产成品耗用本步骤半成品的数量×本步骤半成品单位费用

式中：

$$\text{本步骤半成品单位费用}=\frac{\text{本步骤生产费用合计}}{\text{本步骤在产品约当产量}+\text{以后各步骤在产品数量及库存半成品数量}+\text{产成品耗用本步骤半成品数量}}$$

期末在产品成本＝期初在产品成本＋本期发生费用－本步骤转入产成品成本的份额

【例 10—5】以本章【例题 10—1】资料为例，一切条件不变，补充一项资料：单位产成品耗用各该步骤的半成品均为一件，库存半成品耗用上一步骤半成品数量也为一件。若采用平行结转分步法计算，其计算过程如下：

①各生产车间广义在产品约当产量：

通用公式：

某步骤的约当产量＝该步骤已完工留存在半成品库和以后步骤的月末半成品数量＋该步骤加工中月末在产品的约当产量

第一车间:直接材料项目:60×100%＋(40＋50＋40)＝190

加工费用项目:60×50%＋(40＋50＋40)＝160

(注:半成品仓库数量＝60＋240－260＝40，见表 12－5)

第二车间:加工费用项目:50×50%＋40＝65

第三车间:加工费用项目:40×50%＝20

②约当总产量:

第一车间:直接材料项目:300×1＋190＝490

加工费用项目:300×1＋160＝460

第二车间:加工费用项目:300×1＋65＝365

第三车间:加工费用项目:300×1＋20＝320

③各步骤半成品单位费用(费用分配率):

通用公式:

费用分配率＝各项目生产费用合计/各项目约当总产量

第一车间:直接材料＝(3 100＋50 000)÷490＝108.4

直接人工＝(1 750＋32 000)÷460＝73.37

制造费用＝(1 680＋33 960)÷460＝77.48

第二车间:直接人工＝44 550÷365＝122.05

制造费用＝27 555÷365＝75.49

第三车间:直接人工＝65 600÷320＝205

制造费用＝20 160÷320＝63

④各步骤费用应计入产成品成本的份额:

第一车间:直接材料＝300×1×108.4＝32 520(元)

直接人工＝300×1×73.37＝22 011(元)

制造费用＝300×1×77.48＝23 244(元)

第二车间:直接人工＝300×1×122.05＝36 615(元)

制造费用＝300×1×75.49＝22 647(元)

第三车间:直接人工＝300×1×205＝61 500(元)

制造费用＝300×1×63＝18 900(元)

⑤最后将各步骤应计入产成品成本的份额汇总相加:

直接材料＝32 520(元)

直接人工＝22 011＋36 615＋61 500＝120 126(元)

制造费用＝23 244＋22 647＋18 900＝64 791(元)

合计＝32 520＋120 126＋64 791＝217 437(元)

根据上面计算结果，编制的产品成本计算单如表 10－19、表 10－20、表 10－21 和表 10－22 所示：

表 10－19 第一车间产品成本计算单

产品:甲产品　　20××年×月　　单位:元

摘要		直接材料	直接人工	制造费用	合计
月初在产品成本		3 100	1 750	1 680	6 530
本月生产费用		50 000	32 000	33 960	115 960
生产费用合计		53 100	33 750	35 640	122 490
产成品耗用本步成品数量		300	300	300	300
产成品库耗用本步半成品数量		40	40	40	40
在产品约当产量	本步在产品	60×100％	60×50％	60×50％	
	已交下步未完工半成品	90(50＋40)	90	90	90
月当总产量		490	460	460	
单位产成品成本份额(分配率)		108.4	73.37	77.48	259.25
300 件产成品成本份额		32 520	22 011	23 244	77 775
月末在产品成本		20 580	11 739	12 396	44 715

表 10－20 第二车间产品成本计算单

产品:甲产品　　20××年×月　　单位:元

摘要		直接材料	直接人工	制造费用	合计
月初在产品成本			4 550	2 555	7 105
本月生产费用			40 000	25 000	65 000
生产费用合计			44 550	27 555	72 105
产成品耗用本步成品数量			300	300	300
产成品库耗用本步半成品数量					—
在产品约当产量	本步在产品		25	25	25
	已交下部未完工半成品		40	40	40
月当总产量			365	365	365
单位成品成本份额			122.05	75.49	197.54
300 件产成品成本份额			36 615	22 647	59 262
月末在产品成本			7 935	4 908	12 843

表 10－21　第三车间产品成本计算单

产品：甲产品　　20××年×月　　单位：元

摘要		直接材料	直接人工	制造费用	合计
月初在产品成本			5 600	5 160	10 760
本月生产费用			60 000	15 000	75 000
生产费用合计			65 600	20 160	85 760
产成品耗用本步成品数量			300	300	300
产成品库耗用本步半成品数量					
在产品约当产量	本步在产品		20	20	20
	已交下部未完工半成品				
约当总产量			320	320	320
单位成品成本份额			205	63	268
300 件产成品成本份额			61 500	18 900	80 400
月末在产品成本			4 100	1 260	5 360

表 10－22　产品成本计算汇总表

产品：甲产品　　20××年×月　　单位：元

车间	直接材料	直接人工	制造费用	合计
第一车间	32 520	22 011	23 244	77 775
第二车间		36 615	22 647	59 262
第三车间		61 500	18 900	80 400
产成品单位成本	108.4	400.42	215.97	724.79

从上可以看出，平行结转分步法与逐步结转分步法比较，具有如下优点：①各步骤可以同时计算产品成本，然后平行汇总计算产品成本，提高了成本计算的及时性；②能够直接提供按原始成本项目反映的产成品成本资料，不必进行成本还原，简化了成本计算工作。

由于平行结转分步法不计算，也不结转各步骤半成品成本，故存在如下缺点：①不能提供各个步骤半成品成本资料；②不能提供各步骤所耗上一步骤半成品费用资料，因而不能全面反映各该步骤产品的生产耗费水平（第一步骤除外）；③半成品实物转移与费用结转脱节，不能为各个生产步骤在产品实物管理和资金管理提供资料。

五、逐步结转分步法与平行结转分步法比较

逐步结转分步法与平行结转分步法相比，主要有以下几个方面的区别：

1.成本管理的要求不同

逐步结转分步法是计算半成品成本的分步法，平行结转分步法是不计算半成品成本的分

步法。是否需要计算半成品成本，取决于成本管理的需要。这两种计算方法的区别体现了不同的成本管理要求。

当企业自制半成品可以加工成多种产成品时，或者可以对外销售，或者需要进行半成品成本控制并与同行业半成品成本相比较，在成本管理上就需要计算自制半成品成本，成本计算就应该采用逐步结转分步法。这样就可以提供半成品和在产品实物管理和资金管理的数据，有利于各个生产步骤的成本管理，为分析和考核各个生产步骤半成品成本计划的执行情况以及正确计算自制半成品的销售成本提供资料。

当企业自制半成品的种类比较多且不对外销售时，在成本管理上可以不要求计算半成品成本，这时，成本计算可以采用平行结转分步法。这样，各个生产步骤可以同时计算应计入产成品成本的份额，不需要逐步计算和结转半成品成本，可以简化和加速成本核算工作。

2.在产品的含义不同

逐步结转分步法计算并结转半成品成本，自制半成品成本随着实物的转移而结转，设有半成品仓库时，设置“自制半成品”账户，同时进行数量和金额的核算。各生产步骤的完工产品是指本步骤已经完工的半成品(最后步骤为产成品)，月末在产品仅指本步骤正在加工的在制品，即为狭义在产品。这样，各生产步骤产品生产成本明细账中的月末在产品成本与该步骤月末在产品的实物一致，有利于加强自制半成品和在产品的管理工作。

平行结转分步法不计算也不结转自制半成品成本，各生产步骤完工产品仅指最终产成品耗用的本步骤的半成品;月末在产品则既包括本步骤正在加工的在制品，又包括已经完工交给以后各步骤但尚未最终完工的半成品，即为广义在产品。自制半成品的实物已经转移，但成本仍保留本步骤;即使有半成品仓库办理自制半成品的收入、发出和存放，也只进行数量核算。各生产步骤产品生产成本明细账中的月末在产品成本与该步骤月末在产品的实物不相符，不利于加强在产品和自制半成品的管理。

3.产成品的成本计算方式不同

逐步结转分步法按照产品成本核算所划分的生产步骤，逐步计算和结转自制半成品成本，直到最后步骤计算出产成品成本。各生产步骤的成本核算要等待上一步骤的成本核算结果(转入的自制半成品成本数额及成本)。半成品按实际成本总额结转时，即采用综合结转分步法时，不能提供按照原始成本项目反映的成本资料，为了从整个企业的角度反映产品成本的构成，必须进行成本还原，从而增加了成本核算的工作量。采用分项结转方式时，虽然可以直接、正确地提供按原始成本项目反映的产品成本构成，不需要进行成本还原，但成本结转工作比较复杂，在各生产步骤完工产品成本中也不能直接反映耗用上一步骤的自制半成品费用，不便于成本分析。自制半成品按计划成本结转时，各生产步骤的成本核算工作可以同时进行，但存在半成品成本差异的计算和分摊问题，也比较复杂。

平行结转分步法是将各生产步骤应计入相同产成品成本的份额汇总来求得产成品成本的方法，各个生产步骤应计入相同产成品成本的份额可以同时计算，不需要等待，因此可以简化和加速成本核算工作。

练习题

一、单项选择题

1.需要进行成本还原的分步法是(　　)。

A.平行结转分步法　　B.分项结转分步法

C.综合结转分步法　　D.逐步结转分步法

2.平行结转分步法的优点是(　　)。

A.能够提供各步骤的半成品成本资料　　B.有利于加强半成品的实物管理

C.有利于各生产步骤的成本管理　　D.各生产步骤可以同时计算产品成本

3.采用逐步结转分步法时，自制半成品入库借记的会计科目是(　　)。

A.生产成本　　B.自制半成品

C.产成品　　D.制造费用

4.分步法适用于(　　)。

A.大量大批生产　　B.单件小批生产

C.单步骤生产　　D.大量大批多步骤生产

5.成本还原的对象是(　　)。

A.产成品成本　　B.各步骤半成品成本

C.最后步骤产成品成本　　D.产成品成本中所耗上步骤半成品成本费用

二、多项选择题

1.分步法适用于(　　)。

A.大量生产　　B.大批生产

C.成批生产　　D.多步骤生产　　E.单步骤生产

2.平行结转分步法的特点是(　　)。

A.各步骤半成品成本要随着半成品实物的转移而转移

B.各步骤半成品成本不随着半成品实物的转移而转移

C.成本还原的对象是完工产品成本份额　　D.需要计算转出完工半成品成本

E.不需要计算转出完工半成品成本

3.采用逐步结转分步法(　　)。

A.半成品成本的结转随同实物的转移而转移　　B.成本核算手续简便
C.能够提供半成品成本资料　　D.有利于加强生产资金管理
E.为外售半成品和展开成本指标评比提供成本资料
4.平行结转分步法的适用情况是(　　)。
A.半成品对外销售　　B.半成品不对外销售
C.管理上不要求提供各步骤半成品资料
D.半成品种类较多，逐步结转半成品成本工作量较大
E.管理上要求提供各步骤半成品成本资料
5.采用分项结转法结转半成品成本的优点是(　　)。
A.不需要进行成本还原　　B.成本核算手续简便
C.能够真实地反映产品成本结构
D.便于从整个企业的角度考核和分析产品成本计划的执行情况
E.便于各生产步骤完工产品的成本分析

三、业务题

某工业企业大量生产甲产品。生产分两个步骤，分别由第一、第二两个车间进行。第一车间为第二车间提供半成品，第二车间将半成品加工为产成品。采用逐步结转分步法计算成本。

该企业本月第一车间和第二车间发生的生产费用(不包括所耗半成品的费用)如下：

第一车间：原材料费用 12 000 元，工资及福利费 6 000 元，制造费用 2 100 元。

第二车间：工资及福利费 6 100 元，制造费用 11 000 元。

本月初半成品库结转半成品 600 件，其实际总成本 12 500 元。本月第一车间完工半成品 800 件，第二车间从半成品库领用 1 260 件(半成品结转采用加权平均法)。

本月完工入库产品 600 件。

在产品按定额成本计价，月初在产品定额成本如下：

第一车间：原材料费用 3 600 元，工资及福利费 2 000 元，制造费用 3 500 元。

第二车间：半成品费用 12 100 元，工资及福利费 2 200 元，制造费用 3 500 元。

月末在产品定额总成本如下：

第一车间：原材料费用 5 500 元，工资及福利费 2 500 元，制造费用 3 600 元。

第二车间：半成品费用 5 000 元，工资及福利费 900 元，制造费用 2 000 元。

要求：按实际综合结转半成品成本，计算产品成本，编制会计分录。

第十一章 产品成本计算的分类法 11

第一节 成本计算分类法的基本内容

一、分类法的含义及适用范围

产品成本计算的分类法是先按照产品类别归集生产费用，计算出各类完工产品实际总成本，然后再按一定的标准和方法在同类产品中，分别计算出品种、规格各不相同的产品成本的一种方法。

在一些工业企业中，生产的产品品种、规格繁多，如果以产品品种或规格作为成本计算对象来归集生产费用，计算产品成本，则成本计算工作量过大。产品成本计算的分类法，就是在产品品种、规格繁多，但可以按照一定标准分类的情况下，为简化成本计算工作而采用的一种成本计算方法。因此，分类法是一种简化的成本计算的方法，必须与成本计算的各种基本方法结合使用。分类法主要适用于产品品种或规格较多的企业或车间，如电子元件厂、针织厂、制鞋厂、食品厂等等。此外，分类法还可以用于联产品、副产品和等级品的成本计算。

二、分类法的特点

分类法的特点主要涉及各种产品如何进行分类，如何计算各类产品成本，如何计算不同类别产品的类内产品成本。

1.以产品的类别作为成本核算对象

以产品的类别作为成本核算对象，按照产品类别设立产品成本明细账（成本计算单），归集各类产品的生产费用，归集时，直接费用直接计入，间接费用采用一定的分配标准分别计入。

2.成本计算期

分类法不是一种独立的成本计算方法，它可以和品种法、分批法、分步法结合起来应用。先按照成本计算的这些方法算出类别产品总成本后，再算出类内产品成本。如果是大批量生产，则分类法结合品种法或分步法进行，成本计算期定期在月末进行成本计算，与会计报告期一致，与产品生产周期不一致；如果与分批法结合运用，成本计算期可不固定，与会计报告不一致，而与产品生产周期一致。

3.生产费用在完工产品与在产品之间的分配

分类法按照品种法等基本方法算出类别产品总成本后，再根据本章所讲的分类法，把类别总成本在同类中各种产品之间进行分配。例如，当其与品种法结合时，即把某类产品视为某一品种的产品；当其与分批法结合时，即把某类产品视为某一批的产品；当其与分步法结合时，即把某类产品视为某一生产步骤的产品等。因此，各类产品的生产费用在完工产品与在产品之间的分配，取决于分类法所结合的基本方法而定。

应当指出，无论采用哪种方法在类内各种产品之间进行成本分配，成本计算的结果总是带有一定的假设性。因此，产品类别的确定是否适当，是采用分类法时能否做到既简化成本计算工作，又使各类产品成本计算相对正确的关键。一般来说，应将产品按性质、结构、用途、生产工艺技术特点及所耗用的原材料的不同，划分若干类别。例如，制鞋厂可根据耗用的不同原材料，将产品分为塑料鞋、布鞋、皮鞋等几个类别；食品厂也可根据耗材不同，将产品分为糕点、糖果、面包等不同类别；轧钢厂可根据产品的结构，将产品分为原钢、钢板、角钢、钢管等类别。定距定得太大，会影响成本计算的正确性；定距定得太小，起不到简化成本计算工作的作用。

三、分类法的成本计算程序

采用分类法计算产品成本，实际上是先将各类产品作为不同品种的产品，按品种计算出各类产品的总成本，然后再采用分类法，选择适当的分配标准，将某类完工产品的总成本在类内各种产品之间进行分配，从而计算出各种产品的成本。因此，分类法是品种法的一种具体应用，它不是一种独立的成本计算方法，必须与成本计算的某种基本方法结合使用，即分类法下某类产品的总成本是采用成本计算的各种基本方法计算出来的。

1.按产品的类别设置生产成本明细账，计算各类产品的实际总成本

采用分类法计算成本时，先将产品根据产品结构、工艺技术过程、所耗用原材料等的不同标准，将产品划分为若干类别，按照产品的类别设置生产成本明细账（产品成本计算单），按类别归集产品的生产费用，计算出各类产品的实际生产总成本。

2.合理确定类内成本分配法，计算出类内各种产品的实际总成本和单位成本。

类内产品费用分配标准是否合理，是影响类内各种产品成本计算相对正确的关键，类内产品费用分配标准有:定额消耗量、定额费用、售价，以及产品的体积、长度和重量等。选择分配标准时，应遵循相关性原则，即应尽可能选择与产品成本关系较大的分配标准，同时又简便易行。各成本项目可采用同一分配标准分配费用，也可以按照成本项目的性质，分别采用不同的分配标准分配，以使分配结果更加合理。如直接材料费用可按材料定额费用或材料定额消耗量比例分配，直接人工费用等其他费用可按定额工时比例分配。

为了简化分配工作，可以将分配标准折算成相对固定的系数，按照系数在类别内部各种产品之间分配费用，计算产品成本。这种分配方法的关键是合理确定系数，系数一经确定，在一定时期内应稳定不变。按系数分配生产费用的方法，称为系数分配法，又称为标准产量法。系数分配法的计算步骤：

(1)选择标准产品。即在类内产品中选择一种产量大、生产稳定、规格适中的具有代表性的产品为标准产品，将该产品的系数定为“1”。确定分配标准，即选择与耗用费用关系最密切的经济因素作为分配标准。此分配标准应与产品成本高低成正比例关系，如产品的定额消耗量等。

(2)计算各种产品系数。即用其他各种产品的分配标准额与标准产品的分配标准额相比较，计算出其他各种产品的分配标准额与标准产品的分配标准额的比率，即系数。

$$\text{某产品系数}=\frac{\text{该产品定额消耗量(售价、体积等)}}{\text{标准产品定额消耗量(售价、体积等)}}$$

(3)计算各种产品标准产量(又称总系数)。将各种产品的实际产量按系数折算为标准产品产量，计算公式为：

某产品标准产量(总系数)＝该产品实际产量×该产品系数

(4)计算费用分配率。

$$\text{某类产品某项费用分配率}=\frac{\text{该类完工产品该项费用总额}}{\text{该类内各种产品标准产量之和}}$$

(5)计算类内各种产品成本。

某种产品应负担的某项费用＝该种产品标准产量×该类产品该项费用分配率

第二节 分类法成本计算案例

【例 11－1】

一、资料

假定某厂生产有 A、B、C 三种型号的产品，所消耗原材料和工艺过程相近，因此归为一类，作为甲类产品进行核算。根据该厂产品生产特点和成本管理要求，可以先采用品种法的基本原理计算出甲类产品本月完工产品的实际总成本。本月生产的甲类产品的成本已经按照品种法的基本原理进行归集和分配，甲类产品的生产费用在本月完工产品和月末在产品之间的分配采用的都是定额比例法。三月份该厂有关甲类产品定额及产量记录如表 11－1 所示。

表 11－1　甲类产品定额及产量记录　2013 年 3 月

产品类别	产品品种	材料消耗定额	工时消耗定额	产品产量
甲类	A	2.75	0.6	1 500
	B	2.5	0.5	2 400
	C	2	0.4	4 000

二、成本计算程序

1.计算甲类产品成本

运用品种法计算，该厂甲类产品本月完工产品总成本和月末在产品成本如表 11－2 所示。

表 11－2　产品成品计算单

产品名称:甲类产品　　单位:元

月	日	项目	直接材料	直接人工	制造费用	合计
3	1	月初在产品	70 000	18 000	11 600	99 600
3	31	本月发生费用	80 000	42 000	38 400	160 400
3	31	生产费用合计	150 000	60 000	50 000	260 000
3	31	本月完工产品总成本	58 000	50 700	46 800	155 500
3	31	月末在产品成本	92 000	9 300	3 200	104 500

2.计算类内各种产品成本

(1)选定标准产品。

该厂以生产比较稳定、产量较大、规格适中的B产品作为标准产品，即甲类产品中B产品为标准产品。标准产品的系数定为“1”。

(2)确定各种产品系数。

该厂甲类产品中，直接材料费用按材料消耗定额比例计算系数，直接人工和制造费用按工时消耗定额确定系数。类内产品系数的计算表如表11－3所示。

表11－3　系数的计算表

产品类别	产品名称	材料消耗定额	系数	工时消耗定额	系数
甲类	A	2.75	1.1	0.6	1.2
	B	2.5	1.0	0.5	1.0
	C	2	0.8	0.4	0.9

(3)计算各种产品总系数。

根据各种产品的系数(见表11－3)和本月各种产品产量资料(见表11－1)，编制产品总系数表如表11－4所示。

表11－4　总系数(标准产量)计算表

产品类别	产品名称	产品产量	材料		工时	
			系数	总系数	系数	总系数
甲类	A	1 500	1.1	1650	1.2	1 800
	B	2 400	1	2 400	1.0	2 400
	C	4 000	0.8	3 200	0.9	3 600
	合计	7 900		7 250		7 800

(4)计算各种产品的总成本和单位成本。

根据表11－2所列甲类产品本月完工产品总成本，以及表11－4所列的各种产品总系数，计算各成本项目的费用分配率：

$$\text{直接材料费用分配率}=\frac{58\ 000}{7\ 250}=8$$

$$\text{直接人工费用分配率}=\frac{50\ 700}{7\ 800}=6.5$$

$$\text{直接材料费用分配率}=\frac{46\ 800}{7\ 800}=6$$

根据各种产品的总系数和费用分配率，编制该厂产品成本计算单(见表11－5)，计算各种产品的实际总成本和单位成本。

表 11－5　产品成本计算单

产品名称:甲类　　　　20××年 3 月　　　　单位:元

产品类别	产品名称	产品产量	材料总系数	直接材料分配金额	工时总系数	直接人工分配金额	制造费用分配金额	完工产品总成本	完工产品单位成本
甲类	分配率			(8)		(6.5)	(6)		
	A	1 500	1 650	13 200	1 800	11 700	10 800	35 700	23.8
	B	2 400	2 400	19 200	2 400	15 600	14 400	49 200	20.5
	C	4 000	3 200	25 600	3 600	23 400	21 600	70 600	17.65
	合计		7 250	58 000	7 800	50 700	46 800	155 500	

根据上述产品成本计算资料，编制结转本月完工入库产品成本的会计分录。

借：库存商品—A　35 700

—B　49 200

—C　70 600

贷：生产成本—基本生产成本(甲类产品)—A—直接材料　13 200

—直接人工　11 700

—制造费用　10 800

—B—直接材料　19 200

—直接人工　15 600

—制造费用　14 400

—C—直接材料　25 600

—直接人工　23 400

—制造费用　21 600

第三节 联产品、副产品、等级产品的成本计算

一、联产品成本计算

1.联产品计算的特点

所谓联产品，是指企业在生产过程中，利用同一种原材料，经过同一种生产过程，同时生产出几种产品，并且这些产品都是企业的主要产品。例如炼油厂从原油中可同时提炼出汽油、煤油、柴油等产品，这些产品都是炼油厂的主要产品，可称之为联产品。

联产品在生产过程中使用同样的原材料，并且是在同一生产过程中生产出来的。各种联产品一般要在生产过程终了时才能分离出来，有时也可能在生产过程的某一个步骤中先分离出来某一种产品，这个分离时的生产步骤称为分离点。在联产品分离之前，不可能按照每种产品归集和分配生产费用，只能将其归为一类，按照分类法的成本计算原理计算其总成本。然后再采用适当的方法，分配计算联产品中每种产品的成本。联产品虽然可以按类别归集费用，计算成本，但它同分类法是有区别的，因为联产品分离后有时还需要继续加工，这样，就需要按照分离后产品的生产特点，选择适当的方法计算分离后产品加工成本。通常情况下，将分离前发生的成本称为联合成本，而把分离后每种产品发生的加工成本称为可归属成本。因此，联产品的成本应该包括其所应负担的联合成本和分离后继续加工成本的可归属成本。

2.联产品成本分配方法

联产品分离前的联合成本计算，可采用前述分类法进行。计算出联合成本之后，需要将其在各种联产品之间进行分配，分配时可根据企业具体情况确定应采用的分配方法，常用的分配方法有系数分配法、实物量分配法、销售价值分配法和净实现价值分配法。目前我国使用较多的是系数分配法。

(1)系数分配法

系数分配法是将各种联产品的实际产量按事先规定的系数折算为标准生产量，然后将联合成本按联合产品的标准生产量比例进行分配。采用该法分摊联产品的联合成本，其正确程序取决于系数的确定。如前述及，决定系数的两个主要因素是分配标准和标准产品的确定。由于某些因素的影响，有些企业应用此法可能存在一定困难，因此也可以采用其他较简便的分配方法如实物量分配法等。

(2)实物量分配法

实物量分配法是将产品的联合成本按各联产品之间的实际重量比例进行分配。此法的优点是简便易行，且采用的单位成本是平均单位成本，所以各联产品的单位成本是一致的。但该法也存在一些缺陷。表现在:①并非所有的成本发生都与实物量直接相关;②未考虑各联产品的特性和含量，未考虑其各自的销售价值。这就有可能出现销售价值低的产品亏损的情况。这种分配方法一般适用于成本的发生与产量关系密切，而且各联产品销售价值为均衡的联合成本的分配，否则，可考虑用相对销售价值分配法。

(3)相对销售价值分配法

这种分配法是基于售价较高的联产品应该成比例地负担较高份额的联合成本这一理论。相对销售价值分配法是将联合成本按各联合产品的销售价值的比例来分摊，其结果是各联产品可取得一致的毛利率。若企业的某些联产品分离后仍需进一步加工方可销售，这时联合成本的分配可考虑采用净实现价值分配法。

(4)净实现价值分配法

净实现价值分配法是将联产品的联合成本按净实现价值的比例来分配的。

净实现价值＝产品销售价格－该产品可归属成本

由此公式可看出，无须进一步加工的联产品，其净实现价值与其销售价格一致。

3.联产品成本计算实例

【例 11－2】

某企业用一种原材料，在同一生产工艺过程中生产出甲、乙、丙共三种联产品。该企业以甲产品作为标准产品。甲产品经加工分离后，还要对其继续加工。有关资料如下：

2015 年 8 月有关甲、乙、丙产品产量、售价如表 11－6 所示：

表 11－6　产品产量、售价表

产品名称	产量(件)	售价(元)	系数
甲	2 400	5	1
乙	1 800	4	0.8
丙	2 500	3	0.6

各型号产品 8 月费用资料如表 11－7 所示(无月初、月末在产品成本)：

表 11－7　费用资料表

项目	原材料	工资及福利费	燃料动力	制造费用	合计
分离前综合成本	15 600	20 000	7 800	18 000	53 400
各成本项目占总成本的百分比	29%	37%	15%	19%	100%
甲产品分离后加工费用	400	60	90	30	580

(1)系数分配法如表 11—8 和表 11—9 所示。

表 11—8　产品成本计算单

产品名称	产量	系数	总系数	分配率	分离前成本
甲	2 400	1	2 400	10	24 000
乙	1 800	0.8	1 440	10	14 400
丙	2 500	0.6	1 500	10	15 000
合计	6 700		5 340		53 400

表 11—9　甲产品成本汇总表

成本项目	分离前成本(联合成本)		加工费(归属成本)	总成本	单位成本
	比重	金额			
原材料	29%	6 960	400	7 360	3.07
工资及福利费	37%	8 880	60	8 940	3.73
燃料动力	15%	3 600	90	3 690	1.54
制造费用	19%	4 560	30	4 590	1.91
合计	100%	24 000	580	24 580	10.25

(读者可以参照“甲产品成本汇总表”“乙、丙产品成本汇总表”并写出会计分录)

根据上述甲产品成本计算资料，编制结转入库存甲产品成本的会计分录如下：

借：库存商品—甲产品　　24 580

　贷：生产成本—基本生产成本—甲—直接材料　　7 360

　　　　　　　　　　　　　　　—直接人工　　8 940

　　　　　　　　　　　　　　　—燃料及动力　　3 690

　　　　　　　　　　　　　　　—制造费用　　4 590

(2)实物量分配法如表 11—10 所示。

表 11—10　产品成本计算单

产品名称	产量	联合成本	分配率	应负担成本	加工费	总成本
甲	2 400	53 400	7.9701	19 128.24	580	19 708.24
乙	1 800			14 346.18		14 346.18
丙	2 500			19 925.58		19 925.58
合计	6 700			53 400	580	53 980

(读者可以参照系数分配法列出“甲产品成本汇总表”列出“乙产品成本汇总表”“丙产品成本汇总表”并写出会计分录)

$$分配率=\frac{53\ 400}{6\ 700}=7.9701$$

(3)销售价值分配法如表11－11所示。

表11－11　产品成本计算单

产品名称	产量	单价	销售价值	比例	应负担成本	加工费	总成本
甲	2 400	5	12 000	44.94%	23 997.96	580	24 577.96
乙	1 800	4	7 200	26.97%	14 401.98		14 401.98
丙	2 500	3	7 500	28.09%	15 000.06		15 000.06
合计	6 700		26 700	100%	53 400	580	53 980

(注:也可以计算分配率＝53 400/26 700＝2;差别不大)

(4)净实现价值分配法如表11－12所示。

表11－12　产品成本计算单

产品名称	产量	售价	销售价值	净实现价值	比例	应负担成本	加工费	总成本
	①	②	③＝①×②	④＝③－⑦	⑤	⑥＝53 400×⑤	⑦	⑧＝⑥＋⑦
甲	2 400	5	12 000	11 420	43.72%	23 346.48	580	23 926.48
乙	1 800	4	7 200	7 200	27.57%	14 722.38		14 722.38
丙	2 500	3	7 500	7 500	28.71%	15 331.14		15 331.14
合计	6 700		26 700	26 120	100%	53 400	580	53 980

(读者也可以采用前面计算分配率＝53 400/26 120＝2.04441的方法进行计算，可以看出，差别是不大的。可参照表11－9列出“甲产品成本汇总表”、“乙产品成本汇总表”和“丙产品成本汇总表”并写出会计分录)

二、副产品成本计算

副产品是指在同一生产过程中，使用同种原材料，在生产主要产品的同时，附带生产出的一些非主要产品，或利用生产中废料加工而成的产品。它不是企业生产的主要目的，其价值与主要产品相比较低，但它具有一定的使用价值，能满足社会某些方面的需要，而且客观上发生了耗费，因此，也必须采取一定的成本计算方法求出其成本，以保证主要产品成本计算的准确性。

主副产品一般是在同一生产过程中形成，很难划分二者的生产费用，因此，可将主副产品作为一类产品，采用分类法及成本计算的基本方法计算成本。由于副产品是随主要产品生产附带而来，其价值较低，所以，计算成本时，可以采用简便的方法，将副产品按一定标准作价，从分离前的联合成本中扣除。由此可见，副产品成本计算的关键是副产品的计价问题。

副产品的计价通常可分为以下几种情况：

(1)对分离后不再加工的副产品，若价值不大(与主产品相比甚微)，可不负担分离前的联合成本，其销售收入可直接作其他业务收入处理。

(2)对分离后不再加工，单价值较高的副产品，往往以其销售价格作为计价的依据。通常按售价减去销售税金后的金额计价，从联合成本中扣除。扣除方法可以从材料成本项目中一笔扣除，也可以按比例从各成本项目中扣除。对利用废料经过简单加工制成的副产品，可以将其成本从全部成本的原材料项目中扣除，不再按各项目扣除。

(3)对于分离后仍需进一步加工才能出售的副产品，若价值较小，可考虑只负担可归属成本;若价值较高，则需同时负担可归属成本和分离前的联合成本，以保证主要产品成本计算的合理性。

【例 11—3】 副产品成本计算实例

某厂在生产甲产品的过程中，附带生产出副产品乙。2015 年 7 月份为生产产品所发生的费用资料如表 11—13 所示：

表 11—13 生产产品费用资料表 单位:元

项目	直接材料	直接人工	制造费用	合计
月初在产品成本	800	240	360	1 400
本月生产费用	1 200	1 560	1 340	4 100

本月甲产品产量为 1 000 千克，乙产品产量为 400 千克，乙产品的计划单位成本为 2.5，本月无月末在产品成本。

要求:根据上述材料，分别采用副产品成本从材料成本项目中扣除和副产品成本按一定比例从各成本项目中扣除的方法，计算主、副产品的成本。

(1)副产品成本从材料成本项目中扣除，如表 11—14 所示：

乙产品的成本＝400×2.5＝1 000(元)

表 11—14 主、副产品成本计算表

摘要	直接材料	直接人工	制造费用	合计
月初在产品成本	800	240	360	1 400
本月生产费用	1 200	1 560	1 340	4 100
费用合计	2 000	1 800	1700	5 500
乙副产品成本	1 000			1 000
甲副产品成本	1 000	1 800	1 700	4 500

(2)副产品成本按一定比例从各成本项目中扣除，如表 11—15 所示：

表 11—15 主、副产品成本计算单

摘要	直接材料	直接人工	制造费用	合计
月初在产品成本	800	240	360	1 400
本月生产费用	1 200	1 560	1 340	4 100
费用合计	2 000	1 800	1 700	5 500

续表

摘要	直接材料	直接人工	制造费用	合计
费用项目比重	36.36%	32.73%	30.91%	100%
乙产品成本	363.6	327.3	309.1	1 000
甲产品成本	1 636.4	1 472.7	1 390.9	4 500

三、等级产品的成本计算

等级产品是指使用同种原料，经过相同加工过程生产出的品种相同，但质量不同的合格产品，而废品是非合格品。

等级产品成本的计算方法，需视等级产品造成的原因而定。等级产品产生的原因通常有两种：一种是由于工人操作失误、技术不熟练、生产管理不善所致；另一种是由于材料质量不同，工艺技术上的要求不同或目前生产技术条件所限造成的。对于第一种原因形成的等级产品，其成本不应有别，即不同等级的产品应具有相同的成本，这样，次级产品可能由于售价较低而造成亏损，这正好说明企业生产经营管理上的缺陷，从而可以促进企业不断改善工作，提高产品质量。对于后种原因造成的等级产品，往往以单位售价的比例定出系数，按系数比例来分配各等级产品应分摊的联合成本。其计算结果是售价高的产品负担较多的联合成本。

练习题

一、单项选择题

1.产品成本计算的辅助方法有(　　)。

A.品种法　　B.分步法

C.分类法　　D.分批法

2.在产品品种、规格繁多，又可按一定要求和标准划分为若干类别的企业或车间，产品成本计算一般可以采用(　　)。

A.分批法　　B.分步法　　C.分类法　　D.定额法

3.企业利用同种原材料，在同一生产过程中同时生产出的几种地位相同的主要产品，称为(　　)。

A.半成品　　B.联产品　　C.副产品　　D.等级产品

4.采用分类法的目的，在于(　　)。

A.分类计算产品成本　　B.简化各种产品成本的计算工作

C.简化各类产品成本的计算工作　　D.准确计算各种产品成本

5.采用净实现价值分配法计算联产品成本，净实现价值等于产品销售价格减去(　　)。

A.该产品可归属成本　　B.该产品联合成本

C.补充联产品成本　　D.代用联产品成本

6.企业在生产主要产品的过程中，附带生产出来的一些次要产品称为(　　)。

A.联产品　　B.等级产品　　C.副产品　　D.次品

7.在分离后再发生的加工成本称为(　　)。

A.联合成本　　B.可归属成本　　C.可分成本　　D.共同成本

8.产品生产过程中各项实际生产费用脱离定额的差异，称为(　　)。

A.定额成本　　B.脱离定额差异

C.材料成本差异　　D.定额变动差异

9.定额变动差异是指修复定额以后的，原定额成本与新的定额成本之间的差异，只有(　　)存在定额变动差异。

A.月初在产品　　B.月末在产品

C.本月投入产品　　D.本月完工产品

10.在采用定额法下，为了有利于分析和考查该材料消耗定额的执行情况，日常材料的核算都是按(　　)进行的。

A.计划成本　　B.实际成本　　C.定额成本　　D.标准成本

二、多项选择题

1.类内各种(规格)产品成本的分配采用系数分配法时，各种(规格)产品系数确定的依据有(　　)等。

A.产品定额耗用量　　B.产品定额成本

C.产品售价　　D.产品生产地点

2.下列可采用分类法进行产品成本计算的有(　　)。

A.联产品　　B.等级产品

C.标准产品　　D.产品品种规格繁多，但可按一定标准分类

3.采用分类法计算产品成本，一般可以将(　　)等方面相同或相似的产品归为一类。

A.产品的结构、性质　　B.产品耗用的原材料

C.产品生产工艺过程　　D.产品的销售和使用对象

4.类内不同品种、规格之间费用分配的标准有(　　)等。

A.定额耗用量　　B.定额成本

C.产品售价　　D.产品排列顺序

5.采用分类法计算成本的优点有(　　)。

A.可以简化成本计算工作　　B.可以分类掌握产品成本情况

C.可以使类内的各种产品成本的计算结果更为准确　　D.便于成本日常控制

6.联产品成本是由(　　)之和组成。

A.联合成本　　B.可归属成本　　C.制造成本　　D.销售成本

7.产品成本计算的辅助方法有(　　)。

A.品种法　　B.分步法

C.分类法　　D.定额法

8.联产品联合成本的分配方法有(　　)等。

A.系数分配法　　B.相对销售价值分配法

C.实物质量分配法　　D.人工成本分配法

9.对于分离后需要进一步加工的副产品，其成本计价的方法有(　　)。

A.副产品只负担可归属成本　　B.副产品只负担共同成本

C.副产品既负担可归属成本，也负担分离前的共同成本　　D.副产品不负担任何成本

10.采用定额法计算产品成本，产品的实际成本由(　　)等组成。

A.定额成本　　B.脱离定额差异

C.材料成本差异　　　　D.定额变动差异

三、判断题

1.分类法与品种法、分批法或分步法一起构成基本的成本计算方法。(　　)

2.分类法是以成本项目为成本计算对象，归集生产费用，计算产品成本的一种方法。(　　)

3.类内各产品成本的分配，可按选定的分配标准将类内各种产品折合为系数。(　　)

4.分类法与生产类型有直接关系，因而可以在各种类型的企业应用。(　　)

5.对于副产品，可以单独计算成本，也可采用与品种法相似的方法计算成本。(　　)

6.工业企业在生产主要产品的过程中，附带的生产出来的一些次要产品，称之为联产品。(　　)

7.等级高的产品售价高，增加了利润;等级低的产品售价低，则减少了利润。(　　)

8.联产品的成本计算，就是将分离点后联产品的联合成本在各类联产品之间进行分配。(　　)

9.各等级产品的成本原则上应该是相同的。(　　)

10.用分类法计算成本，不仅能简化成本计算工作量，而且能在产品品种，规格繁多的情况下，分类掌握产品成本水平。(　　)

四、业务题

1.联产品成本的计算

资料:503 工厂生产联产品 A、B、C 三种主要产品，本月实际产量，A 产品 40 000 公斤，B 产品 20 000 公斤。C 产品 15 000 公斤。各产品单位售价，A 产品 15 元，B 产品 24 元，C 产品 12 元，分离前联合成本为 1 008 000 元。

要求:(1)按系数分配法计算各种产品成本(以 A 产品的单位售价为标准)。

(2)按实物量分配法计算各种产品成本。

(3)按相对售价分配法计算各种产品成本。

2.副主产成本的计算

资料:某企业在生产 A 产品的同时，附带生产 B 副产品，B 副产品分离后需进一步加工后才能出售。本月 A、B 产品共发生联合成本 155 000 元，其中直接材料占 50%，直接人工占 20%，制造费用占 30%。B 副产品进一步加工发生直接人工费用 2 000 元，制造费用 2 500 元。本月生产 A 产品 1 000 千克，B 副产品 2 000 千克，B 副产品单位售价为 12 元，单位税金和利润合计为 2 元。

要求:按副产品既负担可归属成本，又负担分离前联合成本的方法计算 B 产品成本。

第十二章 12
产品成本计算的定额法

第一节　定额法概述

一、定额法概念

定额法是以产品定额成本为基础，加上(或减去)脱离定额差异、材料成本差异和定额变动差异，来计算产品实际成本的方法。采用定额法计算产品成本时，计算公式如下：

产品实际成本＝定额成本±脱离定额差异±材料成本差异±定额变动差异

1.定额成本

定额成本是根据企业现行材料消耗定额制定的，随着生产技术的进步和劳动生产率的提高，消耗定额必须不断修订，定额成本在年度内有可能因企业消耗定额的修订而变动；计划成本是根据企业计划期内的平均消耗定额制定的，在计划期内，计划成本通常是不变的。

定额成本是企业在现有生产条件下应达到的成本水平，是计算产品实际成本的基础，是生产费用和日常费用控制的依据。而计划成本是企业计划期内成本控制的目标，是考核和分析企业成本计划是否完成的依据。

2.脱离定额差异

脱离定额差异是指产品生产过程中各项实际发生的生产费用脱离现行定额的差异。脱离定额差异反映了企业各项生产费用支出的合理程度。

3.材料成本差异

材料成本差异是指采用定额法计算产品成本的企业，材料一般是按计划成本来组织日常核算的，所以材料成本差异，是指材料采用计划成本计价而产生的计划成本与实际成本差异。

4.定额变动差异

定额变动差异是指由于修订定额而产生的新旧定额之间的差异，修订定额一般在月初进行，因此，定额变动差异是指月初在产品账面定额成本与按新定额计算的定额成本之间的差异，它是定额自身变动的结果，与生产费用支出的节约与超支无关。

产品成本计算的定额法，是为了及时地反映生产费用和产品成本脱离定额的差异，把产品成本的计划、控制、核算和分析结合在一起，以便加强成本管理而采用的一种成本计算方法。

二、定额法的适用范围

定额法一般适用于产品已经定型，产品品种比较稳定，各项定额比较齐全、准确、原始记录健全的企业。定额法不是基本成本计算方法，它一般与企业的生产类型无关，它只是为了加强成本控制，及时揭露成本计划执行过程中存在的问题，及时采取措施，加以改进而采用的。它虽然计算手续麻烦一些，但对于企业的成本控制来说是非常重要的。

三、定额法的特点

(1)事前制定产品的定额成本。定额法是以产品的定额成本为基础来计算产品的实际成本。采用定额法，企业必须事先制定产品的各项消耗定额、费用定额，以现行的定额为依据制定产品的定额成本，作为降低成本的目标，对成本进行事前控制。

(2)将符合定额的费用和脱离定额差异分别核算。在生产费用发生时，将符合定额的费用和脱离定额的差异分别核算，及时揭示实际费用脱离定额差异，加强对成本差异的日常核算，计算产品的实际成本。

(3)月末，以定额成本为基础，加减各种成本差异，从而计算出产品的实际成本。

(4)定额法是在品种法、分批法和分步法三种基本的成本计算方法基础上，运用其特有的汇集费用的特点，计算产品实际成本。

四、定额法成本计算程序

(1)按照企业的生产工艺特点和管理要求，确定采用成本计算的基本方法，从而确定成本核算对象。

(2)制定定额成本。根据企业确定的成本核算对象(产品品种等)，根据企业现行消耗定额和费用定额，按照企业确定的成本项目，分别制定产品定额成本，编制出各种产品的定额成本表。

(3)核算脱离定额差异。在生产费用发生时，企业应该将实际生产费用区分为符合定额的费用和脱离定额的差异，将符合定额的费用和脱离定额的差异分别核算并编制凭证，予以汇总。

(4)月末，企业应将月初结转和本月发生的脱离定额差异、材料成本差异和定额变动差异分别汇总，按照企业确定的成本计算方法，在本月完工产品和月末在产品之间进行分配。

(5)以本月完工产品的定额成本为基础，加上或减去各项成本差异，计算出本月完工产品的实际总成本。

第二节 定额法举例

一、制定定额成本

采用定额法计算产品成本，首先需要制定产品的原材料、动力、工时等各项消耗定额，并根据各项消耗定额和原材料的计划单价、计划小时工资率或计价工资单价、计划小时制造费用率等，计算产品的各项费用定额和单位产品的定额成本。

单位产品直接材料费用定额＝单位产品材料消耗定额×材料计划单价

单位产品直接人工费用定额＝单位产品生产工时定额×计划小时工资率

单位产品制造费用定额＝单位产品生产工时定额×计划小时制造费用率

产品单位定额成本的制定，一般包括零件、部件的定额成本和产成品的定额成本。产品的定额成本一般由企业的财会部门会同企业计划、技术、生产等部门共同制定。由于各个企业产品生产工艺过程不同，产品定额成本的计算程序也不尽相同。产品一般由许多零件、部件组成。如果产品的零件、部件不多，一般可以先计算各种零件、部件的成本，最后汇总计算产成品的定额成本。如果产品的零件、部件比较多，为了简化成本计算工作，也可以不逐一计算各种零件的定额成本，而是根据记录各种零件原材料消耗定额和工时定额的“零件定额卡”，以及原材料计划单价、计划小时工资和计划小时费用率，计算各部件的定额成本，再汇总计算产成品的定额成本；或是根据“零件定额卡”“部件定额卡”，直接计算产品定额成本。

【例 12－1】共青城鸭鸭集团股份有限公司某分厂大量生产甲、乙、丙三种产品，采用定额法计算产品成本，产品定额成本根据“零件定额卡”“部件定额卡”直接计算，本月有关“零件定额卡”“部件定额卡”“产品消耗定额计算表”“产品消耗定额成本计算汇总表”如表 12－1 至 12－4 所示。

表 12－1　共青城鸭鸭集团股份有限公司某分厂　零件定额卡

零件编号:K101　　　　20××年 7 月　　　　零件名称:A

材料编号	材料名称	计量单位	材料消耗定额
A200	H	千克	6
A201	M	千克	8
工序	工时定额		累计工时定额
1	6		6

续表

材料编号	材料名称	计量单位	材料消耗定额
2	7		13
3	7		20

表 12－2　共青城鸭鸭集团股份有限公司某分厂　部件定额卡

部件编号:B601　　　　　　　　　　　　　　　　**实物单位:千克**

部件名称:B　　　　　**20××年 7 月**　　　　　**金额单位:元**

工序或耗用零件名称	耗用零件数量	材料定额成本							工时消耗定额
		H 材料			M 材料			材料金额合计	
		数量	计划单价	金额	数量	计划单价	金额		
K101A	1	6	8	48	8	9	72	120	20
K102	4	20	8	160	40	9	360	520	50
K103	2	10	8	80	20	9	180	260	10
组装									20
合计		36	8	288	68	9	612	900	100

表 12－3　共青城鸭鸭集团股份有限公司某分厂　产品消耗定额计算表

产品名称:甲产品　　　　　**20××年 7 月**　　　　　**金额单位:元**

工序或耗用部件名称	工序或耗用部件数量	材料费用定额		制造费用	
		部件定额	产品定额	部件定额	产品定额
B601	1	900	900	100	100
B602	2	800	1 600	200	400
B603	4	500	2 000	200	800
装配					200
合计			4 500		1 500

表 12－4　共青城鸭鸭集团股份有限公司某分厂产品消耗定额成本计算汇总表

20××年 7 月　　　　　**金额单位:元**

产品	直接材料定额成本	工时消耗定额	直接人工		制造费用		定额成本合计
			计划工资率	定额成本	计划费用率	定额成本	
甲产品	4 500	1 500	4	6 000	2	3 000	13 500
乙产品	2 000	500	4	2 000	2	1 000	5 000
丙产品	4 000	1 000	4	4 000	2	2 000	10 000

二、脱离定额差异的计算

在生产费用发生时就将符合定额的费用和脱离定额的差异分别核算，这是定额法的重要特征。企业在发生生产费用时，应当为符合定额的费用和脱离定额的差异分别编制定额凭证和差异凭证，并在有关费用分配表和生产成本明细账(产品成本计算单)中分别予以登记。产品定额成本应当按照企业规定的成本项目制定，脱离定额的差异也应当按照成本项目分别核算。

1.直接材料费用脱离定额差异的计算

直接材料费用脱离定额的差异是指实际产量的现行定额耗用量与实际耗用量之间的差异与计划价格的乘积，即只包括原材料耗用量的差异，而不包括价格差异，材料价格差异作为一个实际成本的差异因素单独进行核算。用公式表示为：

直接材料费用脱离定额差异＝∑〔(材料实际耗用量－材料定额耗用量)×该材料计划单价〕

在实际工作中，计算直接材料费用脱离定额差异，一般有限额领料单法、切割法和盘存法等方法。

(1)限额领料单法。采用定额法计算产品成本的企业，为了加强材料费用的控制，一般实行“限额领料单”制度。符合定额的原材料应当根据“限额领料单”领用。因为增加产品产量而需要增加用料的，应按规定程序办理追加限额手续；属于定额内用料，可以根据“限额领料单”领用；减少产品产量时，应当扣减“限额领料单”上的领料限额。除增加产品产量发生的增加用料以外，因其他原因发生的超额用料，均属于材料脱离定额的差异，应当用专设的“超额材料领用单”(也可以用普通材料单以不同的颜色或加盖专用戳记加以区别)等差异凭证，经过一定的审批手续领料。采用代用材料或利用废料时，应在“限额领料单”中注明，并在原定限额内扣除。生产任务完成后，应当根据车间余料填制“退料单”，办理退料手续或假退料手续。

“超额材料领料单”上的材料数额，属于材料脱离定额的超支差异；“退料单”中所列材料数额和“限额领料单”中的材料余额，都是材料脱离定额的节约差异。

(2)切割法。为了更好地控制用料差异，对于需要切割才能使用的材料(如板材、棒材等)，可以通过“材料切割核算单”来计算材料脱离定额的差异，控制用料。“材料切割核算单”一般按切割材料的批别开立，填列交切割材料的种类、数量，消耗定额以及应切割的毛坯数量；切割完成后填列切割成毛坯的数量和材料的实际消耗量等。根据切割的毛坯数量和消耗定额，计算出材料的定额耗用量后，可以与材料实际耗用量相比较，可以得出脱离定额的差异。

【例 12－2】共青城鸭鸭集团股份有限公司某分厂 A200H“材料切割核算单”如表 12－5 所示。

表 12—5　共青城鸭鸭集团股份有限公司某分厂　材料切割核算单

材料编号和名称：A200H　　　　材料计划单价：10 元

零件编号及名称：K401　　　　计量单位：千克

产品名称：丙产品　　　　切割人：张华

机床号：4518　　　　切割日期：2013 年 7 月 25 日

图纸号：3209　　　　完工日期：2013 年 7 月 25 日

<table>
<tr><td colspan="2">发料数量</td><td colspan="4">返回余料数量</td><td colspan="2">材料实际消耗量</td><td>废料实际回收量</td></tr>
<tr><td colspan="2">424</td><td colspan="4">24</td><td colspan="2">400</td><td>11</td></tr>
<tr><td colspan="2">单位产品消耗定额</td><td colspan="2">单位回收废料定额</td><td colspan="2">应切割成毛坯数量</td><td>实际切割成毛坯数量</td><td>材料消耗定额</td><td>废料定额回收量</td></tr>
<tr><td colspan="2">8</td><td colspan="2">0.2</td><td colspan="2">50</td><td>48</td><td>384</td><td>9.6</td></tr>
<tr><td colspan="2">材料脱离定额差异</td><td colspan="4">废料脱离定额差异</td><td colspan="2">脱离差异原因</td><td>责任人</td></tr>
<tr><td>数量</td><td>金额</td><td>数量</td><td colspan="2">单价</td><td>金额</td><td colspan="2" rowspan="2">技术不熟练，增加了毛边，减少了毛坯</td><td rowspan="2">李明</td></tr>
<tr><td>16</td><td>160</td><td>—1.4</td><td colspan="2">2</td><td>—2.8</td></tr>
</table>

表 12—5 中，有关数字的计算过程如下：

应切割数量 400÷8＝50(件)

材料定额耗用量＝48×8＝384(千克)

废料定额耗用量＝48×0.2＝9.6(千克)

材料脱离定额差异＝(400—384)×10＝160(元)

废料脱离定额差异＝(9.6—11)×2＝—2.8(元)

表 14—5 中，材料脱离定额差异 160 元为不利(超支)差异。由于废料回收价值可以冲减材料费用，实际回收废料 11 千克，比回收废料定额 9.6 千克多了 1.4 千克，可以多冲减材料费用 2.8 元，因此用负数表示。由于废料脱离定额差异是在减少了切割数量 2 件(50—48)后形成的，本公司丙产品 A200H 材料多回收废料 2.8 元不能评价为有利(节约)差异。只有实际切割成毛坯的数量等于或大于应切割毛坯的数量，才可以将超定额回收的废料的差异认定为有利(节约)差异。

(3)盘存法。盘存法是根据定期盘点车间的在产品数量和结余材料数量，计算本期产品生产所耗用材料的实际耗用量和脱离定额差异，以控制用料的方法。当企业采用大量生产的组织方式时，很难像前面两种方法分批核算原材料脱离定额差异，届时除了要使用限额领料单、超额领料单等反应材料差异的凭证控制日常原材料的耗费外，还要定期按工作日或周、旬，通过盘存的方法，以确定材料脱离定额差异，有关计算公式如下：

①定期在产品进行盘存，确定在产品实际数量；

②计算材料实际耗用量；

③根据完工产品入库单所列完工产品数量及在产品盘存表所列在产品盘存数量，计算产品投产数量，即

本期投产产品数量＝本期完工产品数量＋期末盘存在产品数量－期初盘存在产品数量

④计算材料定额消耗量，即

材料定额消耗量＝产品投产数量×材料消耗定额

⑤计算直接材料脱离定额的差异，即

直接材料脱离定额的差异＝(本期材料实际消耗量－本期投产产品数量×单位产品材料消耗定额)×材料计划价格

【例 12－3】共青城鸭鸭集团股份有限公司某分厂生产的丙产品原材料价格在生产开始时一次投入，单位产品材料消耗定额为 20 千克，A 材料计划单位成本为 10 元。丙产品期初在产品 40 件，“产品交库单”汇总的本期完工入库产品为 1 000 件，期末实地盘点确定的在产品为 50 件。根据“限额领料单”的记录，本期丙产品领用 A 材料 20 000 千克；根据车间材料盘存资料，A 材料车间期初余料为 80 千克，期末余料为 100 千克。材料脱离定额的差异可以计算如下：

(1)计算本期投产丙产品数量。

投产丙产品数量＝1 000＋50－40＝1 010(件)

(2)计算本期 A 材料定额消耗量。

A 材料定额消耗量＝1 010×20＝20 200(千克)

(3)计算本期 A 材料实际消耗量。

A 材料实际消耗量＝20 000＋80－100＝19 980(千克)

(4)计算本期材料脱离定额的差异。

材料脱离定额的差异＝(19 980－20 200)×10＝－2 200(元)

计算结果表明，丙产品材料脱离定额的差异为节约 220 千克，节约 2 200 元。

为了计算产品的实际成本，企业应当分批或定期汇总各种产品(成本核算对象)材料脱离定额差异，编制直接材料定额成本和脱离定额差异汇总表，作为登记产品生产成本明细账(产品成本计算单)的依据。

【例 12－4】共青城鸭鸭集团股份有限公司某分厂生产的甲产品本月实际投产量为 110 件，根据单位产品材料定额成本和实际消耗材料数量汇总编制的“直接材料费用定额和脱离定额差异汇总表”如表 12－6 所示。

表 12—6　共青城鸭鸭集团股份有限公司某分厂直接材料费用定额和脱离定额差异汇总表

产品名称:甲产品　投产量:110 件　　20××**年** 7 **月**　　**金额单位:元**

材料	材料编号	计量单位	计量单价	定额耗用			实际耗用		脱离定额差异	
				单位定额	耗用量	金额	耗用量	金额	数量	金额
H	C200	千克	8	200	22 000	176 000	21 600	172 800	- 400	- 3 200
M	C201	千克	9	260	28 600	257 400	27 800	250 200	- 800	- 7 200
其他材料		元		560		61 600		62 000		400
合计						495 000		485 000		- 10 000

2.直接人工脱离定额差异的计算

(1)计件工资制度下直接人工脱离定额差异的计算。在计件工资制下，直接人工为直接计入费用，在计件单价不变时，按计件单价支付的生产工人薪酬就是定额工资，没有脱离定额的差异。因此，在计件工资制下，脱离定额的差异往往仅指因工作条件变化而在计件单位之外支付的工资、津贴、补贴等。企业应当将符合定额的工资，反映在产量记录中;脱离定额的差异应当单独设置“工资补付单”等凭证，并经过一定的审核手续。

(2)计时工资制度下直接人工脱离定额差异的计算。在计时工资制下，直接人工一般为间接计入费用，其脱离的定额的差异不能在平时分产品(成本核算对象)计算，只有在月末确定本月实际直接人工费用总额和产品生产总工时以后才能计算。有关计算公式如下：

计划小时工资率＝计划产品的定额直接人工费用÷计划产品的定额生产工时

实际小时工资率＝实际直接人工费用总额÷实际生产总工时

某产品定额直接人工费用＝该产品实际生产工时×实际小时工资率

某产品直接人工脱离定额的差异＝该产品实际直接人工费用－该产品定额直接人工费用

【例 12—5】共青城鸭鸭集团股份有限公司某分厂本月甲、乙、丙三种产品实际生产工时为 400 000 小时，其中，甲产品 170 000 小时，乙产品 100 000 小时，丙产品 130 000 小时;本月三种产品实际完成定额工时 410 000 小时，其中，甲产品 172 000 小时，乙产品 110 000 小时，丙产品 128 000 小时，计划小时工资率为 4 元;本月实际产品生产工人薪酬为 1 641 600 元。根据上述资料计算，编制“直接人工费用定额和脱离定额差异汇总表”(见表 12—7)。

表 12—7　共青城鸭鸭集团股份有限公司某分厂直接人工费用定额和脱离定额差异汇总表

20××**年** 7 **月**　　**金额单位:元**

产品	定额人工费用			实际人工费用			脱离定额差异
	完成工时(小时)	计划小时工资率	定额工资	实际工时(小时)	实际小时工资率	实际工资	
甲产品	172 000		688 000	170 000		697 680	9 680
乙产品	110 000		440 000	100 000		410 400	－29 600
丙产品	128 000		512 000	130 000		533 520	21 520
合计	41 0000	4	1 640 000	400 000	4.104	1 641 600	1 600

3.制造费用脱离定额差异的计算

制造费用属于间接计入费用，在日常核算中不能按照产品直接确定费用脱离定额的差异，而只能根据月份的费用计划，按照费用的发生地点和费用项目，计算脱离计划的差异，对费用的发生进行控制和监督。对制造费用中能够按照一定标准制定限额进行控制的项目，如材料费用，可以采用限额领料单、超额领料单等定额凭证和差异凭证进行控制，并进行脱离定额差异的计算；对于其他不能采用日常核算方法来计算差异的费用项目，应定期将费用计划和实际发生的费用进行比较予以考核。

对于各种产品应负担的制造费用用脱离定额的差异，一般只有到月末实际费用分配给各种产品以后，才能以其实际费用与定额费用相比较加以确定，其计算方法与计时工资脱离定额差异的计算相类似，其计算公式如下：

$$计划小时制造费用率=\frac{计划产量的定额制造费用总额}{计划产量的定额生产工时}$$

$$实际小时制造费用率=\frac{实际制造费用总额}{实际生产总工时}$$

某产品定额制造费用＝该产品实际完成的定额生产工时×计划小时制造费用率

某产品实际制造费用＝该产品实际生产工时×实际小时制造费用率

某产品制造费用脱离定额的差异＝该产品实际制造费用－该产品定额制造费用

【例 12—6】共青城鸭鸭集团股份有限公司某分厂本月各种产品实际生产工时和实际完成定额工时同例 5；本月实际制造费用总额为 826 000 元，本月制造费用计划分配率为每小时 2 元(见表 14—8)；实际分配率为每小时 2.065 元(826 000÷400 000)。根据上述资料计算，编制“制造费用定额和脱离定额差异汇总表”(见表 12—8)。

表 12—8　共青城鸭鸭集团股份有限公司某分厂制造费用定额和脱离定额差异汇总表

20××年 7 月　　金额单位：元

产品	定额制造费用			实际制造费用			脱离定额差异
	完成工时(小时)	计划小时费用率	定额费用	实际工时(小时)	实际小时费用率	实际费用	
甲产品	172 000		344 000	170 000		351 050	7 050
乙产品	110 000		220 000	100 000		206 500	－13 500
丙产品	128 000		256 000	130 000		268 450	12 450
合计	410 000	2	820 000	400 000	2.065	826 000	6 000

三、材料成本差异的计算

在采用定额法计算产品成本的企业，为了便于对产品成本进行考核和分析，材料成本的日常核算都应按计划成本进行。原材料定额费用和原材料脱离定额的差异都是按计划成本计算的。因此，在月末计算产品的实际原材料费用时，必须按照下列公式计算所耗材料应负担的材料成本差异。其计算公式为：

某产品应分配的材料成本差异＝(该产品材料定额成本＋材料脱离定额差异)×材料成本差异率

【例 12－7】共青城鸭鸭集团股份有限公司某分厂甲产品本月所耗直接材料费用定额成本为 495 000 元(见表 12－6)，材料脱离定额的差异为节约 10 000 元(见表 12－6)，本月材料成本差异率为节约 1.2%，甲产品本月应负担的材料成本差异可以计算如下：

甲产品本月应负担的材料成本差异＝(495 000－10 000)×(－1.2%)＝－5820(元)

在实际工作中，材料成本差异的计算和分配是通过编制“耗用材料汇总表”或“材料成本差异分配表”进行的。上述计算公式中的 485 000 元，也就是本月“耗用材料汇总表”中甲产品消耗材料的计划总成本(实际耗用量乘以材料计划单位成本)。

四、定额变动差异的计算

产品定额成本是根据现行的定额计算确定的，现行定额(包括材料消耗定额、工时消耗定额和费用定额等)修订以后，定额成本也应随之修订。月初，产品定额修订以后，当月投产的产品应当按照新的定额成本为基础，而月初在产品的定额成本是上月末按旧定额计算的，为了统一以新的定额成本为基础，必须将月初在产品按新的定额成本进行调整。

月初在产品定额变动差异，可以根据消耗定额发生变动在产品盘存数量(或在产品台账的账面结存数量)和修订后的定额消耗量计算出月初在产品新的定额消耗量和新的定额成本，再与修订前月初在产品定额成本比较计算得出的。这种计算要求按照产品构成的零部件和工序进行，当构成产品的零部件种类较多时，计算工作量比较大。为了简化计算工作，也可以根据变动前后单位产品的定额成本(分成本项目的成本)计算一个定额变动系数，再据以确定月初在产品的定额变动差异。采用这种方法的计算公式如下：

$$定额变动系数=\frac{按新定额计算的单位产品定额费用}{按旧定额计算的单位产品定额费用}$$

月初在产品定额变动差异＝按旧定额计算的月初在产品成本×(1－定额变动系数)

【例 12－8】共青城鸭鸭集团股份有限公司某分厂生产的甲产品从本月 1 日起实行新的材料消耗定额，直接人工和制造费用定额不变。单位产品新的直接材料费用定额为 4 500(见表 12－4)，旧的直接材料费用定额为 4 687.50 元。甲产品月初在产品按旧定额计算的直接材料费用为 93 750 元。根据上述材料，月初在产品定额变动差异可以计算如下：

定额变动系数＝4 500÷4 687.5＝0.96

月初在产品定额变动差异＝93 750×(1－0.96)＝3 750(元)

月初在产品定额变动差异是定额本身变动的结果，与生产费用的节约或浪费无关。但是，定额成本是计算产品实际成本的基础，月初在产品定额成本调低时，应该将定额变动差异加入产品实际成本;反之，应从产品实际成本中扣除。也就是说，月初在产品定额成本调整的数额与计入产品实际成本的定额变动差异之和应当等于零。甲产品月初在产品成本调整减少了 3 750 元，甲产品实际成本中就应当加上定额变动差异 3 750 元。

五、产品实际成本的计算

1.登记本月发生的生产费用

根据本月实际发生的生产费用，将符合定额的费用和脱离定额的差异分别核算，编制有关会计分录，计入产品生产成本明细账(产品成本计算单)中的相应项目。

2.分配脱离定额差异

登记本月生产费用后，应将月初在产品成本、月初在产品定额变动和本月生产费用各相同项目分别汇总，计算出生产费用合计数(见表 12—9)。生产费用合计数包括定额成本、脱离定额差异、材料成本差异和定额变动差异。为了简便计算，材料成本差异和定额变动差异可以全部由完工产品成本负担，脱离定额差异则要在本月完工产品和月末在产品之间进行分配。

3.计算结转完工产品实际成本

【例 12—9】根据例 12—4 至例 12—7，编制有关会计分录，并计入共青城鸭鸭集团股份有限公司某分厂甲产品生产成本明细账。例 8 月初在产品定额调整不属于实际发生费用，可以直接计入甲产品生产成本明细账相应栏内，不应编制会计分录(定额资料见表 12—9)。

1.编制有关会计分录，登记本月发生的生产费用，有关会计分录如下：

(1)结转产品生产领用材料计划成本。例 12—4 中共青城鸭鸭集团股份有限公司某分厂甲产品本月耗用材料计划成本为 485 000 元(见表 12—6)。

借：生产成本—基本生产成本—甲产品(定额成本)　　495 000
　　　　　　　　　　　　　　　　(脱离定额差异)　10 000
　贷：原材料　　　　　　　　　　　　　　　　　　485 000

(2)分离职工薪酬。例 12—5 中共青城鸭鸭集团股份有限公司某分厂本月应付甲产品生产工人薪酬为 697 680 元(见表 12—7)。

借：生产成本—基本生产成本—甲产品(定额成本)　　688 000
　　　　　　—基本生产成本—甲产品(脱离定额差异)　9 680
　贷：应付职工薪酬　　　　　　　　　　　　　　　697 680

(3)分配结转制造费用。例 12—6 中共青城鸭鸭集团股份有限公司某分厂甲产品本月实际制造费用为 351 050 元(见表 12—8)。

借：生产成本—基本生产成本—甲产品(定额成本)　　344 000
　　　　　　—基本生产成本—甲产品(脱离定额差异)　7 050
　贷：制造费用　　　　　　　　　　　　　　　　　351 050

(4)分配结转材料成本差异。例 12—7 中共青城鸭鸭集团股份有限公司某分厂甲产品应负担的材料成本差异为节约 5 820 元。

借：生产成本—基本生产成本—甲产品(材料成本差异)　　5 820

　　贷：材料成本差异　　　　　　　　　　　　　　　5 820

2.共青城鸭鸭集团股份有限公司某分厂甲产品脱离定额差异分配的计算过程如下：

表 12—9　共青城鸭鸭集团股份有限公司某分厂产品成本计算单

产品:甲产品　　产量:110 件　　20××年 7 月　　**单位:元**

项目	行次	直接材料	直接人工	制造费用	合计
一、月初在产品					
定额成本	1	93 750	62 000	31 000	186 750
脱离定额差异	2	—1 700	820	450	—430
二、月初定额成本的调整					
定额成本调整	3	—3 750	0	0	—3 750
定额变动差异	4	3 750	0	0	3 750
三、本月发生生产费用					
定额成本	5	495 000	688 000	344 000	1 527 000
脱离定额差异	6	—10 000	9 680	7 050	6 730
材料成本差异	7	—5 820			—5 820
四、生产费用合计					
定额成本	8	585 000	750 000	375 000	1 710 000
脱离定额差异	9	—11 700	10 500	7 500	6 300
材料成本差异	10	—5 820			—5 820
定额变动差异	11	3 750			3 750
五、差异分配率	12	—2%	1.4%	2%	
六、完工产品成本					
定额成本	13	540 000	720 000	360 000	1 620 000
脱离定额差异	14	—10 800	10 080	7 200	6 480
材料成本差异	15	—5 820			—5 820
定额变动差异	16	3 750			3 750
实际成本	17	527 130	730 080	367 200	1 624 410
七、月末在产品					
定额成本	18	45 000	30 000	15 000	90 000
脱离定额差异	19	—900	420	300	—180

(1)直接材料项目

直接材料脱离定额差异分配率=〔-11 700÷(540 000+45 000)〕×100%=-2%

完工产品分配脱离定额差异=540 000×(-2%)=-10 800(元)

月末在产品分配脱离定额差异=45 000×(-2%)=-900(元)

(2)直接人工项目

直接人工脱离定额差异分配率=〔10 500÷(720 000+30 000)〕×100%=1.4%

完工产品分配脱离定额差异=720 000×1.4%)=10 080(元)

月末在产品分配脱离定额差异=30 000×1.4%=420(元)

(3)制造费用项目

制造费用脱离定额差异分配率=〔7 500÷(360 000+15 000)〕×100%=2%

完工产品分配脱离定额差异=360 000×2%)=7 200(元)

月末在产品分配脱离定额差异=15 000×2%=300(元)

(4)本月完工产品分配脱离定额差异

本月完工产品分配脱离定额差异=-10 800+10 080+7 200=6 480(元)

(5)月末在产品分配脱离定额差异

月末在产品分配脱离定额差异=-900+420+300=-180(元)

上述计算结果在甲产品"产品成本计算单"中的登记如表12-9所示。

3.计算结转完工产品实际成本

通过上述计算和分配，共青城鸭鸭集团股份有限公司某分厂本月完工甲产品110件的实际总成本为1 624 410元[1 620 000+6 480+(- 5 820)+3 750]。

根据成本计算结果，编制结转本月完工入库甲产品成本的会计分录如下：

借：库存商品—甲产品　　1 624 410

　贷：生产成本—基本生产成本—甲产品(定额成本)　　1 620 000

　　　—基本生产成本—甲产品(脱离定额差异)　　6 480

　　　—基本生产成本—甲产品(材料成本差异)　　5 820

　　　—基本生产成本—甲产品(定额变动差异)　　3 750

练习题

一、单项选择题

1.定额成本与计划成本的关系是(　　)。

A.两者是同一词　　B.两者毫无关系

C.前者是根据现行定额计算成本，后者是根据计划期内平均定额计算的成本

D.前者是根据计划期内平均定额计算的成本，后者是根据现行定额计算成本

2.在脱离定额差异的核算中，与制造费用脱离定额差异核算方法相同的是(　　)。

A.原材料　　B.自制半成品

C.计时工资形式下的生产工人工资　　D.计件工资形式下的生产工人工资

3.产品成本计算的定额法，在适用范围上(　　)。

A.与生产类型直接相关　　B.与生产类型无关

C.适用于大量生产　　D.适用于小批生产

4.需要计算定额变动差异的是(　　)。

A.月初在产品　　B.本月投入产品

C.月末在产品　　D.本月完工产品

二、多项选择题

1.定额法的优点是(　　)。

A.有利于加强成本控制

B.有利于提高成本的定额管理和计划管理水平

C.能够较为合理，简便地解决完工产品和月末在产品的费用分配问题

D.便于产品成本定期分析

E.较其他成本计算方法核算工作量小

2.定额法下的产品成本计算包括(　　)。

A.定额成本　　B.脱离定额的差异

C.材料成本差异　　D.定额变动差异

3.定额法主要适用于(　　)的企业。

A.定额管理制度比较健全　　B.定额管理基础工作比较好

C.产品生产已经定型　　D.各项消耗定额比较准确、稳定的企业

4.为了简化成本计算工作，(　　)等一般可以全部由本月完工产品负担。

A.定额成本　　B.脱离定额的差异

C.材料成本差异　　D.定额变动差异

三、判断题

1.所耗原材料的定额费用与脱离定额差异的代数和，就是该原材料实际费用。(　　)

2.在计算月初在产品定额变动差异时，若是定额降低的差异，应从月初在产品定额成本中减去，同时加入本月产成品成本中。(　　)

3.制定定额成本的过程，也是进行成本事前控制的过程。(　　)

4.定额变动差异是指由于修订定额而产生的新旧定额之间差异，它是定额自身变动的结果，与生产费用支出的节约与超支无关。(　　)

5.制定定额成本依据的现行定额，是指企业从月初起施行的定额，在有定额变动的月份，应当根据变动以后定额，调整月初在产品的定额成本，计算定额变动的差异。(　　)

第十三章 成本报表的作用和种类 13

第一节 成本报表的总体认知

一、成本报表的含义

会计报表是根据日常会计核算资料归集、加工、汇总而形成的一个完整的报告体系。会计报表所提供的会计信息要满足企业内外有关方面的各种要求。企业会计报表按服务对象划分为两类：一类为向外报送的会计报表，如资产负债表、利润表、现金流量表等；另一类为企业内部管理需要的报表，如成本报表等。

上述第一类会计报表的编制是财务会计所阐述的内容，本章阐述各种成本报表的编制。成本报表是根据企业产品成本和期间费用的核算资料以及其他有关资料编制的，用来反映企业一定时期内产品成本和期间费用水平及其构成情况的报告文件。企业的日常会计工作本身包含大量的经济信息和大量内容，必须将其进行分类、概括、综合并形成系统的过程，但是，日常会计核算所形成的会计资料仍然分散反映在账簿中，难以直接为管理工作提供直观、系统、明确的数据资料。为了全面检查和总结、考核企业经营活动的过程及其结果，向有关方面提供决策信息，就必须按照统一规定的格式和编制要求，结合企业经营管理的实际需要，将日常会计核算进行系统的总结。它比日常的会计核算资料（即凭证和账簿）更加集中、系统、直观、深刻地反映企业生产经营活动的过程和结果。

成本报表是反映企业报告期内成本费用情况的报告文件。从其性质上看，它作为企业的内部报表，是对企业成本会计核算工作的总结，可为成本费用的分析、考核和评价提供直观的数据；为控制、干预不合理的成本费用及时提供信息；同时为企业编制预算、制定决策提供极为重要的参考资料，编制成本报表不仅直接参与成本管理活动，而且有机地衔接了成本控制、成本核算和成本分析、成本决策等管理行为。所以，人们也称成本报表为企业内部管理报表。

二、成本报表的特点

1.成本报表属于企业内部报表，它不受政府当局的管理，不宜对外报出

报表采取什么形式，填列哪些内容，按什么程序报送到哪些部门以及什么时候编制等，完全由企业或公司根据自身的特点和管理要求决定。并且，随着企业生产条件的改善和管理水平的提高，成本报表应随时进行修改和调整。因此，成本报表具有很大的灵活性和多样性。

2.成本报表与企业特定的生产工艺特点、技术经济构成和生产组织形式有着密切的关系，有着高度的保密性

成本报表能够及时提供各车间/部门费用开支和产品成本的实际详细情况，使成本控制和成本决策能够建立在可靠的基础上；同时，在日趋激烈的市场竞争条件下，企业为了既满足管理需要，又加强对生产工艺、技术构成和生产组织以及成本费用水平等各种信息资料的保密，按照国际惯例不予对外公开，而只在企业内部报告使用。

3.成本报表是会计核算资料与其他技术经济资料密切结合的产物，具有综合性的特点

成本报表需要同时满足会计部门和各级生产部门、各级职能管理部门参与成本管理工作的要求，不仅要提供事后分析的信息资料，更要能提供事前计划、事中控制所需要的大量数据指标。显然，它不仅通过一系列价值指标，而且还应用多方面的数量和质量信息指标，充分发挥其重要作用。

4.成本报表在企业内部具有自身的可比性

企业的对外报表，由于提供的是综合的资产负债表情况、损益情况和现金流量变动情况，因而可在同行业之间进行比较。但成本报表由于它自身的灵活性和不公开性，从形式到内部都受制于企业的生产特点和管理要求，不同企业之间难以通过成本报表进行相互对比。相反，在企业内部，由于相同成本报表各项经济指标的经济含义都相同，因此，在成本报表中可以设计本期实际、上年实际、历史先进水平和本期计划等内容，以便进行对比考核，借以挖掘生产能力，降低成本费用，提高经济效益。

5.成本报表还具有及时性和灵敏性的特点

成本报表编制时间比较灵活(通常为年报、月报、旬报甚至日报、班报等)，内容具体明确，随用随报随取，能够灵活地为日常管理和成本控制提供及时有用的信息资料。此外，企业还可以编制不定期的内部成本报表，以适应对一些临时性、偶然性事件处理的需要。所以，对于企业生产过程的控制以及经济前景的预测，成本报表有着不可替代的及时性和灵敏性。

三、编制成本报表的依据

企业编制成本报表的资料主要来源于以下四个方面：

(1)报告期的成本费用账簿资料，如生产成本明细账、制造费用明细账，管理费用、财务费用、销售费用等明细账。

(2)以前年度的成本资料，如上年实际平均单位成本、历史上先进水平等。

(3)本期成本计划及费用预算，如计划单位成本、制造费用预算，管理费用、财务费用、营业费用等预算。

(4)有关的统计资料，如职工人数、考勤记录、产量及工时记录等。

四、成本报表的作用

成本报表主要向企业的各级管理部门、企业领导、企业职工，以及有关部门提供成本信息。成本报表的作用主要有：

(1)提供企业在一定时期内的产品成本水平及费用支出情况。

(2)可据以分析成本计划或预算的执行情况、考核成本计划的完成情况，并查明产品成本升降的原因等。

(3)本期成本报表的成本资料是编制下期成本计划的重要参考依据。

(4)企业主管部门把所属非独立核算单位的成本报表资料和其他报表资料等结合起来运用，可以有针对性地对其进行指导和监督。

五、成本报表的种类

成本报表的种类和格式不是由国家统一会计制度规定的，成本报表具有灵活性和多样性的特点。但就生产性企业来说，一般可以按以下标志分类：

(一)按报表反映的经济内容分类

成本报表按其反映的经济内容，一般可以分为反映企业生产经营过程中费用水平及其构成情况的报表和反映企业产品成本水平及其构成情况的报表两类：

(1)反映企业生产经营过程中费用水平及其构成情况的报表，主要有制造费用明细表、管理费用明细表、营业费用明细表和财务费用明细表等。

(2)反映企业产品成本水平及其构成情况的报表，主要有产品生产和销售成本表、产品生产成本表、主要产品单位成本表等。

(二)按报表编制的时间分类

成本报表按其编制的时间，可以分为年度报表、半年度报表、季度报表、月度报表以及旬报、周报、日报和班报。

对外财务会计报表主要有年度报表和中期报表(半年度报表、季度报表和月报)，为了及时向企业有关管理部门提供成本信息，以满足生产经营管理特别是成本控制盒成本考核的需要，成本报表除了年度报表、半年度报表、季度报表和月报外，应更注重采用旬报、周报以至日报和班报等形式。

六、成本报表的编制要求

为了充分发挥成本报表的作用，必须做到数字真实、内容完整和编制及时。

数字真实，就是指报表的指标必须如实地反映企业成本工作的实际情况，不得以估计数字、计划数字、定额数字代替实际数字，更不允许弄虚作假，篡改数字。因此，企业在编制成本报表前，所有经济业务都要登记入账，要调整不应列入成本的费用，做到先结账，后编表；应认真清查财产物资，做到账实相符;应核对各账簿的记录，做到账账相符。报表编制完毕，应检查各个报表中的相关指标的数字是否一致，做到表表相符。

内容完整，是指应编制的成本报表的种类必须齐全;应填列的报告指标和文字说明必须全面;表内项目和表外补充资料，不论根据账簿资料直接填列，还是分析计算填列，都应当完整无缺，不得随意取舍。

编报及时，是要求按照规定期限报送成本报表，以便有关方面及时利用成本资料信息进行检查、分析等工作。为此，企业财会部门要提前做好编制报表的准备工作，并且要加强与各有关部门的协作和配合，以便尽可能提前或按期编送各种报表，满足有关部门的需要。

第二节　成本报表的编制

一、编制产品生产成本及销售成本表

(一)产品生产成本及销售成本表的结构

产品生产成本及销售成本表示反映企业在一定会计期间内各种产品生产成本和销售成本，以及期末结存产品成本的报表。该表通常按月编制，其一般格式如图表13－1所示。

从表13－1中可以看出，产品生产成本及销售成本表将企业全部产品按主要产品和非主要产品分别逐项反映，所设计的指标有产品生产量和销售量、单位产品生产成本、产品生产总成本和销售总成本、期末结存产品产量和总成本等。为了便于比较和分析产品生产量和销售量、单位产品生产成本等指标，可以同时反映本年计划、本月实际、本年累计实际等内容。

利用产品生产成本及销售成本表，可以反映企业在一定会计期间内全部的成产总成本和销售总成本；并且通过产品单位成本的比较，可以反映企业产品成本水平和升降情况，借以确定企业成本分析的重点；可以反映企业各种产品的生产量、销售量和期末库存量，借以考察企业产品是否适销对路，产销是否协调，是否存在超储积压的产品等。

表13－1　产品生产成本及销售成本表

编报单位：共青城鸭鸭集团股份有限公司某分厂　××××年12月　单位：元

产品	规格	计量单位	生产量			销售量			单位生产成本				生产总成本		销售总成本		期末结存	
			本年计划	本月实际	本年累计实际	本年计划	本月实际	上年累计实际	上年实际平均	上年计划	本月实际	本年累计实际平均	本月实际	本年累计实际	本月实际	本年累计实际	结存产品数量	生产产品总额
			1	2	3	4	5	6	7	8	9＝11÷2	10＝12÷3	11	12	13	14	15	16
主要产品													略	969 250				
甲产品		件	540	55	625	550	60	600	1 200	1 164	1 175	1 158		723 750				

续表

产品	规格	计量单位	生产量			销售量			单位生产成本				生产总成本		销售总成本		期末结存	
			本年计划	本月实际	本年累计实际	本年计划	本月实际	上年累计实际	上年实际平均	上年计划	本月实际	本年累计实际平均	本月实际	本年累计实际	本月实际	本年累计实际	结存产品数量	生产产品总额
乙产品		件	252	25	250	250	20	245	1 000	980	980	982		245 500				
非主要产品																		
丙产品		件												265 000				
合计														1 234 250				

(二)产品生产成本及销售成本的编制方法

(1)生产量。生产量栏中，本月实际和本年累计实际产量，根据企业“产品产量统计表”提供的资料填列，也可以根据“库存商品明细账”中有关完工入库产品数量资料填列；本年(或本月)产品生产计划资料填列。

(2)销售量。销售量栏中，本月实际和本年累计实际销售量，根据“主营业务收入明细账”中记录的销售数量填列；本年(或本月)计划销售量根据企业本年(或本月)产品销售计划资料填列。

(3)单位产品生产成本。单位产品生产成本栏中，上年实际平均单位成本根据上年12月份本表中“本年累计实际平均单位成本”栏的数字填列；本年计划单位成本根据企业本年产品成本计划资料填列；本月实际单位成本根据本月“产品生产成本明细账”(或“产品成本计算单”)提供的资料填列；本年累计实际平均单位成本需要计算填列，计算公式为：

$$某种产品本年累计实际平均单位成本=\frac{该产品本年累计实际总成本}{该产品本年累计实际总产量}$$

(4)生产总成本。生产总成本栏中，上年累计实际总成本根据上年12月份本表“本年累计实际总成本”累计实际总成本栏的数字填列；本月实际生产总成本根据本月“产品生产成本明细账”(或“库存商品明细账”)提供的资料填列；本年累计实际生产总成本根据该产品本年各月“产品生产成本明细账”提供的资料汇总计算填列，也可用本月实际生产总成本加上上月本表中的本年累计实际总成本后填列。

(5)销售总成本。销售总成本栏中，本月实际销售总成本和本月累计实际销售总成本，根据“主营业务成本明细账”记录的本月合计数和本年累计数分别填列；本年累计实际销售总成本，也可以将本月实际销售总成本加上上月月末表中的本年累计实际销售总成本后填列。

(6)期末结存产品数量和总成本。期末结存产品数量和总成本应根据“库存商品明细账”记录的期末结存产品数量和生产总额分别填列。

二、编制产品生产成本表

(一)产品生产成本表的结构

产品生产成本表反映企业在一定会计期间生产产品所发生的生产费用总额和全部产品生产总成本的报表。

企业一定会计期间的生产费用总额，可以按照费用经济性质(包括外购材料、外购燃料、外购动力、工资、折旧费和其他支出等费用要素)反映；也可以按照费用的经济内容(包括直接材料、直接人工、制造费用等成本项目)反映，企业一定会计期间全部产品的生产成本总额，可以按照产品品种和类别反映，也可以按照产品成本项目反映。表 13－2 列示了按照产品品种、类别编制的产品生产成本表的一般格式；表 13－3 列示了按照费用经济用途(成本项目)编制的产品生产成本表的一般格式。

表 13－2　产品生产成本表(按产品品种、类别编制)

编报单位：共青城鸭鸭集团股份有限公司某分厂　××××年 12 月　单位：元

产品	计量单位	实际产量		单位成本				本月总成本			本年累计总成本		
		本月	本年累计	上年实际平均	本年计划	本月实际	本年累计实际平均	按上年实际平均单位成本计算	按本年计划单位成本计算	本月实际	按上年实际平均单位成本计算	按本年计划单位成本计算	本年实际
		1	2	3	4	5＝9÷1	6＝12÷2	7＝1×3	8＝1×4	9	10＝2×3	11＝2×4	12
主要产品								91 000	88 520	89 125	1 000 000	972 500	969 250
甲产品	件	55	625	1 200	1 164	1 175	1 158	66 000	64 020	64 625	750 000	727 500	723 750
乙产品	件	25	250	1 000	980	980	982	25 000	24 500	24 500	250 000	245 000	245 500

续表

产品	计量单位	实际产量		单位成本				本月总成本			本年累计总成本		
		本月	本年累计	上年实际平均	本年计划	本月实际	本年累计实际平均	按上年实际平均单位成本计算	按本年计划单位成本计算	本月实际	按上年实际平均单位成本计算	按本年计划单位成本计算	本年实际
非主要产品									27 750	26 625		277 500	265 500
丙产品	件	25	250		1 110	1 065	1 062		27 750	26 625		277 500	265 500
合计									116 270	115 750		1 250 000	1 234 750

表 13—3　产品生产成本表(按成本项目编制)

编制单位:共青城鸭鸭集团股份有限公司某分厂　××××年 12 月　　单位:元

项目	行次	上年实际	本月实际	本月累计实际
生产费用				
1.直接材料	1	415 550	44 000	475 475
其中:原材料	2	345 000	36 000	390 000
燃料和动力	3			
2.直接人工	4	330 300	36 500	395 200
3.制造费用	5	391 650	34 000	364 325
4.其他直接支出	6			
生产费用合计(总额)	7	1 065 500	114 500	1 235 000
加:在产品、自制半成品的期初余额	8	62 500	60 000	58 000
减:在产品、自制半成品的期末余额	9	58 000	58 750	58 750
产品生产成本合计	10	1 070 000	115 750	1 234 250

按产品品种和类别编制的产品生产成本表(见表 13—2)，一般分为产量、单位成本、生产总成本等部分。单位成本包括上年实际平均单位成本、本年计划单位成本、本月实际单位成本和本月累计实际平均单位成本等;产量包括本月实际产量和本月累计实际产量;总成本也就分为本月总成本和本年累计总成本，为了便于分析，实际产量的生产总成本应按不同单位成本分别计算。在设置有产品生产成本及销售成本表的企业一般不单独编制按产品品种和类别反映的产品生产成本表。因为产品生产成本及销售成本表包括了产品生产成本表的基本内容。

按成本项目编制的产品生产成本表(见表 13—3)，一般分为“生产费用总额”“产品生产成本”“在产品和自制半成品成本”等部分。生产费用总额按照费用的用途分为直接材料、直接人工和制造费用等成本项目。在产品和自制半成品成本按期初数、期末数分别反映；在经常有自制半成品对外销售的企业，在产品和自制半成品成本可以分别反映。产品生产成本总额应等于本期生产费用总额，加上在产品和自制半成品期初余额，减去在产品和自制半成品期末余额。为了便于分析，按成本项目编制的产品生产成本表各项目反映上年实际、本月实际和本年累计实际等指标。

(二)产品生产成本表的编制方法

产品生产成本表一般按月编制。按产品品种和类别编制产品生产成本表应与产品生产成本及销售成本表的部分项目相同，在此不再介绍。按成本项目编制的产品生产成本表中，“上年实际”栏根据上年 12 月份编制的“产品生产成本表”中“本年累计实际”栏内的金额填列；“本年实际”栏和“本年累计”栏的填列方法分别介绍如下：

(1)生产费用总额。生产费用总额及各成本项目的金额中，“本月实际”栏根据本月生产成本二级账(或明细账)的资料分析计算填列；“本月累计实际”根据本月本表中“本月实际”栏的金额，加上上月本表中“本月累计实际”栏的金额填列，也可以根据生产成本二级账(或明细账)的资料分析填列。本表各成本项目的金额之和，应等于生产费用总额。

(2)在产品及自制半成品期初余额。在产品及自制半成品期初余额中，“本月实际”根据“生产成本”和“自制半成品”两个账户的本月月初余额之和填列；“本年累计实际”指年初余额，应根据上年 12 月份本表中在产品及自制半成品期末余额数(本月实际数和本年累计实际数一致)填列，这一数字应与本年本表中“上年实际”栏第 10 行(在产品及自制半成品期末余额)的数字一致。

(3)在产品及自制半成品期末余额。在产品及自制半成品期末余额中，“本月实际”和“本年累计实际”两栏的数字是一致的，都应根据“生产成本”和“自制半成品”两个账户的本月月末余额之和填列。

(4)产品生产成本。产品生产成本的“本月实际”和“本年累计实际”数额，都可以有本月本表中生产费用总额，加上在产品及自制半成品期初余额，减去在产品及自制半成品期末余额计算求得。本月本表中实际和本年累计实际产品生产成本总额，应与本月“产品生产成本及销售成本表”以及按产品品种和类别编制的“产品生产成本表”中全部产品本月实际和本年累计实际产品生产成本总额分别对应相等。

三、编制主要产品单位成本表

(一)主要产品单位成本表的结构

主要产品单位成本表示反映企业一定会计期间内生产的各种主要产品的单位成本及其构

成情况的报表。该表通常按月编制，其一般格式如表 13－4 所示。

表 13－4　主要产品单位成本表

编制单位:共青城鸭鸭集团股份有限公司某分厂　××××年 12 月　本月实际产量:55 件

单价:1 350 元　产品名称:甲产品　本年累计产量:625 件　金额单位:元

成本项目	历史先进水平（××××年）	上年实际平均	本年计划	本月实际	本年累计实际平均
单位产品生产成本	1 080	1 200	1 164	1 175	1 158
其中:直接材料	420	470	439	450	445
直接人工	320	370	375	375	372
其他直接费用					
废品损失					
制造费用	340	360	350	350	341

主要产品单位成本表应按企业主要产品分别编制，即每种主要产品编制一张报表。从表 13－4 中可以看到，该表按照成本项目，分别反映各种主要产品的历史先进水平单位成本、上年实际平平均单位成本、本年计划单位成本、本月实际单位成本和本年累计实际平均单位成本等指标。为了便于分析，该表还可以提供有关产品产量的资料。利用主要产品单位成本表，可以反映企业各种主要产品的单位成本水平及其变动趋势，以及产品单位成本的构成情况，为进一步分析产品成本升降的原因，寻找降低产品成本的途径指明方向。

(二)主要产品单位成本表的编制方法

在主要产品单位成本表中，产品单位成本的历史先进水平，是指本企业生产该种产品在历史上单位生产成本最低年度的成本，应根据该产品历史上成本最低年度的成本计算资料填列；上年实际平均单位成本、本年计划单位成本、本月实际单位成本和本年累计实际平均单位成本等指标的填列方法，与“产品生产成本及销售成本表”中单位生产成本的填列方法基本相同，主要产品单位成本表只是增加了分成本项目所示的资料。产品生产成本及销售成本表、产品生产成本表和主要产品单位成本表三张报表中，相同产品对应的单位成本数额应当相符。

四、编制制造费用的明细表

(一)制造费用明细表的结构

制造费明细表是反映企业及其生产单位在一定会计期间内发生的制造费用总额及其构成情况的报表。制造费用的构成，除了按照费用明细表项目反映外，还应按照生产成本反映。企业编制的各生产单位汇总的制造费用明细表，只汇总基本生产单位的制造费用，不包括辅助生产单位的制造费用。

为了加强费用的管理，及时了解制造费用的发生情况。制造费用明细表一般应当按月编制。在某些季节性生产企业，制造费用明细表也可以按年编制。制造费用明细表一般格式如表 13－5 所示。

表 13－5　制造费用明细表

编制单位:共青城鸭鸭集团股份有限公司某分厂　××××年 12 月　单位:元

费用项目	上年实际	本年计划	本月实际	本年累计实际
1.工资	25 000	28 125	2 500	28 750
2.折旧费	198 400	225 000	17 500	218 750
3.租赁费	2 520	5 000	2 125	5 800
4.材料费	23 500	26 440	3 100	29 025
5.周转材料摊销	5000	6 250	500	6 250
6.水电费	37 500	40 000	2 500	42 000
7.办公费	2 500	2 810	400	2 500
8.差旅费	2 500	3 500	1 375	3 750
9.运输费	1 500	3 000	125	2 500
10.保险费	15 000	18 750	1 500	18 750
11.设计制图费	1 250			
12.试验检验费	1 250	1 500	125	1 250
13.劳动保护费	3 750	5 000	1 250	5 000
14.停工损失				
15.				
16.				
17.				
18.在产品盘亏和毁损				
19.其他				
合计	319 670	365 375	33 000	364 325

从表 13－5 可以看到，制造费用明细表应当按照费用的明细项目，提供制造费用的上年实际数、本年计划数、本月实际数和本年累计实际数等指标。利用制造费用明细表，可以分析制造费用的构成和增减变动情况，考核制造费用预算的执行情况。

(二)制造费用明细表的编制方法

制造费用明细表中，上年实际数根据上年 12 月份编制的制造费用明细表“本年累计实际”栏的数字填列；本年计划数根据本年制造费用预算资料填列；本月实际数根据制造费用明细账中各费用项目本月发生额填列；本年累计实际数根据制造费用明细账中各项费用项目本年累计发生额填列，也可以将本月实际数加上上月本表中本年累计实际数后填列。

五、编制期间费用明细表

(一)期间费用明细表的结构

期间费用明细表是反映企业一定会计期间内各项期间费用发生额及其构成情况的报表，包括管理费用明细表、销售费用明细表和财务费用明细表。期间费用明细表通常按月编制。

各种期间费用明细表一般按照其费用项目，分别反映该费用项目的上年实际数(或上年同期实际数)、本年(月)计划数、本月实际数和本年累计实际数。利用各种期间费用明细表，可以分析该项期间费用的构成及其增减变动情况，考核各项期间费用计划的执行情况。

管理费用明细表、销售费用明细表、财务费用明细表一般格式分别如表13－6、表13－7和表13－8所示。

表13－6　管理费用明细表

编制单位:共青城鸭鸭集团股份有限公司某分厂　××××年12月　　金额单位:元

费用项目	上年实际	本年计划	本月实际	本年累计实际
1.公司经费	略	略	略	略
其中:工资				
办公费				
差旅费				
折旧费				
修理费				
物料消耗				
周转材料摊销				
2.工会经费				
3.职工教育经费				
4.劳动保险费				
5.待业保险费				
6.董事会费				
7.咨询费				
8.审计费				
9.绿化费				
10.排污费				

续表

费用项目	上年实际	本年计划	本月实际	本年累计实际
11.诉讼费				
12.税金				
其中:房产税				
土地使用税				
车船使用税				
印花税				
13.土地使用费				
14.技术转让费				
15.技术开发费				
16.开办费摊销				
17.业务招待费				
合计				

表 13—7　销售费用明细表

编制单位:共青城鸭鸭集团股份有限公司某分厂　××××年 12 月　　金额单位:元

费用项目	上年实际	本年计划	本月实际	本年累计实际
1.公司经费	略	略	略	略
其中:工资				
办公费				
差旅费				
折旧费				
修理费				
业务费				
租赁费				
周转材料摊销				
2.装卸费				
3.展览费				
4.保险费				
5.包装费				
6.广告费				
7.运输费				
8.其他				

续表

费用项目	上年实际	本年计划	本月实际	本年累计实际
合计				

表 13－8　财务费用明细表

编制单位:共青城鸭鸭集团股份有限公司某分厂　××××年 12 月　金额单位:元

费用项目	上年实际	本年计划	本月实际	本年累计实际
1.利息费用	略	略	略	略
减:利息收入				
2.汇兑损失				
减:汇兑收益				
3.金融机构手续费				
4.其他筹资费用				
合计				

(二)期间费用明细表的编制方法

管理费用明细表、销售费用明细表和财务费用明细表中，上年实际数应分别根据上年 12 月份各该表中的本年累计实际数填列;本年计划数应分别根据本年管理费用预算、销售费用预算和财务费用预算中确定的本年计划数额填列;本月实际数应分别根据管理费用明细账、销售费用明细账和财务费用明细账本月发生额合计数填列;本年累计数应分别根据管理里费用明细账、销售费用明细账和财务费用明细账本年累计发生额合计数填列，也可以根据上年该表的本年累计实际数与本月该表的本月实际数之和填列。

第三节　成本分析的总体认知

一、成本分析的意义和任务

(一)成本分析的内涵

成本分析指是利用成本核算及其他相关资料，对成本水平与构成的变动情况进行分析评价，以揭示影响成本升降的各种因素及其变动的原因，寻找降低成本的潜力。

广义地说，成本分析可以在成本形成前后进行事前、事中和事后分析。在成本形成之前，为了选择降低成本的最佳方案，确定目标成本，编制成本计划，需要对成本进行预测分析，即事前分析。在成本形成之中，为了随时检查各项定额和成本计划的执行情况，控制各种消耗、费用支出，保证目标成本的实现，需要进行成本控制分析，即事中分析。在成本形成之后，把成本核算数据与其他资料结合起来，评价成本计划的执行结果，揭露矛盾，总结经验教训，指导未来，需要进行成本考核分析，即事后分析。所以，成本分析贯穿于成本会计的全过程，它对充分发挥成本会计的积极作用具有重要意义。狭义地说，成本分析主要指事后成本分析。事后成本分析是以成本核算提供的数据为主，结合相关计划、定额、统计、技术和其他调查资料，按照一定的原则，应用一定的方法，对影响成本和成本效益升降的各种因素进行科学的分析，查明成本和成本效益变动的原因，制定降低成本的措施，以便充分发掘企业内部降低成本和提高成本效益的潜力，用较少的劳动消耗取得较大的经济效益。

从降低本期成本出发，事前成本分析和事中成本分析的作用大于事后成本分析。但是，事后成本分析另有其特定的作用。这种分析对于检查成本计划执行情况，评价工作业绩，以及指导下期成本工作都是具有明显的积极意义。因此，事后分析，过去是，现在是，将来也必然还是成本分析一项必不可少的内容。

(二)成本分析的任务

企业成本分析的任务，从事后分析来看主要有以下几项：

1.揭示成本差异原因，掌握成本变动规律

成本计划在执行过程中受到多方面因素的影响，有技术因素和经济因素，宏观因素和微观因素，人的因素和物的因素。成本分析应用科学的方法，从指标、数据入手，找出差距，揭露矛盾，查明各种积极因素和消极因素及其对经济指标的影响程度，并分清主观原因和客观原因，从而逐步认识和掌握成本变动的规律，以便采取措施，不断提高企业经营管理水平。

2.合理评价成本计划完成情况，正确考核成本责任单位的工作业绩

成本分析应系统、全面地分析成本计划完成或没有完成的原因，对成本计划本身及其执行情况进行合理的评价，总结本期实施成本计划的经验教训，以便今后更好完成计划任务，并为下期成本计划的编制提供重要依据。同时，通过分析，还要有根据地评价成本责任单位的成绩或不足，查明哪里先进，何处落后，分析先进的原因、落后的理由。这样可以正确考核成本责任单位工作业绩，为落实奖惩制度提供可靠依据，从而调动各责任单位和职工提高成本效益的积极性和主动性。

3.检查企业是否贯彻执行国家有关的方针、政策和财经纪律

企业的生产经营活动必须遵守国家有关的方针、政策和财经纪律，以保证国家利益和人民利益不受损害。因此，分析企业是否降低成本和提高成本效益，就必须以国家有关的方针、政策和财经纪律为依据，及时纠正违纪的不合理行为。例如，企业有无通过压低产品质量、牺牲消费者利益来降低产品成本，企业有无任意缩小或扩大成本开支范围，企业有无该摊提费用而未摊提，等等。通过成本分析，促使企业微观效益同社会宏观效益的提高协调起来。

4.挖掘降低成的潜力，不断提高企业经济效益

成本分析的根本任务是为了挖掘降低成本潜力，促使企业以较少的劳动消耗生产出更多更好的使用价值，实现更快的价值增值。因而，成本分析的核心就是围绕着提高经济效益不断挖掘降低成本的潜力，充分认识未被利用的劳动和物资资源，寻找利用不完善的部分和原因，发现进一步提高利用效率的可能性，以便从各方面揭露矛盾，找出差距，制定措施，使企业经济效益愈来愈好。

二、成本分析的原则与评价标准

(一)成本分析的原则

成本分析的原则是组织成本分析的规范，也是发挥成本分析职能作用，完成成本分析任务和使用分析方法的准绳。概括地说，成本分析的一般原则是，要以马克思主义唯物辩证法为理论基础，以党和国家有关的方针、政策、法令为依据，以目标成本和定额为标准，以健全的成本信息系统为手段，以提高经济效益为核心，全面地、系统地、及时地对企业的成本和成本效益进行分析，并给予正确评价。具体地说，在分析时要着重掌握下列原则：

1.全面分析与重点分析相结合的原则

这里的所谓全面分析并非完全指分析内容的全面性，而是说成本分析要着眼整体，树立全局观念，切忌片面性，必须以党和国家有关的方针、政策、法令为依据，企业成本效益要与

社会效益结合起来进行分析;要运用一分为二的观点来进行分析，对成绩和缺点、经验和存在问题、有利因素和不利因素、主流和支流，必须坚持实事求是的态度，不能强调一个方面而忽视另一个方面，这样才能得出正确的结论。此外，要以产品成本形成的全过程为对象，结合生产经营各阶段的不同性质和特点进行成本分析。

必须指出，全面分析并不意味着要对同成本有关的生产经营活动面面俱到、事无巨细地分析，而要按照例外管理原则抓住重点，找出关键性问题，深入剖析。一般说来，企业日常出现的成本差异是繁多，管不胜管的。为了提高成本分析的工作效率，分析人员要把精力集中在例外差异上，即对那些差异率或差异额较大、差异持续时间较长、差异影响了企业长期盈利能力的项目进行重点分析，并及时反馈给有关责任单位，迅速采取措施予以消除。

2.专业分析与群众分析相结合的原则

成本涉及企业所有部门及全体职工的工作业绩，为了使成本分析能够做到经常性和有效性，真正达到成本分析的目的，必须发动群众参加，将分析化为广大群众的自觉性行动。这就要求成本分析上下结合，专群结合，充分发挥每个部门和广大群众分析成本、挖掘降低成本潜力的积极性，把专业分析建立在群众分析的基础上。这样才能充分揭露矛盾，深挖提高成本效益的潜力，把成本分析搞得生机勃勃，充分发挥其应有的作用。

3.经济分析与技术分析相结合的原则

成本的高低既受经济因素影响，又受技术因素影响，在一定程度上技术因素起决定性作用。所以，成本分析如果只停留在经济指标的分析，而不深入技术领域，结合技术指标进行分析，就不能达到其目的。为此，必须要求分析人员通晓一些技术知识并注意发动技术人员参加成本分析，把经济分析与技术分析结合起来。所谓经济分析与技术分析相结合，就是通过经济分析为技术分析提供课题，增强技术分析的目的性;而技术分析又可反过来提高经济分析的深度，并从经济效果角度对所采取的技术措施加以评价，从而通过改进技术来提高经济效果。这两方面分析的结合，就能防止片面性，并能结合技术等因素查明成本指标变动的原因，以全面改进工作，提高效益。

4.纵向分析与横向分析相结合的原则

纵向分析是指企业内部范围内的纵向对比分析，包括本期实际与上期实际比较，与上期同期实际比较，与历史最高水平比较，与有典型意义的时期比较等等。这种纵向对比，可以观察企业成本的变化趋势，是成本分析的主要内容。但在市场经济体制下，企业必须面向市场、面向世界，所以，要收集和掌握国内外同类型企业成本的先进水平资料，广泛开展横向对比分析。这种横向对比，有助于企业在更大范围内发现先进与落后的差距，促使企业产生紧迫感，增强竞争能力。

5.事后分析与事前、事中分析相结合的原则

现代成本分析不能局限于事后分析，还应包括事中分析，特别是要开展事前分析。这三个阶段分析，是相互联系，各有其特定作用，不可偏废哪一种分析。只有在成本发生之前就

开展预测分析，在成本发生过程中，实行控制分析，在成本形成之后，搞好考核分析，把事前分析、事中分析和事后分析结合起来，建立完整的分析体系，才能将成本分析贯穿于企业再生产全过程，从而做到事前发现问题，事中及时揭示差异，时候正确评价业绩。这对于提前采取相应措施，把影响成本升高因素消灭在发生之前或萌芽状态之中，以及总结经验教训、指导下期成本工作，都具有明显的积极意义。

6.报表数据分析与实地分析相结合的原则

成本分析必须系统掌握和充分利用报表数据，这是做好分析工作的基础。但是要完整了解实际情况，真正弄清问题的实质，从复杂因素中找出关键因素，得出全面分析结论，只凭报表数据是不够充分的，还必须深入实践，有的放矢地进行必要的调查研究，把报表数据和实际情况结合起来，才能加深认识，进一步提高分析的质量。

(二)成本分析评价标准

确立成本分析评价标准是成本分析的一个基本步骤，也是成本分析的一项重要内容。不同的成本分析评价标准，会对同一分析对象得出不同的分析结论。正确选择和确定成本分析评价标准，对于发现问题、找出差距，正确评价成本分析对象，有着十分重要的意义和作用。

成本分析评价标准主要有历史标准、行业标准和预算标准等。所谓历史标准，是指企业在以前年度中某项成本指标的最低水平。历史标准不会一直保持不变，如果企业以后年度中成本指标有了新的突破，历史标准将被更新、更好的指标所代替，直到企业重新产生新的标准。根据历史标准，可以判断企业现时的工作与以前相比，是取得了成绩，还是退步了，是企业看到自己的差距。

所谓行业标准，是指由企业主管部门根据所属行业的生产经营的实际情况所制定的同行业的成本指标水平。行业标准，应是体现全行业平均水平的成本指标，一般情况下，大多数企业经过努力可以达到这一标准。根据这一指标，企业可以了解自己在同行业中所处的水平，是超过同行业平均水平，还是未达到同行业平均水平，从而可以促使企业努力采取措施，赶超先进。

所谓预算标准或称计划标准或目标标准，是指企业预先规定的在计划期内产品生产耗费和各种产品的成本水平。预算标准具体包括主要产品单位成本预算、商品产品成本预算、制造费用预算、销售费用预算、管理费用预算和财务费用预算等。根据预算标准，企业可以分析其实际生产消耗水平和预算之间的差异，并通过分析差异原因，使之在以后的经营管理中，力争成本消耗不突破预算，使成本水平不断降低，从而增加企业经济效益。

第四节　成本分析的方法和内容

一、比较分析法

(一)比较分析法的含义

比较分析法是指将两个或两个以上相关的可比数据进行对比，从数量上确定差异的一种方法。成本报表(以及成本计划)中有关成本指标数量上的差异，反映了成本管理工作的成绩或差距。运用比较分析法，就在于揭示这种差距，分析产生差距的原因，以便研究解决问题的途径和方法，提高成本管理的水平。该方法是分析的最基本方法，没有比较分析就无法开始。企业各种成本报表的分析都要采用这种方法。

(二)比较分析法的比较方式

在成本分析中运用比较分析法，比较的基数由于分析的目的不同，主要有一下几种比较方式：

1.分析期实际数据与计划数据对比

分析期实际数据与计划数据比较，是基本的比较方法，这种方法可以找出分析期实际成本或费用，与计划成本或费用预算之间的差异，查明成本计划和费用预算的执行情况。在具体比较时，可以计算出系列指标：

(1)实际脱离计划的差异额。即实际与计划比较增加或减少的数额，其计算公式为：

实际较计划增加的数额＝分析期指标的实际数据－分析期指标的计划数据

在费用总额和产品单位成本的分析中，经常要用到上述公式。分析期实际费用总额大于预算中费用总额或产品实际单位成本大于计划单位成本时，形成成本的超支额。所以，与计划成本比较的成本降低额是同一产量的计划成本总额减去实际成本总额后的差额。用公式表示为：

与计划成本比较的成本降低额＝实际产量按计划单位成本计算的总成本－实际总成本

上述公式中的计划总成本，是按实际产量进行调整以后的计划总成本(计划单位成本实际产量)，它与实际总成本(实际单位成本实际产量)之差，如果为正数称为成本降低额，负数则称为成本超支额。这是上述实际脱离计划的差异额计算公式的另一种表现形式。

(2)实际脱离计划的差异率。即实际较计划增加或减少的百分比。其计算公式为:

实际较计划的增减的%=(分析期指标的实际数据-分析期指标的计划数据)÷分析期指标的计划数据×100%

根据上述公式的原理，在成本计划完成情况的分析中，经常需要计算与计划成本比较的成本降低率，其计算公式为:

与计划成本比较的成本降低率=(实际产量按计划单位成本计算的总成本-实际总成本)÷实际产量按计划单位成本计算的总成本×100%

将分析期实际数据与计划数据比较，如果实际数据与计划数据的差异额较大，必须对计划的编制情况进行检查，如果将实际数据与质量不高、不切实际的计划数据进行比较，得出的结论就不能说明问题，这种比较分析法没有实际经济意义。

2.分析期实际数据与前期实际数据对比

将分析期的实际成本、费用与前期实际成本、费用进行比较，可以反映企业成本、费用的变动趋势，在有关成本、费用的计划资料不全或计划的质量不高时，这种比较尤为重要。

在成本分析中，将分析期实际数据与前期实际数据对比，除了可以计算出分析期实际较前期增加或减少的数额(差异额)和增加或减少的百分比(差异率)外，主要产品成本降低额和降低率也是这种对比方式的另一种表现形式，企业主要产品成本降低额和降低率，无论是计划降低额(降低率)还是实际降低额(降低率)，都是与上年实际进行比较来计算的。其计算公式为:

可比产品实际成本降低额=实际产量按上年实际平均单位成本计算的总成本-实际总成本

可比产品实际成本降低率=可比产品实际成本降低额÷实际产量按上年实际平均单位成本计算的总成本

可比产品计划成本降低额=计划产量按上年实际平均单位成本计算的总成本-计划总成本

可比产品计划成本降低率=可比产品计划成本降低额÷计划产量按上年实际平均单位成本计算的总成本

在成本分析中，分析期实际数据除了与前期实际数据进行比较外，还应当与本企业历史先进水平的成本、费用指标比较。历史先进水平是指本企业生产的该种产品，成本水平最低的年度的实际成本，或在生产规模、生产技术条件大致相同的情况下，某种费用总额最低的年度的费用额，历史先进水平年份的成本或费用资料，也是一种前期实际数据。

3.分析期实际数据与本行业实际平均数据和本行业先进企业实际数据对比

将分析期实际数据与计划数据和前期实际数据进行对比，可以考察企业成本、费用计划的完成程度和成本、费用水平的变化趋势，找出成本管理工作中的成绩和问题。但是，这种企业内部的纵向比较还不能充分说明企业管理工作中的成绩和成本、费用的水平，只有将企业实际数据与行业实际平均数据和同行业先进企业的实际数据进行横向对比，才能找出本企业的差距，才能确定企业成本管理水平在同行业同类企业中的位置。因为企业对于成本数据通常是保密的。所以，成本数据在企业之间的这种横向比较，只有在行业内各企业之间达成了某种协议，同行业同类企业之间有成本数据交换的情况才有可能。至于企业集团(或总公司)内部各企业之间的成本数据，则应当是公开的，这种企业之间的横向比较也应当是经常进行的。

二、比率分析法

成本比率分析法，是指将反映成本状况或成本水平相关的两个因素联系起来，通过计算比率，反映它们之间的关系，借以评价企业成本状况和经营情况的一种成本分析方法。根据分析的不同内容和不同要求，比率分析法主要有以下几种：

(1)相关比率分析，它是以某个项目和其他有关但又不同的项目加以对比，求出比率，以便更深入地认识某方面的生产经营情况。如将利润项目同销售成本项目对比，求出成本利润率，从而可以观察比较企业成本效益水平的高低。

(2)趋势比率分析，是将几个时期同类指标的数字进行对比以求出比率，分析该项指标增减速度和发展趋势，以判断企业某方面业务的趋势，并从其变化中发现企业在经营方面所取得的成果或不足。

例如，某电机厂在某一时期中连续四年铸件单位成本和趋势比率见表 13—9。

表 13—9　趋势比率分析表

指标＼年度	第一年	第二年	第三年	第四年
铸件单位成本(元/吨)	382	423	489	675
基期指数	100	111	128	176
环比指数	—	111	116	138

对比上例的趋势比率，可以看出该厂铸件成本逐年提高，而且提高的比率逐年上升，这说明该厂铸造车间在生产和管理上存在严重问题，必须采取有力措施扭转这一不良趋势。

(3)构成比率分析，这是确定某一经济指标各个组成部分占总体的比重，观察它的构成内容及变化，以掌握该项经济活动的特点和变化趋势的一种方法。例如计算各成本项目在成本总额中所占的比重，并同其他各种标准进行比较，可据以了解成本的变化，明确进一步降低成本的重点。

利用比率分析法计算简便，而且对其结果也比较容易判断，可以使某些指标在不同规模的企业之间进行比较，甚至也能在一定程度上超越行业间的差别进行比较。

三、因素分析法

成本是反映企业工作质量的综合性指标，企业成本、费用的高低是多种因素共同影响的结果。因素分析法就是将综合经济技术指标分解为各个原始因素，并确定各个因素变动对该项经济指标的影响方向和影响程度的方法。

采用对比分析法和比率分析法，可以揭示实际数和基数之间的差异，但不能揭示产生差异的因素和各个因素的影响程度。采用因素分析法就可以解决这一问题，从而找出主要矛盾，明确进一步调查研究的主要方向。

因素分析法具体又分为两种：一是连环替代法，依次用分析值替代标准值，测定各因素对财务指标的影响；二是差额计算分析法，这种方法的原理与连环替代法相同，它是连环替代法的简化形式。

(一)连环替代法

这种方法是从数值上测定各个相互联系因素对有关经济指标差异影响程度的一种分析方法。通过这种计算，可以衡量各项因素影响程度的大小，有利于分清原因和责任，使评价工作更有说服力，并可作为定措施、挖潜力的参考。这种分析方法的计算程序如下：

(1)根据影响某些经济指标完成情况的因素，按其依存关系将经济指标的基数(计划数或上期数等)和实际数分解为两个指标体系。

(2)以基数指标体系为计算的基础，用实际指标体系中各项因素的实际数逐步顺序地替换其基数；每次替换后，实际数就被保留下来，有几个因素就替换几次；每次替换后计算出由于该因素变动所得的新结果。

(3)将每次替换所算的结果，与这一因素被替换前的结果进行比较，两者的差额，就是这一因素变化对经济指标差异的影响程度。

(4)将各个因素的影响数值相加，其代数和应同经济指标的实际数与基数之间的总差异数相符。

【例 13—1】某企业利用 A 材料加工成甲产品，原材料消耗情况如表 13—10 所示。试运用连环替代法分析产量、单位产品材料消耗量和材料单价三个因素对材料费用总额的影响。

表 13—10 某企业产品原材料消耗情况表

指标	单位	计划数	实际数	差异
产品产量	件	100	120	20
单耗	千克	4	3.5	—0.5
材料单价	元	13	18	5
材料费用总额	元	5 200	7 560	2 360

连环替代法的步骤如下；

①用比较分析法，将材料费用总额的实际数与计划数对比，确定实际脱离定额的差异，作分析对象：7 560—5 200＝2 360(元)。差异是产量增加、单位产品材料消耗量降低和材料单

价升高三个因素综合影响的结果。

②用因素分析法测定各因素变动：

代入基数计划数(比较标准)：

$$100\times4\times13=5\ 200(\text{元})$$

第一次替换(以实际产量替换计划产量)后材料费用总额：

$$120\times4\times13=6\ 240(\text{元})$$

第二次替换(以实际消耗量替换计划消耗量)后材料费用总额：

$$120\times3.5\times13=5\ 460(\text{元})$$

第三次替换(以实际材料单价替换计划单价)后材料费用总额：

$$120\times3.5\times18=7\ 560(\text{元})$$

由于产量增加引起材料费用总额的变化：

$$6\ 240-5\ 200=1\ 040(\text{元})$$

由于单耗下降引起材料费用总额的变化：

$$5\ 460-6\ 240=-780(\text{元})$$

由于单价上升引起材料费用总额的变化：

$$7\ 560-5\ 460=2\ 100(\text{元})$$

③由于三个因素变动引起材料费用总额的变化：

$$1\ 040-780+2\ 100=2\ 360(\text{元})$$

从以上分析计算可以看出，该种产品直接材料费用超支 2 360 元。直接材料费超支的第一个主要原因是材料单价的提高(影响程度为 2 100 元)，这是企业材料供应部门的责任。直接材料费用超支的第二个主要原因是产量增加。在材料消耗方面则不仅没有超支，而且还是节约的，如果产品数量没有增加、材料单价没有提高，直接材料费用不仅不会超支，而且还会节约 780 元，这一般是生产车间成本关联度成绩。应该在以上分析计算的基础上，进一步查明产品数量增加、材料单价提高以及单位产品材料消耗节约的具体原因，以便采取措施克服缺点、发扬成绩，节约产品的直接材料费用。

从以上举例可以看出，计算某项因素变动的影响程度时，假定其他因素不变(只有这样才能算出该项因素变动的影响程度)，还要假定前面的因素已经变动，后面的因素尚未变动。因此，采用这种分析方法，必须按照事物的发展规律和各因素的相互依存关系合理排列各因素的顺序。

(二)差额计算分析法

这种分析方法是连环替代法法的一种简化形式，它是利用各个因素的实际数与基数之间的差额，直接计算各个因素对经济指标差异的影响数值。这一方法的特点在于运用数学提出因数的原理，来简化连环替代法的计算程序。应用这种方法与应用连环替代法的要求相同，只是在计算上简化一些。所以，在实际工作中应用比较广泛。

这种分析方法的计算程序如下：

(1)确定各因素的实际数与基数的差额

(2)以各因素的差额，乘上计算公式中该因素前面的各因素的实际数，以及列在该因素后面的其余因素的基数，就可求得各因素的影响值。

(3)将各个因素的影响值相加，其代数和应同该项经济指标的实际数与基数之差相符。

【例 13—2】根据表 13—10 提供的资料，运用差额计算分析法，分析计算过程如下：

分析对象：

①实际数与计划数的差额

$$7\ 560-5\ 200=2\ 360(\text{元})$$

②产量增加对材料费用总额的影响：

$$(120-100)\times 4\times 13=1\ 040(\text{元})$$

③材料单价上升对材料费用总额的影响：

$$120\times 3.5\times (18-13)=2\ 100(\text{元})$$

④单耗对材料费用总额的影响：

$120\times 13\times (3.5-4)=-780(\text{元})$　即与连环替代法相同。

四、产品生产成本分析

产品生产成本表是指反映企业在报告期内生产的全部产品的总成本的报表。该表一般分为两种，一种按成本项目反映，另一种按产品种类反映。下面分别对产品的总成本和单位成本进行分析。

(一)产品总成本分析

1.按成本项目反映的产品生产成本表的分析

按成本项目反映的产品生产成本表，一般可以采用对比分析法、构成比率分析法和相关指标分析法进行分析。

【例 13—3】某企业按成本项目反映编制的产品生产成本表如表 13—11 所示。

表 13—11　产品生产成本表(按成本项目)

编制单位:共青城鸭鸭集团股份有限公司某分厂　××××年 12 月　　单位:元

项目		上年实际	本年计划	本月实际	本年累计实际
生产成本	直接材料成本	211 880	205 655	20 720	210 635
	直接人工成本	161 544	144 035	13 490	147 304
制造费用		87 275	96 920	8 035	91 205

续表

项目	上年实际	本年计划	本月实际	本年累计实际
生产成本合计	460 699	446 610	42 245	449 144
加：在产品、自制半成品期初余额	23 180	23 960	2 255	19 249
减：在产品、自制半成品期末余额	19 249	19 930	3 165	25 115
产品生产成本合计	464 630	450 640	41 335	443 278

表 13－11 是××××年 12 月份编制的，因而其本年累计实际数、本年计划数和上年实际数，都是整个年度的生产成本和产品成本，可以就产品生产成本合计数及其各项生产成本进行对比，揭示差异，以便进一步分析、查明发生差异的原因。

表 13－11 中的产品生产成本合计数，其本年累计实际数不仅低于上年实际数，而且也低于本年计划数。课件该年产品的总成本是降低的。但其原因是多方面的，可能由于节约生产耗费，降低产品的单位成本；也可能是由于产品产量和各种产品品种比重的变动（各种产品单位成本降、升的程度不同）引起的。应当进一步分析具体原因，才能对产品成本总额的降低是否合理、有利作出评价。

就该表中的生产成本合计数来看，其本年累计数（449 144 元）虽然低于上年实际（460 699 元），但高于本年计划数（446 610 元）。这说明：表中产品生产成本本年累计实际数低于本年计划数，还有期初、期末在产品和自制半成品余额变动的因素：计划的期初、期末在产品、自制半成品余额的差额（23 960－19 930＝4 030 元，正数）大于实际的期初、期末在产品、自制半成品余额的差额（23 180－19 249＝3 931 元，正数）。

从该表的各项生产成本来看，直接材料成本、直接人工成本和制造费用的本年累计实际数与上年实际数和本年计划数相比，升降的情况和程度各不相同，也应进一步查明原因。

对于各种生产成本，还可以计算构成比率，并在本年实际、本月实际、本年计划和上年实际之间进行对比。

①本年累计实际构成比率（保留小数点后两位数）：

直接材料成本比率＝（210 635÷449 144）×100％＝46.90％

直接人工成本比率＝（147 304÷449 144）×100％＝32.80％

制造费用比率＝（91 205÷449 144）×100％＝20.31％

②本月实际构成比率：

直接材料成本比率＝（20 720÷42 245）×100％＝49.50％

直接人工成本比率＝（13 490÷42 245）×100％＝31.93％

制造费用比率＝（8 035÷42 245）×100％＝19.02％

③本年计划构成比率：

直接材料成本比率＝（205 655÷446 610）×100％＝46.05％

直接人工成本比率=(144 035÷446 610)×100%=32.25%

制造费用比率=(96 920÷446 610)×100%=21.07%

④上年实际构成比率:

直接材料成本比率=211 880÷460 699×100%=46%

直接人工成本比率=161 544÷460 699×100%=35.07%

制造费用比率=87 275÷460 699×100%=18.95%

根据上列各项构成比率可以看出,本年累计实际构成与本年计划构成相比,本年直接材料成本和直接人工成本的比重有所提高,而制造费用的比重有所降低;而与上年实际构成相比,本年直接材料成本和制造费用的比重有所提高,而直接人工成本的比重则有所降低。本月实际构成也有较大的变动,应当进一步查明这些变动的原因以及变动是否合理。

2.按产品品种反映的产品生产成本表的分析

按产品种类反映的生产成本表的分析,一般可以从以下两个方面进行:一是本期实际成本与计划成本的对比分析;二是本期实际成本与上年实际成本的对比分析。

【例 13—4】某企业按产品品种类别编制的产品生产成本表如表 13—12 所示。

表 13—12　产品生产成本表(按产品品种类别编制)

编报单位:共青城鸭鸭集团股份有限公司某分厂　××××年 12 月　　金额单位:元

产品	计量单位	实际产量		单位成本				本月总成本			本年累计总成本		
		本月	本年累计	上年实际平均	本年计划	本月实际	本年累计实际平均	按上年实际平均单位成本计算	按本年计划单位成本计算	本月实际	按上年实际平均单位成本计算	按本年计划单位成本计算	本年实际
甲产品	件	50	550	81.55	81.15	80.75	81.25	4 077.5	4 057.5	4 037.5	44 852.5	44 632.5	44 687.5
乙产品	台	100	1 225	67.1	67.5	68.4	67.95	6 710	6 750	6 840	82 197.5	82 687.5	83 238.75
合计		×	×	×	×	×	×	10 787.5	10 807.5	10 877.5	127 050	127 320	127 926.25

本期实际成本与计划成本的对比分析:根据表 13—12 中所列全部产品和各种主要产品的本月实际总成本和本年累计实际总成本,分别与其本月计划总成本和本年累计计划总成本进行比较,确定全部产品和各种主要产品实际成本与计划成本的差异,了解成本计划的执行结果。

表 13－12 是该企业××××年 12 月份按照产品品种类别反映的产品生产成本表，全部产品成本年累计实际总成本 127 926.25 元，高于计划成本 127 320 元。总体来看，成本计划执行结果并不是很好。但按产品品种来看，各种产品成本计划的执行结果并不相同。甲产品的本月实际总成本(4 037.5 元)低于按计划单位成本计算的本月总成本，乙产品则均高于计划。由此可见，乙产品的成本计划完成得不好；但甲产品的成本计划从全年来看，完成得也不够好。应当进一步分析乙产品和甲产品成本计划完成得不好和不够好的原因，以便巩固成绩，克服缺点，更好地完成成本计划。

对于可比产品，还可以进行本期实际成本与上年实际成本的对比分析。如果企业规定有可比产品成本降低计划，即成本的计划降低率或降低额，还应进行可比产品成本计划执行结果的分析。但是，应注意可比产品与不可比产品的划分是否正确。

可比产品成本升降情况的分析：可以按产品品种进行，也可以按全部可比产品进行。可比产品成本的降低计划一般按全部可比产品综合规定，因而可比产品成本降低计划执行结果的分析一般按全部产品可比产品综合进行。进行这一方面的分析，应当根据产品生产成本表所列全部可比产品和各种可比产品的本月实际总成本和本年实际总成本，分别与其本月按上年实际平均单位成本计算的总成本和本年按上年实际平均单位成本计算的累计总成本进行比较，确定全部可比产品和各种可比产品本期实际成本与上年实际成本的差异，了解成本升降的情况。

【例 13－5】承【例 13－4】，假定该企业所生产的甲、乙产品均为可比产品。在该企业 12 月份按产品种类反映的产品生产成本表(见表 13－12)中，按产品品种来看，甲产品成本本年实际总成本 44 687.5 元，低于上年 44 852.5 元。但是，全部可比产品本月实际总成本 10 877.5 元和本年累计实际总成本 127 926.25 元，都高于上年 10 787.5 元和 127 050 元。可见，可比产品成本总体是上升的。企业应当进一步分析产品本年成本高于上年成本的原因，尤其是乙产品，以便克服缺点，进一步降低可比产品成本。

可比产品成本降低计划执行结果的分析：可比产品成本的计划降低额是根据各种产品的计划产量确定的，实际降低额是根据实际产量计算的。在产品品种比重和产品单位成本不变的情况下，产量增减会使成本降低额同比例的增减，但由于按上年实际平均单位成本计算的本年累计总成本也发生了同比例的增减，因而不会使成本降低率发生变动(成本降低率计算分式的分子和分母发生同比例变动，其结果不变)。产品单位成本的变动，则会影响成本降低额和降低率同时发生变动。产品单位成本降低使降低额和降低率增加；反之，则会减少。此外，由于各种产品的成本降低程度不同，因而产品品种比重的变动，也会影响成本降低额和降低率同时发生变动。成本降低程度大的产品比重增加会使成本降低额和降低率增加；反之则会减少。因此，影响可比产品成本降低率变动的因素有两个，即产品品种比重变动和产品单位成本变动；影响可比产品成本降低额变动的因素有三个，即产品的产量变动、产品品种比重变动和产品单位成本变动。

(二)产品单位成本分析

主要产品单位成本分析表是反映企业在报告期内生产的各种主要产品单位成本构成情况的报表。该表应当按照主要产品分别编制，是按产品种类反映的产品生产成本表中某些主要产品成本的进一步反映。

主要产品单位成本表的分析应当选择成本超支或节约较多的产品有重点地进行分析，以便有效地降低产品的单位成本。进行分析时，企业可以根据表中本期实际的生产成本(即本期实际的单位成本合计数)与其他各种生产成本进行对比，对产品单位成本进行一般地分析。分析的方法主要采用对比分析法和趋势分析法等。

【例 13－6】现以表 13－13 中所列示的丙产品的单位成本表为例，说明一般分析的方法。该产品的本年累计实际平均成本和本月实际成本不仅均高于本年计划成本，而且还高于上年实际平均成本和历史先进水平，可见成本超支的情况比较严重的。

表 13－13　共青城鸭鸭集团股份有限公司某分厂主要产品单位成本表

产品名称:丙产品　××××年 12 月　　**产品销售单价:**8 400 元

产品规格:××　　**本月实际产量:**4 台

计量单位:台　　**本月累计实际产量:**50 台

成本项目	历史先进水平	上年实际平均	本年计划	本月实际	本年累计实际平均
直接材料成本	3 355	3 365	3 350	3 400	3 350
直接人工成本	1 450	1 450	1 500	1 480	1 505
制造费用	1 895	1 895	1 900	1 960	1 940
生产成本合计	6 700	6 710	6 750	6 840	6 795
主要技术经济指标					
1.主要材料	210	205	200	170	175
2.	…	…	…	…	…

从上年实际平均成本高于历史先进水平可以看出，该产品的实际成本不是逐年降低，而可能是逐年提高。从本年计划成本高于上年实际平均成本可以看出，在制订本年度的计划时就已预见到成本不断提高的趋势。此外，从本月实际成本高于本年累计实际平均成本可以看出，即使是在本年度内，其成本也可能是逐月提高。因此，确定该产品为重点进行单位成本分析是完全正确的。

【例 13－7】下面通过最近 5 年的单位成本资料，对丙产品的成本进行趋势分析。其 5 年来的实际平均单位成本分别为:2006 年(假定为历史先进年)6 700 元，2007 年 6 730 元，2008 年 6 760 元，2009 年 6 710 元，2010 年(即本年)6 795 元。现以 2006 年为基期，6 700 元为基数，规定为 100%，计算其他各年与之相比的比率如下(保留小数点后两位数):

2007 年:6 730÷6 700＝100.45%

2008 年：6 760÷6 700＝100.90％

2009 年：6 710÷6 700＝100.15％

2010 年：6 795÷6 700＝101.42％

再以上年为基数，计算各年环比的比率如下：

2007 年比 2006 年：6 730÷6 700＝100.45％

2008 年比 2007 年：6 760÷6 730＝100.45％

2009 年比 2008 年：6 710÷6 760＝99.26％

2010 年比 2009 年：6 795÷6 710＝101.27％

通过以上分析计算可以看出，丙产品的单位成本，如果以 2006 年为基础，以后 4 年高于 2006 年，只是提高的程度各不相同；2010 年提高得较多，2009 年提高得最少；如果以上一年为基期逐年进行环比，2010 年比 2009 年提高得最多，而 2009 年比 2008 年则是降低的。由此可见，这种产品成本的变动趋势是总体提高并不是逐年递增。应当进一步查明这些变动的具体原因，是由于物价上涨而引起材料成本增加等客观原因，还是由于成本管理工作弱化或强化等主观原因。为了查明单位成本变动的具体原因，企业还应当按照成本项目进行成本分析。

各主要项目分析

(1)直接材料成本的分析

直接材料实际成本与计划成本之间的差额构成了直接材料成本差异。形成该差异的基本原因：一是用量偏离标准；二是价格偏离标准。前者按计划价格计算，称为数量差异；后者按实际用量计算，称为价格差异。

材料消耗量变动的影响＝(实际数量－计划数量)×计划价格

材料价格变动的影响＝实际数量×(实际价格－计划价格)

从表 15－13 中丙产品的各项成本来看，直接材料成本占产品单位成本的一半左右，比重较大，而且本月实际材料成本不仅超过本年计划、上年实际平均、历史先进水平，还超过了本年累计实际平均数，应当作为重点成本项目进行分析。

【例 13－8】假定丙产品 2010 年成本计划规定和 12 月份实际发生的材料消耗量和材料单价如表 13－14 所示。

表 13－14　直接材料计划与实际成本对比表　××××年 12 月

项目	材料消耗数量(千克)	材料价格(元/千克)	直接材料成本(元)
本年计划	200	16.75	3 350
本月实际	170	20.00	3 400
直接材料成本差异			50

从前述丙产品单位成本表(表 13－13)和直接材料计划与实际成本对比表(表 13－14)可以看出，该产品单位成本中的直接材料成本本月实际比本年计划超支 50 元。单位产品材料

成本是材料消耗数量与材料价格的乘积，其影响因素主要在于材料消耗数量差异(量差)和材料价格差异(价差)两个方面。现用差额计算分析法计算两个方面因素变动对直接材料成本超支的影响如下：

材料消耗数量变动的影响＝(170－200)×16.75＝－502.5(元)

材料价格变动的影响＝170×(20－16.75)＝552.5(元)

两因素影响程度合计＝－502.5＋552.5＝50(元)

通过以上计算可以看出，丙产品的直接材料成本虽然只超支 50 元，差异不大，但分析结果表明，由于材料消耗量节约(由 200 千克降为 170 千克)使材料成本降低 502.5 元;由于材料价格的提高(由 16.75 元提为 20 元)则使材料成本超支 552.5 元。两者相抵，净超支 50 元。由此可见，丙产品材料消耗的节约掩盖了绝大部分材料价格提高所引起的材料超支。材料消耗节约只要不是偷工减料的结果，一般都是生产车间改革生产工艺、加强成本管理的成绩。材料价格的提高，则要看是由于市场价格上涨等客观原因引起的，还是由于材料采购人员不得力，致使材料买价偏高或材料运杂费增加的结果。

与此相联系，丙产品的本年累计实际平均材料成本与本年计划持平(均为 3 350 元)，低于本月实际、上年实际平均和历史先进水平，也不一定是成本管理工作的成绩，也应比照上述方法进行量差和价差的分析。

(2)直接人工成本的分析

直接人工实际成本与计划成本之间的差额构成了直接人工成本差异。形成该差异的基本原因是量差，量差指实际工时偏离计划工时的差额，按计划每小时工资成本偏离实际每小时工资成本的差额计算确定的金额，称为每小时工资成本变动的影响。

单位产品所耗工时变动影响＝(实际工时－计划工时)×计划每小时工资成本

每小时工资成本变动的影响＝实际工时×(实际每小时工资成本－计划每小时工资成本)

上例(例 13－6)中，丙产品单位成本的直接人工成本中，本年累计实际平均数高于本年计划数，但本年实际数不仅低于本年累计实际平均数，而且还低于本年计划数(虽然仍高于上年实际平均数和历史先进水平)，说明情况已明显好转。该企业实行的工资制度如果是计件工资制度，这些变动主要是由于计件单价变动引起的，应该查明丙产品计件单价变动的原因。如果是计时工资制度，单位成本中的直接人工成本是根据单位产品所耗工时数和每小时的工资成本分配计入的，可以比照直接材料成本采用差额计算分析法进行分析(单位产品所耗工时数相当于单位产品的材料消耗数量，每小时的工资成本相当于材料单价)，计算产品所耗工时数变动(量差)和每小时工资成本变动(价差)对直接人工变动的影响。

【例 13－9】承【例 13－6】假定该企业实行计时工资制度。丙产品每台所耗工时数和每小时工资成本的计划数和实际数如表 13－15 所示。

表 13－15　直接人工成本计划与实际对比表　　　　金额单位:元

项目	单位产品所耗工时	每小时工资成本	直接人工成本
本年计划	15	100	1 500
本月实际	11.84	125	1 482
直接人工成本	－3.16	25	－20

从丙产品单位成本表(表 13－13)和直接人工成本计划与实际对比表(表 13－15)可以看出，丙产品单位成本中的直接人工成本本月实际比本年计划降低 20 元。采用差额计算分析法计算各因素的影响程度如下：

单位产品所耗工时变动的影响＝(11.84－15)×100＝－316(元)

每小时工资成本变动的影响＝11.84×(125－100)＝296(元)

两因素影响程度合计＝－316＋296＝－20(元)

以上分析计算表明:丙产品直接人工成本节约 20 元，完全是由于单位产品工时消耗大幅度节约的结果，而每小时的工资成本则是超支的，它抵消了绝大部分由于工时消耗节约所产生的直接人工成本的降低额。企业应当进一步查明单位产品工时消耗节约和每小时工资成本超支的原因。

单位产品所耗工时的节约，一般是生产工人提高了劳动技术的熟练程度，从而提高了劳动生产率，但也不排除是由于偷工减料造成的。应查明节约工时以后是否影响了产品的质量。通过降低产品质量来节约工时，是不被允许的。

每小时工资成本是以生产工资总额除以生产工时总额计算求出的。工资总额控制得好，生产工资总额减少，会使每小时工资成本节约;否则会使每小时工资成本超支。对生产工资总额变动的分析，可以与前述按成本项目反映的产品生产成本表中直接人工成本的分析结合起来进行。

在工时总额固定的情况下，非生产工时控制得好，减少非生产工时，增加生产工时总额会使每小时工资成本节约;否则会使每小时工资成本超支。因此，要查明每小时工资成本变动的具体原因，还应对生产工时的利用情况进行调查研究。

(3)制造费用的分析

制造费用属于间接生产成本，产品成本中的制造费用一般是根据生产工时等分配标准分配计入的。因此，产品单位成本中制造费用的分析，通常与计时工资制度下直接人工成本的分析相类似，先要分析单位产品所耗工时变动和每小时制造费用变动两因素对制造费用变动的影响，然后查明这两个因素变动的具体原因。如果在进行直接人工成本分析时，已经查明了单位产品所耗工时变动和生产工时利用好坏的具体原因，只需要联系前述按成本项目反映的产品生产成本表中制造费用总额变动的分析，并结合制造费用明细表中各成本项目具体变动的分析，就可以了解产品单位成本中制造费用变动的种种原因。制造费用明细表的格式如

表 13—16 所示。

表 13—16　共青城鸭鸭集团股份有限公司某分厂制造费用明细表

××××年 12 月　　　　　　　　　　　　　　　　单位:元

成本项目	本年计划数	上年同期实际数	本月实际数	本年累计实际数
机物料消耗				
职工薪酬				
办公费				
水电费				
折旧费				
停工损失				
其他				
合计				

该表的本年计划数应根据本年制造费用计划填列;上年同期实际数应根据上年同期本表的本月实际数填列;本月实际数应根据“制造费用”总账科目所属各基本生产车间制造费用明细账的本月合计数汇总填列;本年累计实际数应根据这些制造费用明细账本月末的累计数汇总计算填列;如果需要，也可以根据制造费用的分月计划，在表中加列本月计划数。

对制造费用的分析，主要可以采用对比分析法和构成比率分析法等。

在采用对比分析法进行分析时，通常先将本月实际数与上年同期实际数进行对比，揭示本月实际与上年同期实际之间的增减变化，在表中列有本月计划数的情况下，则先应进行这两者的对比，以便分析和考核制造费用月份计划的执行结果。在将本年累计实际数与本年计划数进行对比时，如果该表不是××××年 12 月份的报表，则两者的差异只是反映年度内计划执行的情况，可以据此发出信号，提醒人们应该注意的问题。例如，如果该表是××××年 7 月份的报表，而其本年累计实际数已经接近、达到甚至超过本年计划的半数时，就应注意节约以后各月的成本，以免全年的实际数超过计划数。如果该表是××××年 12 月份报表，则本年累计实际数与本年计划数的差异，就是全年制造费用计划执行的结果。为了具体分析制造费用增加变动和计划执行好坏的情况和原因，上述对比分析应当按照成本项目进行。由于制造费用的项目很多，分析时应选择超支或节约数额较大或者成本比重较大的项目有重点地进行。

需要说明的是，各项制造费用的性质和用途不同，评价各项目超支或节约时应联系成本的性质和用途进行具体分析，不能简单地将一切超支都看成是不合理的、不利的，也不能简单地将一切节约都看成是合理的、有利的。例如，职工薪酬的节约，可能缺少必要的劳动保护措施，影响安全生产。又如，机物料消耗的超支也可能是由于追加了生产计划，增加了开工班次，相应增加了机物料消耗的结果。这样的超支也是合理的，不是成本管理的责任。此外，在分项目进行制造费用分析时，还应特别注意“停工损失”项目的分析，其发生额是生产管理不良的结果。

在采用构成比率法进行制造费用分析时，可以计算某项成本占制造费用合计数的构成比率，也可将制造费用分为与机器设备使用有关的成本（例如机器设备的折旧费、机物料消耗等，如果动力成本不专设成本项目，还应包括动力成本）、与机器设备使用无关的成本（例如车间管理人员职工薪酬、办公费等），以及非生产性损失等几类，分别计算其占制造费用合计数的构成比率。可以将这些构成比率与企业或车间的生产、技术的特点联系起来，分析其构成是否合理；也可以将本月实际和本年累计实际的构成比率与本年计划的构成比率和上年同期实际的构成比率进行对比，揭示其差异和与上年同期的增减变化，分析其差异和增减变化是否合理。

练习题

一、单项选择题

1.成本报表是向企业经营管理者提供成本信息，以进行成本分析和成本决策的(　　)会计报表。

A.外部管理　　B.内部管理　　C.年度　　D.静态

2.本年实际产量按上年实际平均单位成本计算的生产总成本，减去本年累计实际总成本，等于(　　)。

A.计划成本降低额　　B.实际成本降低额

C.实际成本降低率　　D.没有经济意义

3.商品产品成本报表可以考核(　　)。

A.全部商品成本和各种主要商品产品成本计划的执行结果

B.制造费用、企业管理费用计划的执行结果

C.可以按照成本项目分析，考核主要产品单位成本计划的执行结果

D.主要产品技术经济指标执行情况

4.下列报表中，不列入成本报表体系的有(　　)。

A.制造费用预算执行情况表　　B.生产情况表

C.考勤情况表　　D.在产品成本明细表

5.成本报表是服务于企业内部经营管理目的的报表，它是否受外界因素的影响？(　　)

A.受外界的影响　　B.不受外界的影响

C.有时受、有时不受　　D.与外界因素有关系

二、多项选择题

1.成本报表设置的要求是(　　)。

A.报表的专题性　　B.主要产品单位成本表

C.报表格式的针对性　　D.编制的及时性

2.成本报表按反映企业产品成本水平及构成情况分(　　)。

A.产品生产成本表　　B.主要产品单位成本表

C.制造费用明细表　　D.产品生产和销售成本表

3.成本报表内容的编制要求是(　　)。

A.数字真实　　B.内容完整　　C.编报及时　　D.一致性

4.主要产品成本报表反映的指标有(　　)。

A.历史先进水平　　B.上年实际平均

C.本年计划　　D.本月实际　　E.本年累计实际

5.制造费用明细表是按费用项目反映企业一定时期内的制造费用，表中的栏目指标有(　　)。

A.本年计划　　B.上年实际　　C.本年实际　　D.上年累计

三、判断题

1.按照惯例成本报表不对外报送与公开。(　　)

2.成本报表只能定期进行编制。(　　)

3.制造费用的明细表，不需要“本年计划”栏。(　　)

4.成本报表的格式是由会计制度规定的。(　　)

5.产品成本报表可以反映成本计划的执行情况。(　　)

6.产品成本报表按可比产品和不可比产品分别反映其单位成本和总成本。(　　)

7.主要产品单位成本报表是按费用要素分别反映的。(　　)

8.制造费用明细表可以反映企业制造费用的构成。(　　)

练习题（客观题）参考答案

第一章 总论

练习一：

一、单项选择题

1—6：B、A、C、B、B、D

二、多项选择题

1.AC　　2.ABCDE　　3.BCD　　4.ABC　　5.ACD

三、判断题

1.√　2.×　3.√　4.×　5.×　6.×
7.√　8.×　9、√　10.√　11.×　12.√

练习二：

一、单项选择题

1—5：C、A、B、C、A　　6—10：C、D、C、C、D

二、多项选择题

1.ABCD　2.ABCE　3.ABD　4.ABC　5.ACD
6.ABD　7.AC　8.ABD　9.ACD　10.AC

三、判断题

1.×　2.√　3.√　4.×　5.√
6.×　7.√　8.√　9.√　10.√
11.√　12.×　13.×　14.×　15.×

第二章 企业要素费用的归集与分配

一、单项选择题

1—5:C、C、B、B、D　6—10:C、A、C、D、B　11—15:C、B、A、D、D
16—20:C、B、D、C、B　21—26:B、C、D、C、C、B

二、多项选择题

1.AB　2.AD　3.AC　4.AD　5.ACD
6.ACD　7.ABC　8.AB　9.BCDE　10.AB
11.ABCD　12.ABCDE　13.ACD　14.AD　15.ACD
16.ABD　17.AB　18.ABCDE　19.AC　20.AB
21.ABC　22.ABCD

三、判断题

1.√　2.×　3.√　4.√　5.√

6.×	7.√	8.×	9.√	10.×
11.√	12.√	13.√	14.×	15.×
16.√	17.√	18.×	19.√	20.√

四、业务核算题(略)

第三章 辅助生产费用的核算

一、单项选择题

1—5:C、B、D、A、A

二、多项选择题

1.AB　2.ABCDE　3.ABDE　4.ACDE　5.ACD

三、业务题(计算题)(略)

第四章 制造费用的归集与分配

一、单项选择题

1—5:A、B、A、D、B

二、多项选择题

1.ABCE　　2.AC　　3.ABCDE　　4.CD　　5.ABCD

三、业务题(略)

第五章 生产损失的核算

一、单项选择题

1—5:D、B、B、A、D

二、多项选择题

1.ACE　　2.ABCDE　　3.BCD　　4.ABCD　　5.ABD

三、业务题(略)

第六章 生产费用在完工产品与在产品之间的分配

一、单项选择题

1—5:D、A、A、A、C　　6—10:A、A、D、A、C　　11—15:D、C、C、C、B

二、多项选择题

1.ABDE　2.AD　3.AB　4.BCD　5.ABCD
6.ABC　7.ABC

三、判断题

1－5:√×√×√　6－10:√√××√
11－15:√××××　16－20:√√√××

四、业务核算题(略)

第七章 生产类型与产品成本计算方法

一、单项选择题

1－5:C、B、D、B、A　6－10:B、D、B、A、D

二、多项选择题

1.CD　2.AB　3.BCD　4.BD　5.BE
6.CD　7.AB　8.ABD　9.ACE　10.ABCD
11.ACD　12.ABC

三、判断题

1－5:√×√√√　6－10:×××√√
11－15:√√√√√　16－20;×√√√√

第八章 产品成本计算的品种法

一、单项选择题

1—5:B、B、D、D、B　　6—10:D、A、B、C、A

11—15:A、D、B、C、C　　16—20:C、C、A、B、A

二、多项选择题

1.ABD	2.BC	3.ABC	4.ABC	5.BC
6.AB	7.BCD 或 AD	8.ABC	9.ABD	10.ABD
11.ABC	12.ACD	13.ABD	14.ABC	15.AB

三、判断题

1—5:×√×××　　6—10:√√×√√

11—15:√××√√　　16—20:×√√√√

21—24:××√×

四、业务计算题(略)

第九章 产品成本计算的分批法

一、单项选择题

1—5:C、D、D、C、C

二、多项选择题

1.ABD　2.BC　3.ACDE　4.AB　5.ACD

三、业务题(略)

第十章 产品成本计算的分步法

一、单项选择题

1—5:C、D、B、D、D

二、多项选择题

1.ABD　2.BCE　3.ACDE　4.BCD　5.ACD

三、业务题(略)

第十一章 产品成本计算的分类法

一、单项选择题

1—5:C、C、B、B、A　6—10:C、B、B、A、A

二、多项选择题

1.ABC　　2.ABD　　3.ABC　　4.ABC　　5.AB

6.AB　　7.CD　　8.ABC　　9.AC　　10.ABCD

三、判断题

1—5:××√××　　6—10:×√×√√

四、业务题(略)

第十二章　产品成本计算的定额法

一、单项选择题

1—4:C、D、B、A

二、多项选择题

1.ABD　　2.ABCD　　3.ABCD　　4.CD

三、判断题

1—5×√√√√

第十三章 成本报表的作用和种类

一、单项选择题

1—5:B、B、A、C、B

二、多项选择题

1.ABC　　2.ABD　　3.ABC　　4.ABCDE　　5.AB

三、判断题

1—4:√×××　　5—8:√××√

成本会计模拟考试题 一

一、单选题(每题 1 分，共 25 分)

得分	评阅人

1.产品成本是指企业生产一定种类、一定数量的产品所支出的各项(　　)。

A.生产费用之和　　B.生产经营管理费用总和

C.经营管理费用总和　　D.料、工、费及经营管理费用总和

2.成本会计的对象是(　　)。

A.产品生产成本的形成　　B.各项期间费用的支出和归集

C.生产费用和期间费用　　D.各行业企业生产经营业务的成本和有关的期间费用

3.按职工工资计提的职工福利费应计入(　　)科目。

A.应付职工薪酬　　B.营业外支出

C.销售费用　　D.管理费用

4.材料按计划成本计价时，期末应将发出材料的计划成本(　　)。

A.加材料成本差异　　B.减材料成本差异

C.调整为实际成本　　D.按计划成本计价

5.下列方法中，属于辅助生产费用分配方法的是(　　)。

A.定额成本法　　B.计划成本分配法

C.生产工时比例分配法　　D.机器工时比例分配法

6.在各辅助生产费用的各种分配方法中，分配结果最正确的是（　　）。

A.交互分配法　　B.直接分配法

C.计划成本分配法　　D.代数分配法

7.在各辅助生产车间相互提供劳务很少的情况下，适宜采用的辅助生产费用分配方法是（　　）。

A.直接分配法　　B.交互分配法

C.计划成本分配法　　D.代数分配法

8."制造费用"明细账，应当按照（　　）设置。

A.生产单位　　B.费用项目

C.产品品种　　D.费用期间

9.由于原材料的原因造成的废品，称为（　　）。

A.可修复废品　　B.工废品

C.不可修复废品　　D.料废品

10.在废品损失中，应由过失人赔偿的款项，应计入（　　）。

A."废品损失"明细账户的借方　　B."废品损失"明细账户的贷方

C."营业外支出"账户的贷方　　D."其他应收款"账户的贷方

11.分配加工费用时所采用的在产品完工率，是指产品（　　）与完工产品工时定额的比率。

A.所在工序的工时定额

B.前面各工序工时定额之和与所在工序工时定额之半的合计数

C.所在工序的累计工时定额

D.所在工序的工时定额之半

12.如果某种产品的月末在产品数量较大，各月在产品数量变化也较大，产品成本中各项费用的比重相差不多，生产费用在完工产品与月末在产品之间分配，应采用的方法是（　　）。

A.不计在产品成本法　　B.约当产量比例法

C.在产品按完工产品计算法　　D.定额比例法

13.某产品经三道工序加工而成。每道工序的工时定额分别为15小时、25小时、10小时。

各道工序在产品在本道工序的加工程度按工时定额的50%计算。第三道工序的累计工时定额为(　　)。

A.10小时　　B.50小时　　C.45小时　　D.40小时

14.某企业产品经过两道工序，各工序的工时定额分别为30小时和40小时，则第二道工序的完工率为(　　)。

A.68%　　B.69%　　C.70%　　D.71%

15.约当产量比例法适用于(　　)的产品。

A.月末在产品数量较大　　B.各月之间在产品数量变化较大

C.产品成本中各项费用比重相差不多　　D.以上三项条件同时具备

16.按生产工艺过程的特点划分，工业企业的生产可以分为(　　)。

A.单件小批生产和大量大批生产　　B.单步骤生产和简单生产

C.多步骤生产和复杂生产　　D.单步骤生产和多步骤生产

17.造船、重型机械等工业，按照生产组织的特点划分，属于(　　)。

A.单件生产　　B.大量生产　　C.成批生产　　D.简单生产

18.最基本的成本计算方法是(　　)。

A.品种法　　B.分批法　　C.分步法　　D.分类法

19.采用品种法计算产品成本，从生产组织上看都要求是(　　)。

A.多步骤生产　　B.单步骤生产　　C.大量大批生产　　D.单件小批生产

20.某企业采用分批法计算产品成本。该企业将不同日期投产的产品作为不同的批别，分别计算产品成本。6月5日投产甲产品2件，乙产品3件;6月15日投产甲产品4件，丙产品5件;6月25日投产乙产品6件;6月26日投产丙产品3件。该企业6月份应开设产品成本计算单的张数是(　　)。

A.4张　　B.5张　　C.6张　　D.3张

21.采用简化的分批法，在产品完工之前，产品成本计算单(　　)。

A.只登记直接材料费用　　B.不登记任何费用

C.只登记直接材料和生产工时　　D.登记间接费用，不登记直接费用

22.采用逐步结转分步法时，自制半成品入库借记的会计科目是(　　)。

A."产成品"　　B."自制半成品"　　C."生产成本"　　D."制造费用"

23.分步法适用于(　　)。

A.大量大批生产　　　　B.单件小批生产

C.单步骤生产　　　　D.大量大批多步骤生产

24.某产品生产由三个生产步骤组成，采用平行结转分步法计算产品成本，需要进行成本还原的次数是(　　)。

A.2 次　　B.3 次　　C.0 次　　D.4 次

25.某产品生产分两个步骤，采用逐步结转分步法计算成本。本月第一步骤完工入库的半成品为 10 000 元，本月第二步骤领用的半成品成本为 8 000 元，本月发生的其他生产费用为 12 000 元，月初、月末在产品成本分别为 2 000 元和 1 600 元。据此计算的该产品产成品成本为(　　)元。

A.22 400　　B.21 800　　C.20 400　　D.19 600

二、多项选择题(每题 1、5 分，共 30 分)

得分	评阅人

1.成本会计的职能包括(　　)。

A.成本预测、决策　　B.成本核算、分析

C.成本计划　　D.成本控制　　E.成本考核

2.不计入产品成本的费用是(　　)。

A.工人工资　　B.销售费用　　C.财务费用　　D.管理费用

3.材料费用的分配方法主要包括(　　)。

A.重量比例分配法　　B.定额工时比例法

C.标准产品系数法　　D.定额消耗量比例法　　E.实际工时比例法

4.下列项目中属于期间费用的是(　　)。

A.业务招待费　　B.差旅费　　C.技术转让费　　D.会议费　　E.利息费

5.辅助生产车间发生的固定资产折旧费，可能借记的账户有(　　)。

A.“制造费用”　　B.“生产成本—辅助生产成本”

C.“生产成本—基本生产成本”　　D.“管理费用”　　E.“在建工程”

6.辅助生产费用分配转出时，可以(　　)。

A.借记“制造费用”账户　　B.借记“管理费用”账户

C.借记“在建工程”账户　　D.贷记“生产成本—辅助生产成本”账户

E.借记“生产成本—辅助生产成本”账户

7.下列费用中属于制造费用项目的有(　　)。

A.车间主任工资及福利费　　B.生产工人工资及福利费

C.车间机器折旧费和修理费　　D.企业房产税

E.车船使用税

8.制造费用的分配方法有(　　)等。

A.生产工人工时分配法　　B.机器工时分配法

C.直接成本分配法　　D.计划费用分配率分配法

E.定额消耗量比例法

9.“废品损失”科目核算的废品范围包括(　　)。

A.生产过程中发现的废品　　B.入库以后发现的生产过程造成的废品

C.废品的修复费用　　D.废品回收的价值

E.不需要返修就可以出售的次品

10.废品损失明细账户借方对应的贷方科目主要有(　　)。

A.生产成本　　B.原材料　　C.其他应收款　　D.银行存款　　E.管理费用

11.约当产量比例法适用于分配(　　)。

A.直接材料　　B.直接人工

C.制造费用　　D.管理费用　　E.燃料及动力

12.采用约当产量比例法分配完工产品和在产品费用，适用于(　　)产品

A.月末在产品数量不大　　B.月末在产品数量较大

C.产品成本中各项费用所占比重相差不多　　D.各月在产品数量变动较大

E.消耗定额比较准确、稳定

13.按生产组织的特点划分，工业企业的生产可分为(　　)。

A.多步骤生产　　B.大量生产

C.成批生产　　D.简单生产　　E.单件生产

14.产品成本计算的基本方法包括(　　)。

A.品种法　　B.分步法

C.分类法　　D.分批法　　E.定额法

15.成本计算的辅助方法包括（　　）。

A.品种法　　B.定额法

C.分类法　　D.标准成本法　　E.变动成本法

16.费用要素中的外购材料费用，可能计入（　　）成本项目中。

A.直接材料　　B.直接人工

C.制造费用　　D.废品损失　　E.职工薪酬

17.下列各项中，可以计入“生产成本”账户的有（　　）。

A.工资　　B.职工福利费

C.养老保险费　　D.住房公积金　　E.职工教育经费

18、在下列方法中，属于辅助生产费用分配方法的有（　　）。

A.交互分配法　　B.代数分配法　　C.定额比例法

D.直接分配法　　E.计划成本分配法

19.下列企业中，适合采用品种法计算产品成本的有（　　）。

A.铸造企业　　B.供水、供电企业

C.小型水泥厂　　D.糖果厂　　E.造纸厂

20.分步法适用于（　　）。

A.大量生产　　B.大批生产

C.成批生产　　D.多步骤生产　　E.单步骤生产

三、(本题 9 分)

得分	评阅人

某企业 2003 年 7 月份发生制造费用为 98 000 元。该企业生产甲、乙、丙三种产品，当月甲产品消耗生产工时 8 000 小时，乙产品消耗生产工时 6 000 小时，丙产品消耗生产工时 5 600 小时。

要求:(1)按产品的生产工时比例分配制造费用，计算出制造费用分配率；

(2)编制有关的会计分录。(生产成本账户须列出明细账)

四、(本题 10 分)

得分	评阅人

某企业生产乙产品，8 月初在产品费用为:原材料 1 600 元，工资和福利费 800 元，制造费用 400 元。本月发生费用为:原材料 8 600 元，工资和福利费 3 400 元，制造费用 1 400 元。在产品 42 件，单件原材料费用定额为 4 元，单件工资定额为 3 元，制造费用为 2 元。

要求:采用在产品按定额成本计价法，分配计算完工产品和月末在产品成本，写出计算过程。

五(本题 26 分)

得分	评阅人

某公司甲产品的单位工时定额 20 小时，经过三道工序完成，本月完工 200 件，在产品 120 件。月初加本月发生的费用为:原材料费用 16 000 元;工资和福利费 7 980 元;制造费用 8 512 元;材料在生产开始时一次投入。第一道工序工时定额 4 小时，在产品 20 件;第二道工序工时定额 8 小时，在产品 40 件;第三道工序工时定额 8 小时，在产品 60 件;每道工序内各件在产品按平均完工率 50%计算。完工产品和在产品成本分配采用约当产量比例法。

要求:(1)计算每道工序的完工率及各工序在产品的约当产量。

(2)计算原材料费用分配率、工资及福利费用分配率和制造费用分配率。

(3)计算甲产品完工产品总成本和月末在产品总成本。

(4)编制会计分录。

成本会计模拟考试题 二

一、单选题(每题 1 分，共 25 分)

得分	评阅人

1.成本会计最基础的职能是(　　)。

A.成本分析　　B.成本核算

C.成本控制　　D.成本决策

2.工业企业的期间费用包括(　　)。

A.直接材料费和直接人工费　　B.原材料费用、人工费用和制造费用

C.生产成本和管理费用　　D.财务费用、管理费用和销售费用

3.专设销售机构人员的工资费用在会计核算中计入(　　)。

A.生产费用　　B.制造费用　　C.管理费用　　D.销售费用

4.辅助生产车间发生的制造费用(　　)。

A.必须通过“制造费用”总账账户核算

B.不必通过“制造费用”总账账户核算

C.根据具体情况，可计入“制造费用”总账账户，也可以直接计入“生产成本—辅助生产成本”账户

D.首先计入“生产成本—辅助生产成本”账户

5.辅助生产费用直接分配法的特点是将辅助生产费用(　　)。

A.直接计入辅助生产提供的劳务成本　　B.直接分配给所有受益的车间、部门

C.直接计入“生产成本—辅助生产成本”　　D.直接分配给辅助生产以外的各受益单位

6.机器工时分配法适用对象是(　　)。

A.制造费用中折旧费比重较小　　B.制造费用中折旧费比重较大

C.制造费用中工资比重较小　　D.制造费用中工资比重较大

7.“制造费用”明细账，应当按照(　　)设置。

A.生产单位　　B.费用项目　　C.产品品种　　D.费用期间

8.机器设备大修理期间的停工损失，列作(　　)。

A.制造费用　　B.营业费用　　C.管理费用　　D.待摊费用

9.下列各项中，不列作停工损失的有(　　)。

A.停工期内所支付的生产工人工资　　B.停工期内好用的燃料费用

C.停工期内支付的照明电费　　D.季节性生产停工期内的费用

10.如果企业定额管理基础较好，能够制定比较准确、稳定的消耗定额，各月末在产品数量变化较大的产品，应采用(　　)。

A.定额比例法　　B.在产品按定额成本计价法

C.在产品按所耗原材料费用计价法　　D.在产品按固定成本计价法

11.采用在产品按定额成本计价法，月末在产品实际成本与定额成本的差异(　　)。

A.全部由在产品负担　　B.全部由完工产品负担

C.由完工产品和月末在产品共同负担　　D.结转给管理费用负担

12.约当产量比例法适用于(　　)的产品。

A.月末在产品数量较大　　B.各月之间在产品数量变化较大

C.产品成本中各项费用比重相差不多　　D.以上三项条件同时具备

13.由于车间正常的生产损耗盘亏的在产品经过批准进行处理时，应按其成本贷记“待处理财产损溢”科目，借记(　　)科目。

A.“管理费用”　　B.“制造费用”

C.“基本生产成本”　　D.“营业外收入”

14.某产品经三道工序加工而成。每道工序的工时定额分别为15小时、25小时、10小时。各道工序在产品在本道工序的加工程度按工时定额的50%计算。第三道工序的累计工时定

额为(　　)。

A.10 小时　　B.50 小时　　C.45 小时　　D.40 小时

15.各种原材料投入后分别加工职称零部件，再将零部件装配成产成品的生产称为(　　)。

A.连续加工式生产　　B.平行加工式生产

C.大量生产　　D.成批生产

16.区别各种成本计算方法的主要标志是(　　)。

A.成本计算对象　　B.成本计算期

C.间接费用的分配方法　　D.完工产品与在产品之间分配费用的方法

17.多步骤生产是指生产过程由若干个在(　　)的加工步骤所组成的生产。

A.大量生产工作时间可以间断　　B.工作步骤不能间断

C.工艺上连续进行　　D.工艺上可以间断

18.品种法的成本计算对象是(　　)。

A.产品的生产步骤　　B.产品的类别

C.产品的批别　　D.产品的品种

19.品种法的成本计算期是(　　)。

A.月份　　B.季度　　C.年度　　D.产品的生产周期

20.某企业采用分批法计算产品成本。该企业将不同日期投产的产品作为不同的批别，分别计算产品成本。6 月 5 日投产甲产品 2 件，乙产品 3 件；6 月 15 日投产甲产品 4 件，丙产品 5 件；6 月 25 日投产乙产品 6 件；6 月 26 日投产丙产品 3 件。该企业 6 月份应开设产品成本计算单的张数是(　　)。

A.4 张　　B.5 张　　C.6 张　　D.3 张

21.必须设置基本生产成本二级账来登记全部产品的累计间接费用分配率的成本计算方法是(　　)。

A.分批法　　B.分步法　　C.品种法　　D.简化分批法

22.分批法适用的生产组织是(　　)。

A.小批、单件生产　　B.大量、大批生产

C.大量、小批生产　　D.成批生产

23.需要进行成本还原的分步法是(　　)。

A.平行结转分步法　　B.分项结转分步法

C.综合结转分步法　　　　　　D.逐步结转分步法

24.分步法适用于(　　)。

A.大量大批生产　　　　B.单件小批生产

C.单步骤生产　　　　　D.大量大批多步骤生产

25.平行结转分步法的优点是(　　)。

A.能够提供各步骤的半成品成本资料　　B.有利于加强半成品的实物管理

C.有利于各生产步骤的成本管理　　　　D.各生产步骤可以同时计算产品成本

二、多项选择题(每题 3 分，共 30 分)

得分	评阅人

1.成本会计的职能包括(　　)。

A.成本预测、决策　　　　B.成本核算、分析

C.成本计划　　　　　　D.成本控制　　　　E.成本考核

2.下列各项中，应计入产品成本的费用有(　　)。

A.车间办公费　　　　B.季节性停工损失

C.车间设计制图费　　D.在产品的盘亏损失

E.企业行政管理人员工资

3.下列各项中属于期间费用的有(　　)。

A.销售费用　　B.管理费用

C.财务费用　　D.制造费用　　E.折旧费用

4.辅助生产费用分配的交互分配法，具有以下特点(　　)。

A.核算工作量大　　　　B.核算工作较简便

C.需核算两个费用分配率　　D.核算结果较正确

E.核算结果不十分精确

5.在下列方法中，属于辅助生产费用分配方法的有(　　)。

A.交互分配法　　　　B.代数分配法

C.定额比例法　　　　D.直接分配法

E.计划成本分配法

6.停工损失包括的内容有(　　)。

A.季节性生产企业停工期内的费用

B.停工期内支付的生产工人工资

C.停工期内耗用的燃料和动力费

D.停工期内应负担的制造费用

E.停工期内的火灾损失

7.下列税金不在管理费用中核算的有(　　)。

A.增值税　　B.营业税

C.印花税　　D.城市维护建设税　　E.车船使用税

8."废品损失"科目核算的废品范围包括(　　)。

A.生产过程中发现的废品　　B.入库以后发现的生产过程造成的废品

C.废品的修复费用　　D.废品回收的价值

E.不需要返修就可以出售的次品

9.下列企业中，属于装配式多步骤生产的有(　　)。

A.机械制造　　B.服装加工　　C.仪表制造　　D.汽车制造　　E.冶金

10.大量大批生产的企业，可能采用的产品成本计算的基本方法有(　　)。

A.品种法　　B.分批法　　C.分步法　　D.定额法　　E.分类法

三、(本题 9 分)

得分	评阅人

某厂第一基本生产车间生产甲、乙、丙三种产品，8 月该车间制造费用总额为 600 000 元；三种产品本月机器总工时为 150 000 小时，其中甲产品 50 000 小时、乙产品 68 000 小时、丙产品 32 000 小时。

要求：(1)采用机器工时分配法分配制造费用，写出计算过程。

(2)根据分配结果编制会计分录(生产成本账户须列出明细账)

四、(本题 12 分)

得分	评阅人

某企业分两道工序生产 A 产品，第一道工序工时定额为 40 小时，第二道工序工时定额为 10 小时，本月完工产品 300 件，月末在产品第一道工序为 100 件，第二道工序为 80 件，原材料随加工进度陆续投入，月初和本月发生的原材料费用共 123 600 元。

要求:(1)计算完工产品和在产品的原材料费用。

(2)计算完工产品的单位原材料费用

五、(本题 24 分)

得分	评阅人

某公司甲产品月初在产品费用为:原材料 1 400 元;工资及福利费 600 元;制造费用 400 元。本月费用:原材料 8 200 元;工资及福利费 3 000 元;制造费用 2 000 元。完工产品 4 000 件，原材料定额费用 8 000 元;定额工时 5 000 小时。月末在产品 1 000 件，原材料定额费用 2 000 元;定额工时 1 000 小时。采用定额比例法分配计算完工产品和在产品间的费用。

要求:(1)计算完工产品和在产品的实际原材料费用。

(2)计算完工产品和在产品的实际工资及福利费。

(3)计算完工产品和在产品的实际制造费用。

(4)计算完工产品和在产品的实际成本。

成本会计模拟考试题三

一、单项选择题(每题1分，共18分)

题号	1	2	3	4	5	6	7	8	9	10	11	12	13	14	15	16	17	18	得分	评阅人
选项																				

1.产品成本是指为制造一定数量、一定种类的产品，而发生的以货币表现的(　　)。

A.物化劳动耗费　　B.各种耗费

C.原材料耗费　　D.活劳动耗费

2.按马克思的成本理论，产品成本是产品价值中的(　　)。

A.c+m　　B.c+v

C.v+m　　D.c+v+m

3.费用要素是指按其(　　)的分类。

A.经济用途　　B.计入产品成本的方式

C.经济内容　　D.与生产工艺的关系

4.为核算企业各种产品、自制半成品等的生产所发生的各项费用，应设置(　　)一级科目。

A.基本生产成本　　B.辅助生产成本

C.生产成本　　D.产品成本

5.车间生产领用的一般性的工具、用具，应计入(　　)账户。

A.预提费用　　B.基本生产

C.制造费用　　D.管理费用

6.基本生产车间直接用于产品生产、构成产品实体的原材料和主要材料，应通过(　　)成本项目反映。

A.原材料　　B.直接材料

C.外构材料　　D.原料及主要材料

7.下列人员工资中，应计入产品成本中直接人工项目的有(　　)。

A.产品生产工人　　B.车间管理工人

C.厂部管理工人　　D.专职销售工人

8.原材料在生产开工时一次投入，月末在产品的投料程度应按(　　)计算。

A.100％　　B.50％

C.定额耗用量比例　　D.定额工时的比例

9.由于各道工序内部在产品完工程序不同，有的已近完成，有的刚刚开始加工，为简化计算，对各工序内部在产品在本工序的加工过程可按(　　)。

A.50％　　B.100％

C.定额工时比例　　D.消耗定额比例

10.产品成本中原材料费用占用较大比重的企业，为了简化核算工作，在产品成本可按(　　)计算。

A.原材料费用　　B.定额成本

C.约当产量　　D.计划成本

11.假设某企业某产品工时定额为 40 小时，经两道工序完成，每道工序的工时定额分别为 30 小时和 10 小时，则第二道工序的完工程度为(　　)。

A.37、5％　　B.50％

C.87、5％　　D.90％

12.假设某企业甲产品本月完工 250 件，月末在产品为 160 件，在产品完工程度测定为 40％，月初和本月发生的原材料费用共为 56 520 元，原材料随着加工进度陆续投入，则完工产品和月末在产品的原材料费用分别为(　　)。

A.45 000 元和 11 250 元　　B.4 000 元和 16 250 元

C.34 298 元和 21 952 元　　D.45 000 元和 11 520 元

13.产品成本计算的基本方法是(　　)。

A.直接法　　B.顺序法

C.代数法　　D.品种法

14.下列方法中，不属于成本计算基本方法的有(　　)。

A.品种法　　B.分类法

C.分批法　　D.分步法

15.下列成本计算方法中，成本计算期与生产周期一致的有(　　)。

A.品种法　　B.分批法

C.分类法　　D.分步法

16.采用(　　)分步法，为反映原始成本项目，必须进行成本还原。

A.逐步综合结转　　B.逐步分项结转

C.逐步结转　　D.平行结转

17.分批法一般是按照客户的定单来组织生产的，所以也叫(　　)。

A.定单法　　B.系数法

C.分类法　　D.定额法

18.品种法的成本计算对象是(　　)。

A.每个加工阶段的半成品及最后加工阶段的产成品　　B.各产品品种

C.产品的批别或定单　　D.各种产品的材料费用

二、多项选择题(每题 2 分，共 20 分)

题号	1	2	3	4	5	6	7	8	9	10	得分	评阅人
选项												

1.下列各项中属于成本会计职能的有(　　)。

A.成本预测　　B.成本决策

C.成本核算　　D.成本计划　　E 成本控制

2.制造业企业的产品成本项目一般包括(　　)。

A.直接材料　　B.直接人工

C.燃料及动力　　D.制造费用

3.用来核算企业已经支付，但应由本期和以后期负担的费用的账户有(　　)。

A.待摊费用　　B.财务费用

C.制造费用　　D.长期待摊费用

4.消耗材料实际价格的计算方法有(　　)。

A.先进先出法　　B.后进先出法

C.加权平均法　　D.个别计价法

5.辅助生产费用的分配方法，通常有(　　)。

A.直接分配法　　B.一次交互分配法

C.顺序分配法　　D.代数分配法

E.计划成本分配法

6.可修复废品的修复费用应包括(　　)。

A.修复废品的材料费用　　B.修复废品的工资费用

C.修复废品的动力费用　　D.修复废品的销售费用

7.材料投入形式主要有(　　)。

A.材料在生产开始时一次投入　　B.材料在生产过程中陆续投入

C.材料在生产中分阶段批量投入　　D.材料在供应过程中分别投入

8.下列成本计算法中，成本计算期与会计核算期间一致的是(　　)。

A.分批法　　B.小批单件法

C.品种法　　D.分步法

9.产品成本计算的辅助方法包括(　　)。

A.定额比例法　　B.系数法

C.分类法　　D.定额法

10.产品成本计算的基本方法有(　　)。

A.品种法　　B.分批法

C.分步法　　D.分类法

三、判断题(每题 1 分，共 12 分)注:只要在下表中填上"√""×"

题号	1	2	3	4	5	6	7	8	9	10	11	12	得分	评阅人
选项														

1.产品成本应当包括生产和销售过程中发生的各种费用，产品成本也称为产品制造成

本。(　　)

2.凡不应计入产品成本的支出，全部作为营业外支出处理。(　　)

3.正确核算待摊费用和预提费用，有助于划分本期费用与非本期费用的界限(　　)

4.生产费用按其经济内容划分，称为费用限素。(　　)

5.辅助生产费用的交互分配法，先进行辅助生产车间之间的交互分配，然后进行对外分配。(　　)

6."废品损失"账户期末一般没有余额。(　　)

7.辅助生产费用按代数分配法分配，其分配结果最为准确。(　　)

8.为了反映完工产品成本构成情况，分配生产费用时，应按成本项目分别计算。(　　)

9.约当产量法适用于月末在产品数量大，各月末在产品数量变化也较大，其原材料费用在成本中所占比重较大的产品。(　　)

10.月末在产品接近完工时，则月末在产品可按年初数计算。(　　)

11.将在产品按其完工程度折合为完工产品的产量称为约当产量(　　)。

12.品种法的成本计算期与生产周期一致。(　　)

四、实务题(第1、2题各6分，第3题20分，第4题18分。共50分)

得分	评阅人

1.资料：某企业本月生产甲、乙、丙三种产品，共发生产品生产工人工资40000元，生产工人应提福利费5 600元。本月实际生产工时10 000小时，其中甲产品3500小时，乙产品4 000小时，丙产品2 500小时。

要求：按生产工时分配法计算三种产品各自应负担的直接人工费用并做出分录。

2.资料：某基本生产车间同时生产甲、乙两种产品，本期共发生制造费用6 000元，甲产品生产工人工时数为600小时，乙产品生产工人工时数为400小时。

要求：计算甲乙产品各自应负担的制造费用并做出分录。

3.资料：某企业生产的甲产品顺序经过第一、第二和第三道工序加工，原材料分次在各工序生产开始时一次投入。各工序在产品本工序的加工程度均为50%，甲产品单位产品原材料消耗定额为2 000元，其中第一工序投入1 000元，第二工序投入600元，第三工序投入400元；单位产品工时定额为400小时，其中第一工序170小时，第二工序150小时，第三工序80

小时同。本月甲产品完工 1 286 件，月末在产品为 1 000 件，其中第一工序 420 件，第二工序 380 件，第三工序 200 件。月初在产品成本和本月生产费用合计为：原材料 80 000 元，人工 35 760 元，制造费用 26 820 元。

要求：(1)计算甲产品月末在产品投料程度和约当产量；

(2)计算甲产品月末在产品加工程度和约当产量；

(3)计算完工产品成本和月末在产品成本；

(4)写出产品完工的会计分录。

4.资料：中兴工厂二车间生产 A、B 两种产品，原材料都在开始生产时全部一次投料，成本计算采用品种法。共同耗用的甲原材料按定额消耗量比例进行分配；生产工人工资和制造费用按实际工时比例分配。2010 年 10 月有关资料如下：

A 产品期初在产品成本：原材料 13 200 元，工资 4 600 元，制造费用 1 200 元。B 产品期初无在产品。

本月有关费用：甲材料的实际成本为 66 300 元，A 产品实际工时为 26 000 小时，B 产品实际生产工时为 16 000 小时，工资总额为 16 800 元，制造费用总额为 6 300 元。A 产品和 B 产品甲材料的消耗定额分别为 4 000 千克和 2 500 千克。

A 产品完工产品和在产品的费用分配，按产量和约当产量比例分配。本月完工 2 100 千克，期末在产品 1 500 千克(完工程度为 60%)，系一次投料逐步加工 B 产品完工产量 1 000 千克；无期末在产品。

要求：(1)计算完工产品总成本和单位成本。

(2)编制产品入库的会计分录。

成本会计模拟一
参考答案

一、单选题:(每题 1 分, 共 25 分)

1	2	3	4	5	6	7	8	9	10
A	D	A	C	B	D	A	A	D	B
11	12	13	14	15	16	17	18	19	20
B	B	C	D	D	D	A	A	C	A
21	22	23	24	25					
C	B	D	A	C					

二、多选题:(每题 1、5 分, 共 30 分)

1	2	3	4	5	6	7	8	9	10
ABCDE	BCD	ACD	ABCDE	AB	ABCDE	AC	ABCD	ABCD	AB
11	12	13	14	15	16	17	18	19	20
ABCE	BCD	BCE	ABD	BC	ACD	ABCDE	ABDE	ABCDE	ABD

三、(本题 9 分, 每点 3 分, 共 9 分)

(1)制造费用分配率＝制造费用总额/生产总工时

＝98 000/(8 000＋6 000＋5 600)

＝5　　3 分

(2)甲产品分配的制造费用＝5×8 000＝40 000(元)

乙产品分配的制造费用＝5×6 000＝30 000(元)

丙产品分配的制造费用＝5×5 600＝28 000(元)　　3 分

(3)借：生产成本—基本生产—甲－制造费用　　40 000

　　　　—基本生产—乙－制造费用　　30 000

　　　　—基本生产—丙－制造费用　　28 000

　　贷：制造费用　　98 000　　3 分

四、(本题 10 分，每点 2 分，共 10 分)

(1)本月直接材料费用总计＝1 600＋8 600＝10 200 元；

月末在产品直接材料定额成本＝42×4＝168(元)；

完工产品直接材料费用 10200－168＝10 032 元；　　2 分

(2)本月直接人工费用总计＝800＋3 400＝4 200(元)；

月末在产品直接人工定额成本＝42×3＝126(元)；

完工产品直接人工费用 4 200－126＝4 074 元；　　2 分

(3)本月制造费用总计＝400＋1 400＝1 800(元)；

月末在产品制造费用定额成本＝42×2＝84(元)；

完工产品制造费用 1800－84＝1716 元；　　2 分

(4)月末在产品成本(定额成本)＝168＋126＋84＝378(元)；

完工产品的成本＝10 200＋4 200＋1 800－378＝15 822(元)；V2 分

(5)分录：借：库存商品—乙　　15 822

　　贷：生产成本—基本生产—乙—直接材料　　10 032

　　　　—直接人工　　4 074

　　　　—制造费用　　1 716　　2 分

五、(本题共 26 分)

(1)第一道工序完工率＝(4×50％)/20×100％＝10％；　　2 分

第二道工序完工率＝(4＋8×50％)/20×100％＝40％；　　2 分

第三道工序完工率＝(4＋8＋8×50％)/20×100％＝80％；　　2 分

(2)第一道工序在产品约当产量＝20×10％＝2(件)； 1分

第二道工序在产品约当产量＝40×40％＝16(件)； 1分

第三道工序在产品约当产量＝60×80％＝48(件)； 1分

(3)原材料费用分配率＝16 000/(200＋120)＝50 ； 2分

完工产品原材料费用＝50×200＝10 000(元)；

月末在产品原材料费用＝50×120＝6 000(元)； 2分

(4)工资及福利费用分配率＝7 980/(200＋66)＝30； 2分

完工产品工资及福利费用＝30×200＝6 000(元)；

月末在产品工资及福利费用＝30×66＝1 980(元)； 2分

(5)制造费用分配率＝8512/(200＋66)＝32； 2分

完工产品制造费用＝32×200＝6 400(元)；

月末在产品制造费用＝32×66＝2 112(元)； 2分

(6)完工产品总成本＝10 000＋6 000＋6 400＝22 400(元)；

月末在产品总成本＝6 000＋1 980＋2 112＝10 092(元)； 2分

(7)分录：借：库存商品—甲 22 400

贷：生产成本—基本生产—甲—直接材料 10 000

—直接人工 6 000

—制造费用 6 400 3分

成本会计模拟二 参考答案

一、单选题：(每题 1 分，共 25 分)

1	2	3	4	5	6	7	8	9	10
B	D	D	C	D	B	B	D	D	A
11	12	13	14	15	16	17	18	19	20
B	D	A	C	B	A	C	D	A	A
21	22	23	24	25					
D	A	C	D	D					

二、多选题：(每题 3 分，共 30 分)

1	2	3	4	5	6	7	8	9	10
ABCDE	AC	ACB	CDE	ABDE	BCD	AB	ABCD	ACD	AB

三、(本题 9，每点 3 分)

(1)制造费用分配率＝600 000/150 000＝4；　　3 分

(2)甲产品承担的制造费用＝50 000×4＝200000 元；

乙产品承担的制造费用＝68 000×4＝272 000 元；

丙产品承担的制造费用＝32 000×4＝128 000 元；　　3 分

(3)分录：借：生产成本—基本生产—甲—制造费用 200 000

—乙—制造费用 272 000

—丙—制造费用 128 000

贷：制造费用 600 000 3分

四、(本题12，每点3分)

(1)计算完工程度：第一工序＝40×50％/(40＋10)＝40％；

第一工序＝(40＋10×50％)/(40＋10)＝90％； 3分

(2)计算约当产量：第一工序＝100×40％＝40件；第二工序＝80×90％＝72件；3分

(3)原材料分配率＝123600/(300＋40＋72)＝300，即完工产品单位原材料费用。

3分

(4)完工产品原材料费用为＝300×300＝90 000元；

在产品原材料费用＝(40＋72)×300＝33 600元。 3分

五、(本题24分；第1、5、6点每点3分；第2、3、4点每5分)

(1)原材料费用合计＝1 400＋8 200＝9 600元；

人工费用合计＝600＋3 000＝3 600元；

制造费用合计＝400＋2 000＝2 400元； 3分

(2)原材料分配率＝9 600/(8 000＋2 000)＝0.96； 3分

完工产品承担的原材料费用为＝8 000×0.96＝76 800元；

在产品承担的原材料费用为＝2 000×0.96＝1 920元。 2分

(3)人工分配率＝3 600/(5 000＋1 000)＝0.6； 3分

完工产品承担的人工费用为＝5 000×0.6＝3 000元；

在产品承担的人工费用为＝1 000×0.6＝600元。 2分

(4)制造费用分配率＝2 400/(5 000＋1 000)＝0.4； 3分

完工产品承担的制造费用为＝5 000×0.4＝2 000元；

在产品承担的制造费用为＝1 000×0.4＝400元。 2分

(5)完工产品成本为＝7 680＋3 000＋2 000＝12 680元；

在产品成本为＝1 920＋600＋400＝2 920元。 3分

(6)分录：借：库存商品—甲　12 680

贷：生产成本—基本生产—甲—直接材料　7 680

—直接人工　3 000

—制造费用　2 000　3 分

成本会计模拟三参考答案

一、单项选择题(每题 1 分，共 18 分)

题号	1	2	3	4	5	6	7	8	9	10	11	12	13	14	15	16	17	18	得分	评阅人
选项	B	B	C	C	C	B	A	A	A	A	C	D	D	B	B	A	A	B		

二、多项选择题(每题 2 分，共 20 分)

题号	1	2	3	4	5	6	7	8	9	10	得分	评阅人
选项	ABCDE	ABCD	AD	ACD	ABCDE	ABC	ABC	CD	CD	ABC		

三、判断题(每题 1 分，共 12 分)注：只要在下表中填上"√""×"

题号	1	2	3	4	5	6	7	8	9	10	11	12	得分	评阅人
选项	×	×	√	√	√	√	√	√	×	×	√	×		

四、实务题(第 1、2 题各 6 分，第 3 题 20 分，第 4 题 18 分。共 50 分)

1 题：(共 6 分)每点 2 分

(1)人工分配率＝(40 000＋5 600)/10 000＝4.56

(2)甲产品承担人工费用 3 500×4.56＝15 960

乙产品承担人工费用 4 000×4.56＝18 240

丙产品承担人工费用 2 500×4.56＝11 400

(3)分录：借：生产成本—基本生产—甲(直接材料) 15 960

—乙(直接材料) 18 240

—丙(直接材料) 11 400

贷：应付职工薪酬—应付工资 40 000

—应付福利费 5 600

2 题:(共 6 分)每点 2 分

(1)制造费用分配率＝6000/(600＋400)＝0.6

(2)甲产品承担的制造费用 600×0.6＝3600

乙产品承担的制造费用 400×0.6＝2 400

(3)分录：借：生产成本—基本生产—甲(制造费用) 3 600

—乙(制造费用) 2 400

贷：制造费用 6 000

3 题:(共 20 分)

(1)(5 分，每个完工程度 1 分;算出约当产量 2 分)

甲产品月末在产品投料程度:第一工序＝1 000/2 000＝50%；

第二工序＝(1 000＋600)/2 000＝80%；第三工序＝(1 000＋600＋400)/2 000＝100%。

材料项目的约当产量:420×50%＋380×80%＋200×100%＝714 件。

(2)(5 分，每个完工程度 1 分;算出约当产量 2 分)

甲产品月末在产品加工程度:第一工序＝170×50%/400＝21.25%；

第二工序＝(170＋150×50%)/400＝61.25%;第三工序＝(170＋150＋80×50%)/400＝90%。人工和制造费用的约当产量:420×21.25%＋380×61.25%＋200×90%＝502 件。

(3)(8 分;每个分配率 2 分;算出完工产品和在产品各 1 分)

原材料分配率＝80 000/(1 286＋714)＝40；人工分配率＝35 760/(1 286＋502)＝20；

制造费用分配率＝26 820/(1 286＋502)＝15；

完工产品成本为＝1 286×(40＋20＋15)＝51 440＋25 720＋19 290＝96 450；

在产品成本＝714×40＋502×(20＋15)＝28 560＋10 040＋7 530＝46 130

(4)(2 分)分录：借：库存商品—甲 96 450

贷：生产成本—基本生产—甲—直接材料 51 440

—直接人工 25 720

—制造费用 19 290

4 题:(共 18 分)每点 2 分

(1)原材料分配率＝66 300/(4 000＋2 500)＝10.2；

A 产品承担＝4 000×10.2＝40 800 B 产品承担＝2 500×10.2＝25 500

(2)人工分配率＝16800/(26 000＋16 000)＝0.4

A 产品承担＝26000×0.4＝10 400 B 产品承担＝16 000×0.4＝6 400

(3)制造费用分配率＝6300/(26 000＋16 000)＝0.15

A 产品承担＝26 000×0.15＝3 900 B 产品承担＝16 000×0.15＝2 400

(4)A 产品的原材料分配率＝(13 200＋40 800)/(2 100＋1 500)＝15

A 完工产品承担＝2 100×15＝31 500 A 在产品承担＝1 500×15＝22 500

(5)A 产品的人工分配率＝(4600＋10400)/(2100＋1500×60%)＝5

A 完工产品承担＝2 100×5＝10 500 A 在产品承担＝900×5＝4 500

(6)A 产品的制造费用分配率＝(1 200＋3 900)/(2 100＋1 500×60%)＝1.7

A 完工产品承担＝2 100×1.7＝3 570 A 在产品承担＝900×1.7＝1 530

(7)A 完工产品成本＝31 500＋10 500＋3 570＝45 570

单位成本为＝45 570/1 200＝37.98 元/千克

A 在产品成本＝22 500＋4 500＋1 530＝28 530

(8)B 产品全部完工的成本为＝25 500＋6 400＋2 400＝34 300

单位成本为＝34 300/1 000＝34.30 元/千克

(9)分录：借：库存商品—A　　45 570

—B　　34 300

贷：生产成本—基本生产—A—直接材料　　31 500

—直接人工　　10 500

—制造费用　　3 570

—B—直接材料　　25 500

—直接人工　　6 400

—制造费用　　2 400